新東京アウトサイダーズ

ロバート・ホワイティング
松井みどり　（訳）

角川新書

GAMBLERS, FRAUDSTERS, DREAMERS & SPIES
The Outsiders Who Shaped Modern Japan
Robert Whiting

まえがき

アメリカの黒船が江戸《えど》の港に来航し、長いあいだ固く閉ざされていた門戸をこじ開け、古きサムライ時代への終止符を打たせたのは、一八五三年。以来、西洋人はどっと日本に流れ込み、アメリカやヨーロッパを規範とする、近代国家を樹立するための知恵やノウハウを、日本人に吹き込んできた。しかし彼らは同時に、莫大《ばくだい》な富を手に入れたのだ。

かつて外国人に対して用心深かった日本人は、西洋化に興味津々となり、近代化の基礎作りに手を貸す西洋人たち──軍のエキスパートや、あらゆる分野の教育者、経済アドヴァイザー、建築家、投資家を歓迎した。

数十年後、新生の帝国主義国家、日本は、一九〇五年の日露戦争で歴史的勝利をおさめると、世界のセンターステージへと躍り出る。この軍事的勝利をバックアップしたのは、アメリカの銀行家ジェイコブ・シフが、セオドア・ルーズヴェルト大統領の命により提供した、大量のローンだった。

その後、ノーベル賞受賞者、ルーズヴェルトの提唱により、和平条約が締結されると、日本は、西欧勢力に勝利した近代初のアジア国家となり、世界の円卓会議に一席を獲得することになる。

ところが、ソヴィエトが撤退して格好の餌食《えじき》となった中国に軍事拡張した日本は、ナチスドイツおよびイタリアと連携するまでに増長し、やがてパールハーバー爆撃という大災害を引き起こす。


日本列島のほぼ全主要都市は、広島と長崎に原爆が投下される以前から、B29（ボーイング社が開発した米軍の大型長距離爆撃機）によって壊滅状態になっていた。

一九四五年八月、裕仁《ひろひと》天皇が無条件降伏を宣言すると、戦争で壊滅状態の日本に、野心に満ちた外国人の第二陣が、どっと押し寄せる。

筆頭は、アメリカの軍人たち。彼らは、飢えた日本国民に食料を与え、日本を健全で豊かな民主国家へと再建する、という使命感に満ちていた。そんな彼らに、なにより早急に求められたのは、アジアを席巻《せっけん》しつつある恐るべき共産主義勢力を、断固排斥するための、信頼のおける同盟国建設だった。

占領軍の年報には、新憲法、農地改革、女性の権利獲得など、彼らが日本にもたらした後世に残る置き土産が、数多く記録されている。

しかし、影響力を持ついわゆる〝インフルエンサー〟は、形もサイズもじつにさまざまだった。とりわけ、当時の日本のように、極貧にあえいでいる国が対象であれば、なおさらだ。

初期の二例は、破壊的共産主義者の侵略を阻止するために、暗黒街の連中と不健全な連携を築いた、アメリカの秘密軍事作戦グループ。そして、戦犯レベルの人間を、のちに総理大臣へとまつり上げたCIAのエージェント。

続いては、占領明けの日本に上陸した、マフィアのギャンブラー・グループ。彼らはラスヴェガス式のカジノやナイトクラブを設立し、法外な取引をおこなった。

なにより、こうした取引のおかげで、ヤクザの台頭が、国の再生に多大な影響を及ぼしたことは否めない。とりわけ日本が、きわめて近代的な一九六四年東京オリンピックの開催国となるほど、かつてない高度成長を遂げたとき、彼らの躍進はめざましかった。

かくも種々雑多な面々に、品行不良の輩《やから》や、住所不定の冒険野郎による怪しげな行動が、さらなる〝毒〟を付加して、予期せぬ、おそらくは意図せぬ結果を、たっぷりと生み出すことになる。

戦後の新体制において、日本人リーダーたちが、西洋式ビジネスと近代的な起業スキルから学んだことは数知れない。

しかしながら彼らは決して、日本人のアイデンティティにつきものの〝島国根性〟を、完全には捨て去ろうとしなかった。「われわれ日本人は特別である。ほかの国や国民とは違う」という信念だ。

そのため、外国人のＣＥＯを招き入れようとする試みは、たいてい無意味な〝飾り物〟で終わってしまう。とはいえ、歴史書に残る顕著な例外も、ないわけではない。野球界の監督がその一つ。

本書には、さまざまな〝アウトサイダー〟――困難を克服し、日本の一般社会、政界、ビジネス界に、重要なインパクトを与えた、アジアの他国からの移住者たち――の伝説も紹介している。

ガイアツ（外圧）は、黒船来航以来、日本の社会的変化に関して、繰り返し問われるテーマである。そしてガイアツこそが、意図的かどうかはともかく、この本の中で繰り返し取り上げられるテーマだと言える。その多くが、今まで不問に付され、もしくはほとんど報道されずにきたからだ。

目次

まえがき …… 3

第一章　キャノン機関：戦後日本のスパイとドラッグ …… 11

起源／レッドライオン・ヘロイン／本郷ハウス：拳銃、深夜の殺戮、過酷な取り調べ／ポーカーフェイス／疫病の発生／鹿地亘拉致事件／下山事件／占領時代終了：CIA／占領時代のラヴストーリー：大佐と子爵夫人／GHQのシャルル・ボワイエ／逆コース始まる／最後の、本当に最後の面会

第二章　金儲けの達人 …… 65

ヤミ市商人／ゴールデン・ゲイト／ギャンブラー

第三章　詐欺師たち …… 109

ミスターT／格安肉／金融業者、伯爵夫人、ロビイスト

第四章　王貞治物語……149
王とハンク・アーロン

第五章　日本外国特派員協会（FCCJ）……197
初期／プレスのメンバー／排他的記者クラブ／生き残りをかけて

第六章　外国人CEO……229
オリンパス／日産／逮捕／逆襲／大脱走／インサイド・マン／判決

第七章　ヴァレンタイン方式……287
ボビー・ヴァレンタインの禅／ボビー・ヴァレンタインの衰退と転落／「ミスター・ヴァレンタインの〝賞味期限〟は切れた」／猫に九生あり／後記

第八章　ビットコイン犯罪 335
ビットコイン・キング
第九章　タクシー男爵 353
父親／息子／日産の受付嬢／一九九七年：ＭＫタクシー東京／ＰＣＳ／怒りのコントロール／自殺／カオス／政明と面会
第十章　統一教会と安倍晋三背後の暗黒政治 405
文鮮明の財産／児玉誉士夫と笹川良一
あとがき 435
謝　辞 438
訳者あとがき 441
参考文献 i

第一章

キャノン機関：戦後日本のスパイとドラッグ

起源

一九四五年八月、太平洋地域の第二次世界大戦は、日本の裕仁天皇の無条件降伏によって終《しゅう》焉《えん》を迎えた。ほぼ四年にわたる血みどろの戦いが、広島、長崎への原爆投下というクライマックスで、ピリオドを打たれた形だった。日本は完膚なきまでに叩《たた》きのめされた。東京の半分が、B29の爆撃で灰と化した。ホームレスの数は数百万人。多くは段ボールや岩、金網などであつらえた、劣悪なシェルターに住んだ。

日本は、合衆国率いる戦勝連合軍によって占領され、五十万近い兵士が国中に配備された。アメリカのダグラス・マッカーサー司令官は、東京の皇居に面する第一生命ビルから、占領軍の監視に専念した。GHQと呼ばれたその本部は、まず非常食、衣料品の配給にあたり、その後、徹底的な社会改革、経済改革に着手。なかには農地改革、新憲法制定などが含まれていた。新憲法は、女性の権利を認めたほか、国際紛争解決手段としての戦争を、放棄することを標榜《ひょうぼう》した。

占領軍の当初の目的は、日本を〝アジアのスイス〟にすることであり、その結果、一九三〇年代に日本を戦争へと導いた、軍や産業界のリーダーたちは、表舞台から追放された。

しかしながら、中国で毛沢東《もうたくとう》が勢力を伸ばし、北朝鮮で親ソヴィエト勢力が台頭し始めると、〝逆コース〟と呼ばれる大きな政策転換を余儀なくされる。日本への共産主義進出を、断固阻止するのが最大の狙いだ。

その結果、粛清された戦争リーダーたちが復活。日本を〝反共の砦《とりで》〟に塗り替えることが、占領軍の目的に加わった。

復活した者の多くは、大日本帝国軍の元軍人で、彼らは、チャールズ・ウィロビー少将率いる、〈参謀第二部（GⅡ）〉というGHQの秘密諜報《ちょうほう》機関で働きはじめた。

中国では、毛沢東の軍隊が勢力を拡大し、日本海の対岸では、親ソヴィエト勢力である北朝鮮が、むくむくと頭をもたげ、日本国内では、左翼によるデモが増加して、日本の政界を揺るがし始めていた。ウィロビーはこうした動向に、強い警戒感を抱いた。

ウィロビーは、服部卓四郎《はっとりたくしろう》元大佐率いる〈服部機関〉など、多くのグループを統括していた。服部は、戦時中、首相を務めて失脚した東条英機《とうじょうひでき》の、右腕だった人物である。

しかし、彼らの中でもっとも記録に残るのは、〈キャノン機関〉だろう。


キャノン機関とは、誘拐、麻薬密輸、人気のない都会の公園での深夜の銃撃などを請け負う、秘密作戦組織。日本における戦後の隠密作戦に、新たな基準を設けたばかりではない。一九五二年四月に終わった占領時代の、長い強烈な歴史の中で、もっともカラフルな組織の一つとして、記憶に残ることになる。そしてこれが、戦後の親米保守政権成立の、いわば〝お膳《ぜん》立て〟となったと言える。この保守政権は、その後数十年にわたって居残ったCIAの、秘密の支援を受け続けるのだ。

　もとは〈Zユニット〉として知られるキャノン機関は、米軍少佐ジャック・キャノンという人物によって、一九四六年に設立された。

　キャノンは、身長百八十五センチ、体重は百キロを優に超える、いかつい顔をしたカリスマ的テキサス人。かつてテキサスの国境警備隊に所属し、第二次世界大戦中は、ガダルカナル、ボルネオ、マニラで、爆破のエキスパートとして従軍した。そして一九四五年九月、〈411防諜部隊《CIC》〉のメンバーとして、終戦後の東京に上陸した初のアメリカ人の一人となった。

　爆撃で荒れ野と化した首都に、足を踏み入れた彼の最初の任務は、ドイツ大使館の金庫を爆破してこじ開けること。そこには、悪名高きソ連スパイ、ゾルゲ一味が、いまだに活動している証拠書類が入っていた。

　母親がドイツ人で、流ちょうなドイツ語を話すキャノンは、やはりドイツ系のウィロビーに、即座に書類を送った。両者はたちまち意気投合。ウィロビーは自分のグループ設立に、キャノンを一枚加わらせることにした。

　キャノン機関はさまざまな理由から特異だった。

　まず、メンバーの身元がバラエティに富んでいる。中心メンバーとして、二十六名のヨーロッパ系アメリカ人、日系二世、韓国系アメリカ人をリクルートし、日本の共産主義シンパに対抗する、秘密活動のための訓練を施した。

メンバーは武器を携行し、逮捕や尋問の権利が与えられる。彼らのカラフルな行動には、地下組織のギャングなみに、破壊活動、隠ぺい工作なども含まれていた。

グループの主要メンバーに、ヴィクター松井《まつい》という、米軍志願兵がいた。ロサンジェルス出身のこの人物は、一九四五年十一月に、キャノンがわざわざ新潟まで足を運んで、リクルートした初のメンバーだ。〈４１１防諜部隊《ＣＩＣ》〉によって新潟に配属されていた松井を、キャノンはその場で仲間に引き入れた。

キャノンは松井の言語能力と、武道の心得（相撲の元アメリカチャンピオン）に魅《ひ》かれた。さらに、アーカンソーの捕虜収容所で、三年間も文句一つ言わず、馬小屋に暮らしたあと、米軍に志願兵として入隊した経歴にも、感銘を覚えたのだ。

身長百七十五センチ体重八十四キロの松井を、キャノンは仙台《せんだい》の第十一空挺《くうてい》部隊のパラシュート訓練キャンプに送り、やがては陸上勤務に就かせている。松井はやがて、キャノンの通訳となり、右腕に昇格して、その後六年半、彼の部下を務めた。

最初は横浜《よこはま》にベースを置いたキャノン機関は、手始めに、かの有名なゾルゲ率いるスパイ組織の残党を追跡した。ゾルゲ一味は、戦後の数年間、東京で活動していた。

リヒャルト・ゾルゲは、ソヴィエトのスパイを務めたドイツ人ジャーナリストだ。

「一九四一年六月に、ドイツがソヴィエト連邦を攻撃する。日本は参加しない」

との情報を、ロシア人に漏洩《ろうえい》したことで知られている。

一九四一年十月、日本の憲兵に逮捕されたゾルゲは、拷問によって自白を強要され、裁判ののち、朝日新聞の記者だった尾崎秀実《おざきほつみ》という日本人共謀者と共に、絞首刑にされた。

ゾルゲの無線技士、マックス・クラウゼンとその妻も、逮捕され、刑務所に送られたが、日本入りした米軍によって、混乱にまぎれて釈放されている。キャノンと松井は跡を追ったが、クラウゼンも妻も、当時横浜界隈《かいわい》で活動していた、ヴコヴィッチというドイツ人のソ連スパイと共に、まんまとウラジオストックへ逃げ延びた。

キャノンがリクルートしたもう一人のキーマンは、アル・シャタック。セレベス島で戦ったあと、一九四五年九月、占領軍の一部である〈HQカンパニー〉の先任曹長として、まず北海道の旭川《あさひかわ》に上陸した。

シャタックは、敗戦国民の従順さに驚いたという。戦場で経験したどう猛さとは、なんという違いだろう。

彼は回想する。


俺たちが初めて旭川に上陸したとき、長い滑走路があった。そこに日本兵が両側にずらりと、二、三列縦隊になって並んでいてね、全員がライフルを持っていた。俺たちは携帯武器しか持っていなかったから、こいつはヤバい、と思ったよ。そこへ俺たちのボスの大佐が、飛行機から降り立った。すると、立って出迎えていた日本人将校が、ボスに刀を返した。そのとたん、日本兵たちは全員、自分の武器をさっと引っ込めたのさ。終わってみると、数千本の日本軍のライフルが、滑走路に沿ってずらりと積み上げられていた。あんなの初めて見たよ。しかし、何のトラブルも起こらなかった。

一九四六年一月、シャタックは横浜港の第二商港に転属され、憲兵隊長C・K・ハーダー大佐の配下となった。シャタックはそこで、港湾パトロールのほかに、憲兵の補助役も任されている。

横浜港では当時、盗難事件が頻発していた。大半が占領軍のアメリカ兵による犯行だった。シャタックはそれを制圧したことで名を上げた。

実際、一九四五年から四六年にかけて、占領軍は横浜港で、大量の物資を紛失していた。なんと、トラック三台のうち、一台分相当が消え失《う》せたのだ。中身は、アメリカから横浜港に、船で送られてくる委託物資で、衣類、武器、薬品、駐屯地売店《PX》商品などだった。港からトラックで運び出される物資の、まるまる三分の一の行き先は、新橋《しんばし》の松田マーケット、新宿《しんじゅく》の尾津《おづ》マーケットといった、青空ヤミ市場だった。

のちのインタビューで、シャタックはこう説明している。

俺たちは特殊部隊の一つだった。トラックがなんの書類もなしに出入りしていたから、そいつを整理するのも、俺の仕事の一環だった。まず、取り締まりをもっと厳重にして、セキュリティを改善して、港湾警備隊を首にして、別の部隊の兵士を配属した。

目録を何枚も作ったよ。積み荷を下船させるとき、トラックに積み込むとき、それに配送の時点でもね。俺たちはリストを何度も確認した。運転手をチェックさせ、検問所の調査もさせた。結局、整理整頓《せいとん》したわけさ。

シャタックは、大量の秘宝発見にも成功している。日本は降伏の条件として、金、銀、プラチナ、工業用ダイヤモンドなどを、合法的戦利品として、米軍に引き渡すことになったのだが、じつはまださまざまな場所に隠匿されていた。

途中どこかの時点で、シャタックはGⅡで働く一人の優秀な通訳を見出《みいだ》している。オダチ・サブロウというホノルル出身者だ。

オダチはかなり特異な生い立ちだった。ハワイで日本人の両親のもとに生まれ、日本語は流ちょうだし、日米両国の市民権を持っている。一九四〇年に、日本のエリート校である慶應義塾大学に留学。その間に戦争が勃発《ぼっぱつ》し、大日本帝国軍に徴兵されたが、将校として台湾に配属された頃、終戦を迎えることになる。

GHQで通訳の仕事を見つけ、配属された憲兵隊で、シャタックに出会ったのだ。柔道九段のオダチは、シャタックの柔道の先生にもなった。

オダチはたまたま、日本の飛行機工場に、銀塊が隠されていることを知っていた。ハーダー憲兵隊長は、オダチとシャタックに、合法的戦利品としての銀塊と、ほかにも何なりと見つけ次第、取ってくるように命じた。飛行機工場の敷地の外に、大日本帝国の刻印が押された大量の銀塊と、トラック一台分ほどの銀のワイヤーが埋まっていた。さらに、元帝国陸軍将校の自宅の裏庭で、穴あけドリルに使われる、千百カラット相当の工業用ダイヤモンドも発見した。

彼らはすべてをＧＨＱに渡し、上司から称賛を浴びた（とはいえ、この作業にあたった全員が、正直者だったわけではない。一人の大佐は銀を盗み、軍法会議にかけられて解雇され、アメリカに送還されている）。

シャタックがキャノンの目に留まり、キャノン機関の有名な入隊テストの対象になったのは、まさにこの頃だ。

一九四七年のある朝、キャノンは民間人の服装に、〈アメリカ当局（State Department）〉と書かれたタグをつけて、横浜の港に現れ、シャタックが統括する安全地帯への入場を求めた。

「まず身分証明書を見せたまえ」とシャタック。

「タグに書いてあるとおりだ」キャノンは答えた。

「そうではない」とシャタック。「そんなのは、港に入るときに役人からもらう、ただのタグではないか。本物のＩＤを見たい」

「ふん、あんたにＩＤを見せる必要はないね」とキャノン。

「だったら」とシャタック。「安全地帯に不法侵入した罪で、貴様を逮捕する」

当時の規則によれば、誰かを逮捕するとき、逮捕する側は、逮捕される側の体に触れ、「貴様を逮捕する」と言わなければならなかった。

シャタックがキャノンの腕に触れようとしたとき、キャノンは抵抗してシャタックの喉元《のど》をつかんだ。その瞬間、身長百八十センチ体重九十五キロのシャタックが、さらに大柄のキャノンを、ブーンと地面に投げ飛ばしたのだ。柔道の技でいわゆる〝一本背負い〟だ。

「そのあと、憲兵隊の事務所に彼を連れて行ったんだが」

とシャタック。

ハーダー隊長はそこにいて、二人ともゲラゲラ笑い出した。ハーダーは彼を知っていたのさ。俺はキャノン機関なんてものを、まったく知らなかった。彼が大佐だということも知らなかったよ。ただ地面に投げつけただけさ。どうやらそれで彼が感心したらしい。こいつは柔道のかなりの腕前だ、と思ったのだろうな。で、その後ハーダー隊長に、俺を自分の部署にくれないか、と頼んだらしい。

というわけでシャタックは、キャノン機関と横浜の警察との連絡係となり、一年後には、キャノン機関と横浜港の間で、北朝鮮（朝鮮民主主義人民共和国、DPRK）と純正ヘロインにかかわる、過去に前例のない作戦の急先鋒《きゅうせんぽう》として活躍することになる。

レッドライオン・ヘロイン

キャノン機関の多くの偉業の中で、もっともドラマチックだったのは、北朝鮮への潜入だ。誕生直後の北朝鮮は、満州《まんしゅう》（現中国東北地方）の畑からアヘンを収穫し、ヘロインの精製を始めて、東京、横浜地域をヘロイン漬けにしようともくろんでいた。

「北朝鮮政権は、二つの目標を掲げていた」

ヴィクター松井はそう語る。

「一つは、できるだけ多くのドラッグを日本で売りさばき、収益を日本共産党《JCP》に与えること。もう一つは、できるだけ多くのアメリカ兵を麻薬中毒にして、きたるべき朝鮮半島の戦争で役立たずにすること。現に二年後の一九五〇年には、朝鮮戦争が勃発したよ」

それまでは、日本にはヘロインがあまり横行していなかった。例外は、極右の児玉誉士夫《こだまよしお》が中国から持ち込んだケース。ヤクザから成る児玉機関は、戦利品と称して中国から略奪し、故国へと持ち帰った。児玉が戦時中に稼いだ財産は、戦後日本の保守政権の政治活動に、惜しげもなく投じられている。

とはいえ、北朝鮮プロジェクトは、それより規模がはるかに膨大で、日本の地下組織のディーラーに、麻薬をたっぷりと売りさばいていた。

キャノン機関のメンバーは、北朝鮮のプロジェクトを妨害するために、大胆不敵な作戦を思いついた。船を一隻調達して、横浜界隈を縄張りとするヤクザにみせかけた乗組員の一団を結成し、ピョンヤンに向かう。そこで現地の陸軍大将たちと取引し、調達できる限りのヘロインを手中に収める、というもくろみだ。

キャノンは、快速哨戒《しょうかい》魚雷艇を調達し、漁船に見えるように改造して、キャノンがリクルートしたソウル出身の延禎《ヨンヤン》という韓国人将校に、水先案内人を務めさせた。

延禎は、中央大学の学生だった一九四四年に、徴兵されて日本軍に入隊し、占領時代にGⅡで働き始めていた。キャノン機関で唯一の韓国人だ（彼はのちに、朝鮮戦争の際の功績を認められ、アメリカから三つのシルバー・スター・メダルを授与されている）。

ニセのヤクザたちが東京に戻ってからまもなく、一艘《そう》の北朝鮮の漁船が、東京湾の入り口で、救命具に隠した十二のアルミ缶入りの、ピョンヤン製のドラッグを荷下ろしした。アルミ缶一個の重さは一キロ。英語で「RED LION」と書かれたラベルが貼られている。中身は、九十九・九％の純正ヘロインの包みだ。エージェントたちが缶を抱えて、横浜の事務所に運び、包装を解いて重さを測った。

船長の免許を持つアロンゾ・シャタックは、ヘロイン缶を運ぶ船の水先案内人を務めた。

「強烈なヤクだったよ」

と彼は当時を回想する。

「計測しているあいだに空中に漏れた粉を、二、三回吸い込んだだけで、みんなラリっちまったくらいさ」

エージェントたちは、もちろん、ヘロインを売買したいわけではなかったし、自分たちの作戦を暴露したくもなかった。そこで彼らはヘロインを保管し、北朝鮮人に、海で失くしたからまた送ってほしい、と頼んだ。失くしたヘロインの量は、並大抵ではなかった。

北朝鮮人は、再び船でどっさり送ってきた。そして次々に。しかし、ＧＩ（アメリカ兵の俗称）のジャンキー（麻薬中毒者）が一向に出現しないことから、疑問を持ちはじめた。結果、彼らは、延禎率いるペテン師たちと縁を切り、横浜界隈を本拠地とする本物のヤクザたちと、次々に契約を結び始める。

やがてヘロインは、二十倍ほどにまで薄められて、市内のあちこちで密売されるようになった。その儲《もう》けの一部は、日本共産党に吸い上げられた。

「一九四八年の終わりには、街中にドラッグがあふれていたよ」

シャタックは語る。

横浜のある橋のたもとに行けば、好きなだけヘロインを買うことができた。ヤクは撥水《はっすい》性のパッケージに入れられて、紐《ひも》でつるして水中に沈められていた。注文すると、ディーラーは紐を引っ張り上げる。客員将校の間で流行《はや》りまくっていたよ。ある日、俺がユニフォームのシャツを脱いで、横浜のメインストリートを歩いていたら、ヘロインを買わないかと、二度も勧誘されたくらいさ。

麻薬取引を本物のヤクザにのっとられて以来、キャノン機関のミッションは、麻薬の密輸業者を阻止することに変わった。キャノン機関のメンバーとギャングとの激しい銃撃戦が、横浜の海岸や、公園、ときには人気のない神社や寺の境内で、真夜中に繰り広げられた。ある日、横浜の野毛山《のげやま》公園での戦闘で、キャノンは三十八口径の弾丸に脚をやられた。

一九四八年以降、北朝鮮で製造されたドラッグは、東京、横浜エリアの麻薬事件の定番になったものだ。ドラッグ密輸の収益は、年間百万ドル以上だったと言われる。当時としては破格の金額である。

韓国で従軍するＧＩによって、事態はさらに悪化した。現地で中毒になり、バーの女たちからヘロインを入手して、悪癖を日本に持ち帰ったからだ。中には、商売にする輩《やから》もいた。

シャタックによれば、

「横浜でヘロイン中毒者からたっぷり情報を得たよ。投獄して、禁断症状にすれば、あっけなくゲロした」

密売人を嗅《か》ぎつけるのは、松井の仕事だった。

俺は三十八口径を常に携行していた。東京、横浜あたりのヤク中たちに協力させて、ディーラーを追った。俺が近隣をくまなく捜索するあいだ、〝タレコミ屋〟が後からついてきた。一軒一軒あたって、家に乗り込んで、道に出て、また別の家を捜索する。不快な仕事さ。だけど、拳銃《けんじゅう》を発砲したことは一度もなかった。

ヘロインがこれだけ日本に流入したわりには、日本人はさほど中毒にならなかった。松井によれば、ヘロインは脱力感をもたらすからだ。東京は、人々が早朝から日暮れまで、週に七日もせっせと働く街だ。覚醒剤《かくせいざい》なら、深夜まで働くタクシー運転手、深夜労働者、試験勉強に励む学生、ナイトクラブのホステスなどに向いているが、ヘロインは向いていない。

ピョンヤンの将軍たちは、あるときこれに気づいた。北朝鮮は、覚醒剤という形で製造した〝正当な麻薬〟を供給する、という方針に変更。これが東京の人気ドラッグになった。〈ヒロポン〉と呼ばれる麻薬は、戦時中、日本政府によって、兵士たち、工場労働者、パイロットなどに与えられた。しかし、このドラッグは品質が悪く、使用者の多くに、片頭痛、気絶などの副作用をもたらしている。

それに引き換え、山口《やまぐち》組そのほかのヤクザたちがばらまいた、北朝鮮製の覚醒剤は、より品質が良く、その後数十年、地下組織の市場を席巻《せっけん》したものだ。

今でも、北朝鮮製の〈ヴァイアグラ（性的不能治療薬）〉などと同様に、東京で手に入る。今では、中国やメキシコが、もっぱら〈クリスタルメス〉、〈合成コカイン〉、〈フェンタニル〉の供給源だ。

占領時代の興味深い事実がある。マッカーサーが日本に連れてきた宣教師によって、キリスト教に改宗した人間よりも、その時期に麻薬中毒になった人間のほうが、数で上回っていたのだ。

本郷ハウス：拳銃、深夜の殺戮、過酷な取り調べ

一九四六年十二月以降、キャノン機関の本部は、岩崎《いわさき》邸内の本郷《ほんごう》ハウスに置かれた。岩崎邸は、東京の広大な上野《うえの》公園内にある不忍池《しのばずのいけ》の横の、階段状の敷地に、宮殿のようにそびえる邸宅だ。一万五千坪にわたって広がる敷地には、三つの建物がある。二階建ての西洋式マンション、広々とした四十四の部屋を有する日本建築、そしてスイスの田舎家を模したビリヤード・ハウスだ。庭には、芝生と、石のモニュメント、灯籠《とうろう》、手水《ちょうず》鉢、テニスコート。まるで『グレイト・ギャツビー』から抜け出たような景観だ。

岩崎邸はもともと、〈三菱グループ〉創設者の長男であり三代目社長の、岩崎久弥《ひさや》男爵の自宅で、イギリス人建築家ジョサイア・コンドル（一八五二―一九二〇）がデザインし、一八九六年に完成した。

キャノンにとって、またとない作戦基地だった。

本郷ハウスは、古いヨーロッパのホテルに雰囲気が似ている。一階には、暖炉付きの大きなダイニングルーム、パントリーのある大きなキッチン、図書室、九個の寝室、さらに各種小部屋。南側には列柱のあるヴェランダ。

キャノンのオフィスは、庭を見下ろす二階にあった。ヴィクター松井によれば、キャノンは庭を、空のコークボトルや、空き缶、ビール缶、電球などで飾り、毎日の射撃練習の的にしていたという。常に携行している金メッキのピストルで、自分のデスクから狙い撃ちすることも多かった。

いきなり侵入してきた下士官に狙いを定め、拳銃を発射したこともある。弾は、四百メートルほど離れた上野のアメ横という、買い物客でにぎわうマーケットのガラスを破壊したとも噂された。ちょっとしたスキャンダルになったことは言うまでもない。

延禎は、『キャノン機関からの証言』という、一九七三年に出した自叙伝の中で、キャノンがいかに拳銃マニアだったかを語っている。

しかし、なんといっても、おやじ、キャノンのことを話題にするとき仲間うちで出る話は、かれの〝射撃好き〟であろう。

ところかまわずぶッ放すクセがある。彫物の入った金色のピストルがことのほかお気に入りで、しょっちゅう乱射していた。おかげで部屋のなかは穴だらけで、あとでその穴をふさぐ作業が一苦労であった。さきほど、かれが表情をあらわにしないことを述べたが、ピストルをぶッ放して人の慌てる様子を見たときだけは、さも愉快そうに笑った。

「悪趣味だ」

と、わたしはキャノンにいったことがある。初対面の人物がやってくると、キャノンの部屋のドアを開けてなかに入ったとたん、ズドン！　と客の頭上に弾丸がとんでくる。お客は顔面蒼白となる。それをみて、

「肝だめしだ」

と、笑っている。一度はチョイという男が哀れな被害者になった。かれが椅子にすわっていたところ、とつぜん銃声が聞こえたかと思うと、右のこみかみ《ママ》に痛烈な痛みをおぼえた。

「殺《や》られた！」

チョイは、手で顔をおおってしばらくは倒れていたという。気がつくと、キャノンがそばに立ってニヤニヤしながら自分を見下ろしている。じつは実弾が当たったた《ママ》わけではなく、キャノンがわざと備えつけの電池を撃ったとき、その破片が飛び散ってかれの頭に当たったのだった。

……

邸には八人の日本人メイドがいたが、委細かまわずパンツだけの姿になって、二階のべ

ランダで日光浴をたのしむ。それにも飽きると、二階ホールに持ちこんでいたサンドバックを叩いて汗を流し、シャワーを浴びる。

松井によれば、キャノンは日本の誰よりも拳銃に詳しかった。

「本当の〝拳銃マニア〟だよ。『シューターズ・バイブル』を全部暗記している。朝三時に起こして、〈ジャーマン・ヴァルサーPK〉の重さと速さと飛距離を聞いても、寝ぼけ眼でちゃんと答えるさ」

シャタックによれば、

キャノンは夜型だった。スパイはみんなそうだけどな。彼のルーティンは暗くなってから始まる。覆面捜査官や、協力者、ライバルのスパイなんかに会いに出かけたり、共産主義者の怪しい行動を偵察に行ったり。偽名を使って、バーやナイトクラブや、求めている情報を得られそうなレセプションにも顔を出した。

女にはもてたよ。体がでかくて、ぶっきらぼうで、イケメンで、額が広いし、茶色い髪がふさふさしている。女はみんな夢中になるんだ。やつがその気になれば、美女とたちまち会話ができる。あまり美人ではない女ともね。ロシアの女たちを利用する才能があった。ソヴィエトのレセプションに招待させて、そこでこっそりと、スパイらしき人物の写真を撮ったりする。

キャノン機関の最盛期に人気スポットだったのは、〈チェリー・クラブ〉。西銀座《にしぎんざ》のビルの二階にあるホステスクラブだ。経営者は、神戸《こうべ》出身のママ・チェリー。彼女を知る人物たちは、「けた外れのべっぴん」と口をそろえる。夫は韓国人で、レジを務めていた。

シャタックによれば、チェリー・クラブには数人のホステスがいて、いずれもかなりの美形ぞろい。シャタックはそこで若い女性とねんごろになったが、彼女はのちに米軍大佐と結婚した。ホステスの一部は客とベッドを共にしたが、恋人のいるホステスは寝なかった。

常連客の中に、モウリス・リプトンという男がいた。タバコと帽子がトレードマークで、タバコをくわえるせいで、唇がいつもへこんでいた。店に入ると、こんなふうに言う。

「金がないから、お前たちとはタダで寝るぞ」

そうは言いながらも、いつもお代を払ってくれたわ、とママ・チェリー。

彼女と夫はここでぼろ儲《もう》けして、のちの一九五〇年代後半、赤坂《あかさか》に〈コパカバーナ〉を開店する。やがてこの店に、ときの大物がぞくぞくと出入りすることになる。

たまり場はもう一つ。丸《まる》の内《うち》の〈日本外国特派員協会《FCCJ》〉。世界中の種々雑多なジャーナリストが、ここに集った。道の向かい側の、ＦＣＣＪから二軒ほど先に、ソヴィエトが接収していたオフィスがある。ジャーナリストたちは、二、三杯飲んでから、カメラを持って外に出て、オフィスの窓をねらった。将官はブラインドを下ろし、カメラのフラッシュを避けた。

キャノンの〝持ち球〟の一つは、ソヴィエト連邦大使館の日本人スタッフ。その人物は彼に、ロシア人が東京で使っている通信装置の説明や写真など、さまざまな情報を提供した。キャノンはさらに、ロシア人に雇われて日本で働いている工作員を、アメリカ側に転向させ、書類やテープレコーディングなどの形でうその情報を与え、連絡相手の工作員に送らせたりもした。

キャノンは自分のメッセージを暗号化し、レコーディングして、圧縮する。無線で瞬時に送れるからだ。受け取る側は、メッセージをレコーディングし、スロー再生する。連絡員との接触は、たいてい真夜中に、東京の日比谷《ひびや》公園や横浜の野毛山公園でおこなわれた。

シャタックは、二人の二重スパイの扱いを任されていた。二人とも日本人で、一人はソヴィエト連邦大使館で働く警官だった。

「われわれはまんまと彼らを二重スパイにすることに成功した」

とシャタック。

職場にいながらにして、われわれのために働かせた。連中は、スパイとかそんなマネはできやしないさ。メリットは、彼らがロシア人たちに与えられる最新の通信装置が手に入ることだよ。俺たちはそれを分析して、そこからニセ情報を吹き込む。

北朝鮮に雇われてはいるが、こっそりわれわれとツルんでいる日本人も何人かいた。

俺はその一人と午前三時に日比谷公園で会って、ニセ情報のテープを渡す。それを彼が北朝鮮のボスに運ぶのさ。

うちの工作員の一部は、日本政府と共産党のために、同時に働いていた。情報源のうち二人は、ゾルゲと日本政府との両方に、同時に雇われていたよ、信じられるかい？　本拠地の本郷ハウス内には、情報源たちを絶対に入れなかった。一人か、ときにはうちの二人のアメリカ人メンバーが、いつも基地の外で連中に面会した。もちろん、彼らにはキャノンとか俺たちの名前は知られていなかった。

そんなふうに集まる諜報部員たちは、当然ながら猜疑《さいぎ》心が強い。とくに二重スパイからの情報にはね。しかし彼らは、ソヴィエトにニセ情報を送るのに、とても役に立った。ときには、ロシア人から与えられた無線機や暗号装置を持ってきてくれる。俺たちの研究のためにね。

俺には知る由もないが、推測では、俺たちが情報源として使っていた二人の日本人諜報部員が、ニセ情報を日本政府に流していたよ。戦時中、ソヴィエトのために二重スパイを務めたが、日本の当局に絶対捕まらなかった連中さ。

こういうタイプは、一般的に根っからの嘘つきだ。いい情報であろうと悪い情報であろうと、買い手がいれば売る。

キャノン機関は、町井久之《まちいひさゆき》などの韓国系ヤクザも使った。町井は、「銀座の町井」の異名をとる〈東声会《とうせいかい》〉の組長だ。東声会は当時の東京の最大暴力団の一つで、街の各地で頻発する左翼デモを鎮圧していた。

ポーカーフェイス

銃器のエキスパートだったばかりか、諜報部のブレインでもあったのは、まぎれもなくキャノンだ。諜報部員たちは、キャノンがいかに頭が切れたかを、よく語った。

シャタックによれば、

「日本一のチェスプレーヤーとして知られる白系ロシア人と、彼がチェスをしている場面に居合わせたことがある。キャノンはそのあいだずっと、誰かと会話をしたり、電話に出たりしていたのに、相手のロシア人に勝ってしまった。その光景をはっきり覚えているよ」

キャノンは常にポーカーフェイスで、GⅡの危険極まりない〝海〟を、すいすいと泳ぎ回っていた。

〈参謀第二部（GⅡ）〉と〈民政局（GS）〉は、さまざまな点で見解が異なり、概して両者間の空気はあまりよくなかった。日本を〝アジアのスイス〟にしたがっているのはGS。彼らは、日本の陸軍ばかりでなく、ザイバツ（財閥）の解体を目指していた。一方のGⅡは、日本を共産主義から守る防波堤にしたがっていた。

当然のことながら、目的の違いから、両者は折り合いが悪かった。

ウィロビーという人物は、いかにもドイツ的で、ドイツ訛《なま》りがきつい。だからみんなに疎まれていたが、諜報活動の仕事は知り尽くしていた。しかも、戦争を共に戦ったせいで、マッカーサーの信頼が厚い。

一方、GSのブレインのチャールズ・ケーディスは、ウィロビーの正反対。都会的で、アイヴィー・リーグ出身のエリートで、FDR（フランクリン・ルーズヴェルト）のニューディール政策支援者だ。

この二人ほど対照的な存在はなかった。

キャノンは酒を飲まない。飲むやつを信用しない。酔えば秘密を漏らす、と信じているからだ。そのせいで、キャノン機関に飲んべえは一人もいなかった。

ドラッグにも手を出さない。一度だけ、ヘロイン入りのタバコを吸ったことがあるが、どんなものか試すためだった。

女の尻《しり》も追わない。これは珍しがられた。占領軍の重鎮が、高級料亭や芸者ハウスに、連日招かれていた時代の話である。彼らの多くが、愛人を作った。GHQで一、二を争う先述の有力者、ケーディスは、子爵夫人の鳥尾鶴代《とりおつるよ》を愛人にした。彼女は皇室ともゆかりがある華族の妻だった。のちに判明するが、これがもとで彼は破滅する。

しかしキャノンは違う。清廉潔白、妻に誠実。二人の子持ちであり、男たちのリーダーであるからには、身持ちをよくする道徳的責任がある、と信じていた。部下たちによれば、彼は戦後日本で、日本人女性とベッドを共にしなかった唯一のアメリカ人だ。

岩崎邸では、感謝祭などのパーティがしばしばおこなわれた。ある晩、山口淑子《やまぐちよしこ》という、英語を話す、ハリウッド映画にも出演したことのある女優を招待した。ほかの連中は、浴びるように酒を飲み、大騒ぎしたものだ。しかしジャック・キャノンは違う。グラスを口に運ぼうともしなかった。

「みんな、こんなイベントのどこが面白いんだ？」そう言った。「わからんね。女と遊ぶのが、どうしてそんなに大事なんだ？」

拳銃のほかに、彼が愛してやまないのは、ポーカーだった。

「ポーカーは、人の心を読むのに最適だ」とキャノン。

疫病の発生

キャノン機関がおこなったもっとも大胆不敵なミッションの一つは、一九五一年二月、北朝鮮の海岸沿いの街、元山《ウォンサン》での強制捜査だ。そこの陸軍病院で、ペストが発生した、という噂を聞きつけて、すぐに決行された。

連合国司令部は、それが本当にペストかどうか、拡散する可能性があるか、を知りたがった。本当だとすれば、マッカーサーは即座に、米軍を朝鮮半島から撤退させるつもりだった。

そこで延禎と彼のチームは、船で海岸に近づくと、ゴムボートで上陸し、北朝鮮軍のユニフォームで変装して、病院内に潜入。その病で死んだとされる遺体と、まだ生きている感染患者を拉致《らち》して、海岸へ運んだ。米軍の軍医は、その場で遺体の検視作業に取り掛かり、生きている患者を診察した。本当に疫病だったら、全員が死んでしまったことだろう。しかし結局は、疫病でも、コレラでも、チフスでもなく、単なる軽い病であることが判明した。

延禎は前年の後半、朝鮮戦争が勃発してから、仁川《インチヨン》上陸の〝切り札〟となった。仁川では八メートルを超える干満差があることなど、現地の地勢に精通していたからだ。この場所は、作戦をたて着岸して上陸するのが、かなり難しい。時期を間違えれば、上陸軍は格好の餌食《えじき》にされてしまう。そのため、連合軍が仁川上陸計画を発表したとき、誰もが耳を疑った。あまりにもあやふやな情報だったからだ。

上陸作戦は決行された。大成功に終わったとき、驚嘆の声が沸き上がったものだ。

鹿地亘拉致事件

キャノン機関の存在は、占領時代を通じて、日本の一般市民にはほぼ知られていなかった。一九五一年十一月に起きた鹿地亘《かじわたる》という二重スパイの拉致事件が占領時代後まもなく明るみに出ると、キャノン機関の秘密のベールが剝《は》がされることになる。

上海《シャンハイ》から帰国した作家で、左翼として有名な鹿地は、〈帝国電波〉の三橋《みつはし》という無線技士との会合に向かう途中、キャノン機関のチームによって、路上で拉致された。三橋は、ソヴィエト側のスパイでもあり、キャノン機関で二重スパイを務めていた。

キャノン自らが、この二重スパイ、鹿地を拉致した。藤沢《ふじさわ》の歩道を歩いているときに、魅力的な若い女を〝餌〟にしたのだ。キャノンは彼を、本郷ハウスの二階の部屋に収容した。デスクとベッドが一台ずつある実用的な部屋だ。明らかな共産主義シンパや、その疑いのある人物を確保すると、キャノンや部下は、尋問するために、この部屋を使用した。

「ヴィクターと、俺と、スカンジナヴィア人の男が、尋問にあたったよ」

シャタックは回想する。

俺たち三人は、鹿地をかなりしっかり監視した。ほかには誰もやつを見かけなかったんじゃないかな。やつが結核にかかっていたのが、ある意味幸いしたね。しょっちゅう痰《たん》を吐いていた。〈クリネックス〉をすぐ空にした。うちのドクターたちが治してやったよ。だけどその前に、うちのエージェント二人が伝染《うつ》された。

俺は排気ガスだらけのセントルイス出身だし、ヴィクターはロサンジェルス出身。そういう大都会出身者は、免疫ができている。しかし、ミネソタの田舎町出身の、ブロンド髪の大男、スウィードは、免疫ができてないから、すぐやられたよ。

鹿地がエージェントの一人に嚙《か》みついたこともある。名前は忘れた。体のでかいテキサス人だったが、肝炎を伝染された。

一九五二年四月に占領時代が終わって、占領軍が撤退を余儀なくされる直前まで、キャノン機関は鹿地を解放できずにいた。

シャタックに言わせると、

「われわれは鹿地をどう扱えばいいのかわからなかった。だからうちの日本人諜報部員たちに託すことにした。そいつらも扱いに困ったんだろうな。連中は彼をしばらく拘束してから、解放したよ。

すると、彼はまっすぐ警察に駆け込んだ。で、新聞各紙が取り上げて、全国的スキャンダルになったわけだ。鹿地は国会で証言台にも立った。

というわけで、キャノン機関の存在が、日本の一般市民に知れ渡った。スパイ組織としてね。左翼連中がいきり立ったよ。この頃から、ご存じの不快な噂が飛び交い始めたのさ。

板垣幸三《いたがきこうぞう》という名の、若く節度のないメンバーもいた。鹿地拉致事件のあと、この男も国会で証言台に立って有名になっている。

彼は国会議員たちに、こう証言した。

「私は手錠をかけられて、地下の独房で拷問されたあと、一九五一年五月の夜、庭で模擬処刑に付されました。グループのメンバーにふさわしいかどうか吟味する、テストの一環だったらしい」

エージェント全員にニックネームやコードネームがついていて、それでお互いを確認したことも、暴露した。延禎は「ビッグ」と呼ばれ、ほかにも「ミドル」や「スモール」がいた。こういう連中のことは、ごく一部しか知らなかった、と。

本郷ハウスでコックをしていた山田《やまだ》善二郎《ぜんじろう》も、自分が目撃したことを証言している。たとえば、監禁されてノイローゼになり、どこかに連れ去られた捕虜のことなどを。

しかし、シャタックは板垣の国会証言に否定的だ。

「板垣幸三の証言は、眉唾《まゆつば》もんだと思ったほうがいい。邸内に独房はなかったし、疑似処刑なんておこなわれなかった」

松井も付け加える。

「あいつは、自分でも何言っているのかわかってないね」

シャタックはコックの証言についても、

「あのコックはなにも知るはずがないさ。どこにも首を突っ込ませなかったからな」

鹿地がどんな形にせよ虐待されていた、という報道を、エージェントの全員が否定している。

この諜報活動の本来の目的が、鹿地の持つ情報を得ることだけでなく、彼をアメリカ人と協力させることだったのだから。

キャノン機関の延禎に言わせれば、

「鹿地は作家だからな。話をでっちあげるのはお手の物さ」

下山事件

〈日本国有鉄道〉下山定則《しもやまさだのり》総裁の誘拐殺人という、忌まわしい事件と、三鷹《みたか》と松川《まつかわ》で発生した大規模な鉄道事故は、キャノン機関とそのメンバーのしわざだと、日本人の多くが信じていた。

いずれの事件も、一九四九年七月五日から、わずか六週間以内に発生した。共産主義者がバックで操る労働組合の評判を落とすために、〝極悪非道〟のGHQがたくらんだのではないか、と世間は疑った。

当時の〈国鉄〉総裁、下山は、GHQによって、経費節減のために、国鉄職員三万人を解雇するよう命じられていた。

マッカーサーの右腕で、情に溺《おぼ》れない現実的な人物、〈デトロイト銀行〉のジョセフ・ドッジ頭取は、制御不能となっていたインフレを抑えるべく、厳しい制約を課すために来日し、対策の一環として、日本の国営である国鉄職員の大量解雇を命じた。

その直後の一九四九年七月五日、下山は出勤途中、行方がわからなくなった。翌日、五反野《ごたんの》の線路上で、列車にはねられたと見られる下山の死体が発見された。担当した解剖医は、自殺と判定。

ところが、〈東京大学〉の法医学教授がおこなった再検査で、自殺か殺人かは判定できない、という結果が出た。

その直後、三鷹事件が発生。中央線が三鷹駅構内に突っ込んで、死者六人、負傷者二十人を出した。息つく間もなく、松川事件も発生した。松川駅付近で、東北本線が脱線転覆し、乗員三名が犠牲になった。

前者のケースでは、元運転手が死刑宣告を受け、一九六七年に獄中で死亡。しかし、彼は最期まで無実を主張した。

後者のケースでは、破壊活動の罪で、十七名に死刑を含む有罪判決が下された。しかし十一年後、高裁に差し戻されると判決が覆され、全員が無罪となり、最高裁もこれを認めている。

キャノン機関がかかわっていたのでは、という疑念は、鹿地と板垣の国会証言と、松本清張《まつもとせいちょう》という有名作家によって、掻《か》き立てられた。

松本清張は、一九六〇年に出版した『日本の黒い霧』というベストセラーの中で、先述の悲劇的事件に、アメリカの諜報部がかかわっていた、と主張。その後何年にもわたって、ノンフィクションライターたちが、彼の作品に同様の見解を付け加えた。

しかし、彼らの作品については、驚くべき間違いと矛盾も指摘されている。たとえば松本清張は、キャノン機関の本拠地は横浜のみ、と断定した。さらに彼は、キャノン機関のメンバーの大半が、大日本帝国陸軍の将校たちだった、と記しているが、これも大きな間違いだ。

二〇〇〇年代の初頭、占領時代が終わって五十年経ったころ、日本の各紙が「下山事件」として報じた忌まわしい事件を、再びクローズアップする書物がどっと出版された。その筆頭は、矢田喜美雄《やだきみお》著『謀殺下山事件』と、柴田哲孝《しばたてつたか》著『下山事件』。いずれも〝戦後最大の謎〟に迫ることを標榜している。しかし両者共に、単なる状況証拠や、疑わしい推測、又聞きの証言などに基づいた、要領を得ない内容だ。

ヴィクター松井は語る。


占領時代終了から五十年経って、キャノン機関に関する日本語の本がどっと出た。いろいろ憶測が記述されているが、間違いだらけさ。下山事件についてキャノン機関を名指しにしている。キャノンが何らかの形でかかわっていた、とね。ピント外れもはなはだしい。ジャック・キャノンのことは俺がよく知っているさ。一九四五年十一月から一九五二年四月まで、毎日顔を突き合わせていたんだからな。

下山は、われわれの仕事には無関係だったよ。キャノンがかかわっていた証拠なんかない。目撃者もいない。下山の誘拐と殺害の裏にキャノンの存在があった、と言うこと自体、俺に言わせればとんだ見当はずれさ。ばかばかしい。下山が殺されて得する人間は誰か、と考えてみるがいい。労働組合じゃないか。キャノンがかかわっていた、なんて言い出すこと自体、根本的に理屈に合わない。断言できるよ。俺たちはかかわっていない。俺たちの犯行だとみんなが言い続けるうちに、残念ながら、それが事実になってしまうんだ。

占領時代終了：CIA

一九五二年四月、占領時代が終焉を迎えるとまもなく、キャノン機関も閉鎖されることになる。ある日、トレンチコートにフェドーラ帽という定番ファッションのCIA代表が、本郷ハウスに入ってきた。そして、日本における米軍諜報活動は、今後、CIAの支配下になる、と宣言した。

シャタックはのちに語っている。

大失策さ。ワシントンから送られてきた連中は、自分のケツの穴も拭《ふ》けないようなろくでなしばかりだった。本郷ハウスにそのニュースを知らせに来た若造だってそうだ。たぶん二十代後半か、三十代前半かな。トレンチコートの襟を立てて、パイプなんか吹かしていやがった。忘れもしないさ。ポーズをとっているつもりか、暖炉に寄りかかって、このたまった。今から自分がこの組織を取り仕切る。これからは、CIC（防諜部隊）も、海軍諜報部も、陸軍諜報部も、すべてＣＩＡの管轄下になる、とね。

　こいつについては伝説がいろいろある。ＣＩＡからきたこの新顔は、ＧＨＱに〈ドキュメント・リサーチ・セクション〉とかいうオフィスを開設したけど、ひどいネーミングじゃないか。こんな看板を掲げていいわけがない。


　結果的に、キャノン機関を辞める人間が続出した。

　筆頭はジャック・キャノン。彼は即座に転属を求め、〈フード駐屯地〉へ配属された。結局はそこでＣＩＡに勤務することになったが、のちにウィロビーと共に、Ｈ・Ｌ・ハントに雇われている。ハントはテキサスの極右の石油大富豪で、のちにジョン・Ｆ・ケネディ殺害の主要被疑者となった人物だ。

　松井は、解雇されると、アメリカ国務省に勤務。シャタックは退職して東京に残り、ナイトクラブの経営に転向した。一九五二年には、マニラを本拠地とするギャンブラー、テッド・ルーインと、キャノン機関の退役軍人、オダチ・サブロウと共に、東京の赤坂界隈に〈ラテン・クォーター〉というゴージャスなクラブを開店している。

　シャタックやキャノンらの反対にもかかわらず、ＣＩＡはキャノン・グループの場所や諜報活動を引き継ぎ、独自の形で有効化していった。

　ＣＩＡは、占領軍の正式な撤退後に頻発している大規模な左翼系デモについて、警戒感を強めていた。

筆頭は、一九五二年に皇居前で発生した〝血のメーデー事件〟。日本国内の米軍駐留を認める〈日米安全保障条約〉締結に反対して、日本共産党率いる大群衆が、大規模な抗議行動を起こしたのだ。警察は発砲し、もみ合いの中で二人が死亡、数千人が負傷した。GIのアメリカ人が堀に投げ込まれ、水中でもがいているあいだに、石を投げつけられもした。

その後数か月間、散発的に暴力事件が発生した。

後続の選挙では、日本共産党の票は、暴力事件の影響で伸び悩んだが、CIAにとっては絶好のチャンスが到来した。

ドワイト・アイゼンハワー米大統領の庇護《ひご》のもと、CIAは現保守政権与党〈自由民主党〉に、毎月およそ百万ドルを支払い始めた。これは一九五〇年代と六〇年代の大半を通じて続いた。

ティム・ワイナーが、二〇〇七年の著書『Legacy of Ashes』の中で指摘しているように、CIAは、信頼のおけるアメリカ人ビジネスマン、たとえば、航空会社〈ロッキード〉の重役たちを、仲介役として仲間に引き入れた。そして、〈U2（ロッキード社がCIAの資金で極秘裏に開発した、米空軍の高高度戦略偵察機）〉を製造して、新設された日本の〈自衛隊〉に売りつける交渉を始めた。このCIA資金のおかげで、自民党は権力の座を維持し、米軍の日本駐留を支援し続けることになる。

先述の極右フィクサー（自民党の創設者でもある）、児玉誉士夫は、資金の運び屋もつとめた。

CIAは、元A級戦犯容疑者の岸信介《きしのぶすけ》が、自民党総裁、すなわち総理大臣のポストに就く手伝いもした。サムライの子孫である岸信介（やがて日本の首相となる安倍晋三《あべしんぞう》の母方の祖父）は、戦時中、中国北部の満州を日本の傀儡《かいらい》属州とし、乱暴な法規を押し付けたことで悪名高い。ヤクザのちんぴらを使って、中国人労働者を統率していた。また、酒やギャンブル、女遊びといった〝課外活動〟にも余念がなかった。

岸は一九四八年、東条英機らが絞首刑になった、まさにその翌日に、巣鴨《すがも》刑務所から釈放されている。政治的、財政的支援と引き換えに、アメリカ寄りの保守政権を進めていく、というGHQの交換条件付きの釈放だ。

耳の大きな岸は、一九五七年に首相の座に就き、一九五一年に締結した〈日米安全保障条約〉――米軍の日本駐留を認める条約――の改定を、国民の多くの反対を押し切って、国会で承認させることに成功。岸はさらに、アメリカが沖縄の米軍基地に、核兵器をひそかに持ち込むのを、容認してもいる。

米軍駐留反対の声はピークに達し、安保条約改定反対をとなえる三十万人のデモが、国会に押し寄せた。日本の警察や、自民党に雇われたヤクザたちが、デモ隊を撃退し、条約改定は自民党議員によって国会で承認され、かくして米軍は日本に踏みとどまることができた。

占領時代が終わると、アメリカの新しい諜報機関が活動を開始した。

〈ナショナル・セキュリティ・エイジェンシー（国家安全保障局）〉がその一つ。一九五二年にハリー・S・トルーマン大統領が創設し、米国防省の予算で賄われ、国防長官が統括する組織だ。

ほかにも、二つできた。

〈ディフェンス・インテリジェンス・エイジェンシー（国防情報局）〉。これは、ピッグズ湾事件（米国支援の反カストロ軍が、キューバへの上陸を企てて失敗した）のあと、ロバート・マクナマラ国防長官が一九六一年に創設したもの。

もう一つは、スパイ衛星を作るために、一九六一年に創設された〈ナショナル・レコネイサンス・オフィス（国家偵察局）〉。

しかし、日本のアメリカ組織の中で、もっともアクティヴだったのは、政府の最上層部に金銭的パイプラインを持つCIAだった。

とはいえ、当時、どんなことがおこなわれていたか、すべてを把握する人物は、ほんの一握り。皮肉なことに、CIAとヤクザのつながりについては、一部の人間は知っていたが、CIAと与党自民党とのパイプラインについて、知る人間はほとんどいなかった。

そして、キャノン機関の活動全体を、本当に知る人物は誰もいなかった。板垣や鹿地の証言は、信用に足らない。記録はすべて破棄され、グループの活動も、じつに長い間秘密にされていた。

明るみに出たのは、数十年後の一九七七年に、キャノン自らが、日本の公共放送NHKのインタビューに応じたときだ。さらに、前述の延禎も、一九七三年に〈番町書房〉から、自叙伝『キャノン機関からの証言』を出した。しかしこの著書は、残念ながら誇張と誤りに満ちている。

ジャック・キャノンは、一九八一年三月八日、テキサス州マクアレンの自宅で、自分の弾に当たって死亡した。自ら発明した〈グレーザー・セイフティ・スラッグ〉の、最初の犠牲者になったのだ。製造中の拳銃が、何かのはずみで暴発し、二発が彼の胸に命中した。

松井は二〇一二年に死亡したが、アロンゾ・シャタックは、この本の執筆中にはまだ生きていて、アリゾナのファウンテン・ヒルズに住んでいた。

キャノン機関が閉鎖されるころには、GHQは、日本を共産主義から守るという目標に向けて、着々と邁進《まいしん》していた。

GHQは同時に、〈アメリカン・カウンシル・オン・ジャパン〈アメリカ対日協議会〉〉からの援助も受けていた。これは、民間の半秘密組織〈ウォールストリート・カバル〉の一つで、初期のGHQ政策を、一九四七年頃からさらに反共志向へと導く努力をしていた。日本の戦前の資金や保有地を、救済確保するのが目的だ。

こうした活動は、一九九六年発行の、グレン・デイヴィス、ジョン・ロバーツ共著

『Occupation Without Troops』に記されている。中には、ジョン・マックロイ、ジェイムズ・フォレスタル、ロックフェラー一族など、影響力のあった人物たちが登場。『ニューズウィーク』のハリー・カーンや、のちの国務長官、ジョン・フォスター・ダレスと、弟のアレン・ダレスも登場する。アレンは、〈オフィス・オブ・ポリシー・コーディネーション（政策協力委員会）〉と呼ばれる組織にもかかわっていた。

彼らはみな、この反共活動に、莫大《ばくだい》な資金を投じていた。カーンはニューズウィーク誌を使って、日本を社会主義国にしようとするＧＨＱの計画を攻撃し、中国と北朝鮮における共産主義台頭の危機を訴えた。アレン・ダレスは、第二次大戦中、〈ＯＳＳ（戦略情報局）〉で働き、一九四七年にＣＩＡの創設に参画して、一九五三年にはＣＩＡ長官の座に就いている。

ダレス兄弟はどちらも、徹底的な反共主義者。マッカーサーは占領時代の初期に、社会主義者に甘すぎた、という意見にたどりついてからは、日本の将来に大いなる興味を抱くようになった。

彼らは成功をおさめた。そのおかげで、ロックフェラー一族とモルガン一族は、占領時代が終わったあと、日本のビジネス界で、重要な地位を占めることができたのだ。

カーンは、岸首相の個人的な英語教師となった。彼はさらに、岸や、数年後に首相となる弟の佐藤栄作《さとうえいさく》との、親密な関係のせいで、のちの航空機取引の際、〈日商岩井〉や〈グラマン〉のコンサルタントを務めることになる。

日本史上まれにみる事態が起こった。日本企業が、日本の総理大臣からの支援を得るために、アメリカ人を雇ったのだ。〝アウトサイダー〟が、完全なる〝インサイダー〟になった瞬間だった。

占領時代が終わる頃、ＧＨＱ初期に解体寸前だった財閥は、たちまち息を吹き返した。ほぼ一夜にして。まるで誰かが、魔法の杖《つえ》をブーンと一振りしたかのように。

占領時代のラヴストーリー：大佐と子爵夫人

ＧＨＱの〈参謀第二部（ＧⅡ）〉とキャノン機関の、占領時代のスパイ活動は、共産主義者ばかりが対象ではなかった。仲間のアメリカ人に対しても、スパイ行為をおこなっていたのだ。ターゲットの一人が、先述のチャールズ・ケーディス。彼は日本の華族の妻と、不倫関係になった。

ケーディスは、ハーヴァード・ロースクール卒のウォールストリートの弁護士で、ルーズヴェルトのニューディール政策支持者。〈民政局（ＧＳ）〉の本部長補佐を務める、陸軍大佐でもある。マッカーサー率いる占領軍のさまざまな戦後改革を、推し進める陰の立役者となった人物だ。戦後改革は、日本を近代的な民主主義国家へと塗り替え、かつて戦争へといざなった封建システムを、撤廃することを目指していた。

ケーディスは、一九四五年八月末に東京に到着し、日本を戦争に導いた日本軍将校や、政治家、政府高官、ビジネスマンたちの、粛清や投獄を監督。彼はさらに、労働組合の結成を奨励し、GHQによる新憲法の草案作成を指導した。

画期的な草案だった。

戦争を放棄すること。天皇を国の象徴として残すが、権力を剝奪《はくだつ》すること。選挙制による政府を樹立すること。さらに、一連の基本的人権を保障すること。初めて完全なる男女平等をうたったことも、特筆に値する（それまでは、家父長制のもとに、女性は男性の従属的存在だった）。

新憲法は、一九四七年五月三日に施行された。

ケーディスは左に偏りすぎた、とGⅡのチャールズ・ウィロビー大将は分析している。ソ連との冷戦が始まっていた。中国本土と北朝鮮に、共産主義の津波が押し寄せていること、そしてその波が、日本にも押し寄せることを、ウィロビーは恐れていた。日本では、左翼デモが各地に広がり、喧《かしま》しくなっていたからだ。

一九四七年二月、日本共産党のリーダーは、経済的、政治的利権を求め、鉄道、学校、工場、公務員、その他の労働者六百万人を巻き込む、全国規模のゼネストを呼び掛けた。しかし、マッカーサーが全国に発した鋭い非難通告と、アメリカ兵による報復の兆しのせいで、ストライキは中止された。

ウィロビーは、迫りくる共産主義の脅威と闘うために、占領軍が必要としているのは、日本のかつての軍部上層部の働きと、戦後経済を動かしている、日本のトップ産業の協力だ、と考えた。戦後経済は、インフレ・スパイラルに巻き込まれていた。

ＧＳと〈経済・科学局《ＥＳＳ》〉には、〝左寄り〟のニューディール派が少なくない。どちらのグループにも、〝民主化〟と称して活動している共産主義者や共産主義シンパが潜んでいるのでは、とウィロビーは警戒を強めた。

〈モルガン〉〈ロックフェラー〉などの大手多国籍企業は、日本における戦前のビジネスで、かなりの収益をあげていたが、新政策によって投資に障害が出るのではないか、と恐れていた。有力なウォールストリートの重役たちは、そうした大手企業と密接な連携を保っていた。

ウィロビーはこうした連中のロビー活動に、支えられてもいた。大手企業たちは、アメリカのメディアとのコネや、あまり公にできない手段を使って、ＧⅡの情報部員に圧力をかけ、東京の〝左寄り〟とおぼしき人物の調査を依頼した。ＦＢＩや米国防省の情報局の協力のもと、その人物の経歴、家族構成、友人関係などを探った。

かくしてウィロビーは、ケーディスと、彼の部下と、家族と、彼らの周辺に、目を光らせるようになる。

ＧＨＱのシャルル・ボワイエ

ウィロビーはケーディスの私生活に、とくに興味をそそられた。

ケーディスは既婚男性で、妻はニューヨークに住み、癌の治療中。にもかかわらず、彼には日本人の愛人がいる。しかも、非常に特別な女性、鳥尾鶴代という子爵夫人だ。鳥尾敬光《のりみつ》子爵と結婚し、子供も二人いる。はっとするほど魅力的なこの子爵夫人は、占領時代初期からケーディスと深い関係を持っていた。

子爵夫人は一九一二年に生まれ、特権階級でぜいたくに育てられた。戦時中、一族はほかの日本人と同様、つらい環境に置かれた。しかし、占領期が始まると、日本の役人たちは彼女の存在に気が付いた。アメリカ人とのやり取りに格好の人材だ、と。英語が話せるし、美人だし、着物姿が素晴らしい。アメリカ人の多くが惚《ほ》れ込んでしまう。

一部の人間は、この子爵夫人は大日本帝国のスパイに違いない、と思った。一九四六年、ケーディスが草案を手掛けている新憲法の中に、天皇の尊厳を制約するような条項を、決して盛り込まないよう、ケーディスを誘惑するために雇われたのだ、と。

子爵夫人は、ブリヂストン社長の石橋正二郎《いしばししょうじろう》の家で開かれ、楢橋《ならはし》内閣書記官長がホスト役を務める、GHQ高官向けのディナー・パーティに招かれた。この集会の目的は、新憲法の中に、天皇の尊厳に制約を設けたり、天皇制を弱体化したりするような条項を、決して盛り込ませないことだった。

このパーティで鳥尾夫人は、魅力的でハンサムな男として知られるケーディスに初めて出会った。実際彼は、フランスの俳優にちなんで「GHQのシャルル・ボワイエ」というニックネームをつけられるほど容姿端麗で、若い女性たちの垂涎《すいぜん》の的だった。

ケーディスの側近に、ベアテ・シロタ・ゴードンという、日本育ちの若い女性がいた。新憲法作成のために彼と仕事を共にし、女性の平等権を盛り込むことに貢献した人物だ（のちに『The Only Woman in The Room』と題するベストセラー本の中で、自分の働きを記している）。

そのゴードンが、ケーディスについてこう語る。

「彼はとにかく素敵だった。占領軍の若い女性は、みんな彼に恋していた。私もその一人だ」

ケーディスの秘書、ルース・エラーマンはこう言ったとされる。


GSのリベラル派とお近づきになりたがる上流階級の日本人女性は、いっぱいいたわ。ケーディスがモテたのは、単に政治力や知性のせいではないの。それ以上のなにかがあるからよ。でも、チャックは自分から女性を追いかけるタイプではなかった。女性の方が彼を追いかける。


にもかかわらず、ケーディスは鳥尾夫人に首ったけになった。そして夫人も彼に夢中になった。

彼女は、のちに出版した自伝の中で、私の結婚生活はとても自由だった、と述べている。夫には愛人がいるから、自分は興味や楽しみを、自由に追い求めることができた、と。

その後、二、三回出会ったあと、二人はロマンティックな逢瀬《おうせ》を楽しむようになる。場所は、鳥尾家が夏の別荘として所有する、日本の高原リゾート地、軽井沢《かるいざわ》。

ケーディスは東京の鳥尾家を、頻繁に訪れるようにもなった。一九四六年製の黒とシルバーの〈シボレー〉を、周囲の目も気にすることなく、家の前に堂々と停めて、鳥尾家と子供たち向けに、〈基地売店〉で買ったプレゼントを届けたものだ。その中には、占領軍の規則によって、日本人に渡すことが禁じられている、食料その他の物品も含まれていた。ケーディスはさらに、鳥尾鶴代が銀座にブティックを開店するのにも、手を貸している。店の常連は、GHQ将校や裕福な日本人ビジネスマンの妻や愛人たち。おかげで鳥尾家に、副収入がたっぷり転がり込んだ。

子爵夫人は見返りとして、自伝の中で記しているように、ケーディスの家庭教師となり、〝日本人のやり方〟を指導した。その中で、日本人が天皇を愛していること、天皇制を残す必要があること、も教え込んだ。さらに、日本の戦犯や金融業界のトップを、すべて粛清する必要はない、と説いた。そういう連中は、新しい日本を運営するのに、きっと役立つだろうから、と。

ケーディスと新しい日本人ガールフレンドのゴシップを耳にしたウィロビー将軍は、警視庁から私服捜査官を召喚し、鳥尾宅の出入りを監視させ、ジャック・キャノン経由で報告させている。

この家を監視した捜査官は、何が起こっているのか調べるのに、大した手間はかからなかった、と述べている。ケーディスと鶴代の関係は、非常にオープンであり、きわめて親密だったから、と。

夫は二人の関係を知っているばかりか、大目に見ているし、むしろ誇りに思っているフシがあった。まるで一族の名誉とさえ考えているようだった。ケーディスが夫人を迎えに、車で鳥尾家に到着すると、夫は家から出て彼らを見送った。愛想よく手を振って。

しかし、捜査官によれば、二人の姿が見えなくなったとたん、鳥尾は秘書を呼び、妻を家に連れ戻すように命じたという。近隣住人は、鳥尾家のこうした出来事に、首をひねるばかりだったらしい。なにもかも奇妙だった。

鳥尾鶴代とケーディスの関係が世間に知れ渡ると、GHQに粛清された人物たちが、続々と鳥尾夫人に接近し始めた。粛清リストから外してくれるよう、ケーディスに口をきいてほしい、と頼むためだ。

やがてウィロビーは、ケーディスに関する報告書を、マッカーサーに提出した。

「司令官どの」とウィロビー。「占領政策マニュアルには、人妻を夫以外の男に占領させてい い、とは書いてありません。しかも、ケーディスには妻がいます」

ところがマッカーサーは、東京にいる部下について、こうのたまったことで知られている。

「連中が〝マダム・バタフライ〟を死なせようがどうしようが、俺の知ったことではない」

だからなんの手も打たなかった。

そこでウィロビーは、ケーディスのキャリアを台無しにするために、思いつく次の手段に出た。報告書を、ニューヨークに住むケーディスの妻に送りつけたのだ。彼女は夫と対決するために、すぐさま東京に駆けつけた。そしてアメリカに帰国し、離婚訴訟に踏み切った。

逆コース始まる

一九四八年三月十日、芦田均《あしだひとし》首相率いる社会主義志向政権――ケーディスを筆頭とする〈民政局（GS）〉が、強力にバックアップする政権――が、権力を手中にした。マッカーサーによるストライキ厳禁宣言と団体交渉のおかげで、また、ウィロビーの部下たちが、共産主義扇動者を次々に逮捕したせいもあって、左翼勢力はいくぶん下火にはなっていた。それでもまだ、一定の世論が芦田新政権を支持していたことになる。

ウィロビーにとっては、許しがたい現状だった。

ウィロビーとケーディスとの戦いは、一九四八年の春に、クライマックスを迎えることになる。

その頃、車の修理工場を経営し、利益を出すのに悪戦苦闘していた鳥尾鶴代の夫は、〈RFN（復興金融金庫）〉に融資を求めたものの、失敗に終わっていた。RFNとは、不振にあえぐビジネス業界を復活させるために、GHQの指導のもと、日本政府が立ち上げた機関である。

鳥尾は、なぜ融資申し込みが断られたのか、ケーディスに聞いてほしい、と妻に頼んだ。さっそくケーディスは調査した。すると、RFNが、政府高官への賄賂《わいろ》と引き換えに、基金からの多額の融資を、日本最大の化学工業会社〈昭和電工〉につぎ込んでしまったことが判明。GHQのスタッフばかりでなく、芦田内閣の主要メンバーがかかわっていた。賄賂の噂を聞きつけたウィロビーは、日本外国特派員協会を通じて、アメリカの通信社『AP』と『UPI』に詳細を漏らした。

占領軍の〈民政局（GS）〉によって検閲がおこなわれたが、通信社の記事がアメリカ側から返送されたために、事件が表沙汰《ざた》となり、一九四八年六月、昭和電工の社長、日野原節三《ひのはらせつぞう》が逮捕された。

日野原の逮捕からまもなく、豊かな髪を波打たせ、ミンクのコートを着た色っぽい女性が、鳥尾子爵夫人経営の銀座のブティックに現れた。帝国ホテルのアーケードにある美容院によく出入りする、高級芸者の秀駒《ひでこま》だと、鳥尾鶴代はすぐにピンときた。秀駒は、昭和電工社長の愛人でもあった。奥の間へ通されるやいなや、秀駒は鶴代に手提げバッグを押し付け、受け取ってほしい、と懇願した。中にははちきれんばかりに、現金が詰め込んである。

「百万円入っています」

一九八五年に出版された鳥尾鶴代の自伝によると、彼女はそう言ったという。

「必要ならもっと用意させます。どうかケーディス大佐に渡して、日野原さんを刑務所から出すよう、頼んでくださいまし」

鳥尾夫人は断った。

「ケーディスはそういう人ではありません。あの方はとても高潔だから、賄賂なんか受け取るわけがありません」

そう言って、泣いている芸者を追い返した。

結局、一九四八年十二月までに六十四名が逮捕され、多くが起訴され、裁判にかけられた。逮捕者の中には、芦田総理大臣本人のほか、大蔵大臣（現財務大臣）も含まれていた。日本の戦後最大のスキャンダルとなった。

芦田内閣が総辞職を強いられると、保守党のリーダーであり、ウィロビーの盟友である吉田《よしだ》茂《しげる》が、首相の座に就いた。そして、その後数十年以上、日本では右寄りの政策が続くことになる。

これにより、占領史に、〝逆コース〟として知られる現象が起こるのだ。粛清された産業界と軍のリーダーたちが呼び戻され、初期の改革の多くが取り消された。

その後まもなく、鳥尾、ケーディス、日野原、秀駒に関する記事が、日本の週刊誌をにぎわし始める。一部はケーディスを、「日本人の愛人、鳥尾鶴代を通じて、三千万円もの賄賂を受け取った、腐ったアメリカ役人」と報じ、鶴代を、「娼婦《しょうふ》より少しだけマシな女」と表現した。

このような噂の出どころは、容易に見当がつく。

最後の、本当に最後の面会

一九四八年十二月、ケーディスはワシントンに再配属された。

出発前、彼はさよならを言うために鳥尾夫人に会いに行った。鶴代は関係を続けたがったが、ケーディスは、それは無理だ、と断った。

ここにはもういられないよ。芦田内閣のこととか、いろいろあったから、ぼくは日本人からひどく嫌われている。君をアメリカに連れて行くわけにもいかない。日本人への差別意識が強いからね。みんなパールハーバーのことを根に持っている。君が『ジャップ』呼ばわりされるのは、聞くに忍びないさ。

芦田政権が崩壊し、鳥尾夫人との関係が明るみに出たために、ケーディスの東京でのキャリアは地に落ちた。

とはいえ、当時うずまいていた噂が、本当だったという確たる証拠はどこにもない。すべてが事前に計画されていた、とか、鶴代が昭和電工と関係があった、とか、鶴代がウィロビーとこっそりツルんでいた、とか、彼女が天皇に雇われたスパイだった、とかは、何もかも憶測にすぎないのだ。

おまけに、すでに述べてきたのと同様、逆コースにも、裏で操る勢力が潜んでいた。カギとなる人物は、戦前に〈東京大学〉で英語を教えていたジェイムズ・リー・カウフマン。〈ゼネラル・エレクトリック〉〈スタンダード・オイル〉〈ディロン・リード〉などの、大手アメリカ企業の弁護士も務めた人物だ。

カウフマンは、一九四七年八月、戦後日本の経済状況を調査する視察団の一員として、東京に舞い戻ってきた。その後、アメリカに帰国し、マッカーサーのＧＨＱ政策の失敗について、レポートを提出している。労働政策、農業政策の失敗ばかりでなく、公職からの二十万人の粛清など、占領政策の数々の欠点を指摘した。ＧＨＱのメンバーが、日本人が飢えに苦しんでいるのを尻目に、一日たったの五十セントでホテルに泊まり、たったの二十五セントで食事にありついているという、けしからぬ現状も報告した。

ケーディスに言わせれば、とんだ間違いだらけの報告書だが、これがアメリカのビジネス界に波紋を投げかけた。なぜなら、カウフマンのクライアントや、似たような興味を持つ連中にとって、ビジネスチャンスの豊富な日本を、占領軍が台無しにしているというイメージを、この報告書が示していたからだ。

一九四七年十二月一日の『ニューズウィーク』に、「今や日本の占領政策はアメリカでも受け入れがたい極左だ」というタイトルの、似たようなテーマの記事が載った。そのため、ウォールストリートばかりでなくワシントンでも、マッカーサーに反発する動きが現れ始める。上記の〈アメリカン・カウンシル・オン・ジャパン〉が創設されたのも、そのためだ。

それでも、改革の一部はそのまま実行された。四百五十万エーカーの土地を再分配した農地改革法もその一つ。これにより、農地のうちの小作地の割合は、四十八％から、たったの九％に減少した。これが専業農家の基盤になったと言える。

芦田政権の崩壊を機に、保守政権が連続することになる。ウィロビー支持派の吉田茂は、六年間、権力の座に君臨し、輸入品を締め出して、国内産のコメその他、農産物の価格を吊《つ》り上げたものだ。そのおかげで、長年にわたり、選挙の際に農業地域の支持層を確保できた。

一九四九年五月、ケーディスはGSを正式に辞任した。彼が丹精込めて草案を作成した〈日本国憲法〉の成立を祝う、まさにその憲法記念日に。

一九四九年六月二十四日、鳥尾子爵は脳溢血《のういっけつ》で他界した。夫の死後、子爵夫人は、洋装店の仕事に加えて、〈株式会社日本開発機械〉の部長として勤務。一九五〇年には、東京の青山《あおやま》に転居した。すると、なんとも皮肉なことに、筋向いに住む森清《もりきよし》と恋に落ちた。森は、昭和電工社長の四男で、のちに衆議院議員になった人物だ。一九五三年には銀座に〈鳥尾夫人〉というバーを開店するが、三か月足らずで閉店している。

一九六四年、鳥尾夫人（鶴代はのちに多江と改名）はケーディスとの恋の再燃を期して、ニューヨークに旅立った。彼が再び独身になった、と噂に聞いたからだ。多江《たえ》は、激しいダイエットに耐え、フィットネスに通い、新しい装身具を一式買いそろえ、ニューヨークに向かった。ミッドタウンの〈ヒルトン〉に部屋の予約もした。

ケーディスは何日も彼女を待たせたあと、彼女の滞在最終日にようやく会う約束をした。ケーディスは多江を、上等なレストランのディナーに連れて行った。ヒルトンで彼女を車から降ろすとき、彼は最後にこう言った。

「もう婚約したんだ。君に会えてよかったよ、多江」

第二章　金儲けの達人

日本占領は、およそ六年と七か月続いた。その間に、アメリカ人為政者は、合計二千六百二十七の指令を発している。

中には、財閥解体、封建的な小作人制度の廃止、戦争放棄を掲げた憲法改革などのほかに、古臭い家父長制の廃止も含まれていた。それまでは、家族の長は男性に限られ、結婚、離婚、養子縁組などについて、絶対的な権力を持っていたが、女性が法律的にも、男性と同じ権利を保障されることになったのだ。

東京に本拠地を置く、ＧＨＱと呼ばれる占領軍の内部の人間と、それに関する執筆をした連中は、占領政策は大成功だった、と自画自賛した——占領軍は、封建社会を近代的な民主国家へと作り変えた。その過程で、食料、衣類、薬品を供給したばかりでなく、破綻《はたん》した経済の復興手段なども提供して、かつての敵国を、無残な敗戦状態から立ち直らせる手助けをしたではないか、と。

実際、こうした連中の多くは、日本の友人たちと過ごした日々を、「ゴールデン・ハネムーン」と名付けてはばからない。永遠の友情と、互いへの尊敬と称賛で結びつく、素晴らしい関係が築けた、と思っていた。

一方、その正反対だ、と評価する人間もいる。アメリカ人がしばしば見せた高圧的な態度は、おそらくは、上記の善行と同じくらい多くの弊害も生んだ、と指摘する声だ。

民主化や言論の自由を奨励しておきながら、同時に出版物の検閲をおこない、公開政治討論を禁じるという、ややこしい偽善的な政策を実行したではないか。アメリカ人と日本人との親交にも、制約を設けた。ときには電車の車両を、占領者側と被占領者側に分けたり、地元のバー、レストラン、映画館などに、米軍関係者専用席を設けたり。

おまけに、占領時代の途中で、突然、政策転換もおこなった。労働組合を擁護する、ほぼ社会主義ともいえる政策から、強硬な反共路線、前述の〝逆コース〟政策へと転向したのだ。おかげでザイバツ（財閥）は息を吹き返し、多くの戦犯が復活した。

この政策転換は、すでに論じたとおり、中国や朝鮮半島に湧き起こり日本を飲み込まんとする、共産主義勢力の増大のせいばかりではなかった。戦前の日本市場を復活させ、米国多国籍企業にとって格好のマーケットにすることを、当初の狙いにしていたウォールストリート派のロビイストたちの動きも、政策転換のきっかけになったと言える。

批評家に言わせれば、こうしたすべての出来事によって、日本はアメリカを、〝友人〟というより〝敵〟とみなすようになったのだ。アメリカ人の威張り腐った態度と、あまりにも頻繁に聞こえる「Get Out Jap!（ジャップはうせろ！）」という〝つぶやき声〟も、これに拍車をかけたと言っていい。

アメリカの偽善性がもっとも顕著に表れたのは、おそらく〝戦争犯罪人裁判（極東国際軍事裁判）〟のときだろう。

日本軍の大将や政府の指導者が有罪か無罪かについては、フェアな公聴会が開かれるし、偏りは一切ないと、アメリカ人たちは事前に喧伝《けんでん》していた。ところが蓋《ふた》を開けてみれば、判決はすでに決まっていると思われた。その証拠は、アメリカの軍事新聞『ザ・スターズ・アンド・ストライプス』紙の第一面に示されている。

同紙は、一九四五年後半に差し迫った裁判について報じる中、補足記事として、被告人たちが投獄されている〈巣鴨刑務所（東京拘置所）〉の、絞首台を取り上げたのだ。

「ここが、東条らが天に召される場所である」

ストライプスはそう記した。誰かが有罪判決を言い渡されて、絞首刑になることを、みじんも疑わぬ言い方だ。裁判は公平におこなわれるはずだと、一部の人間がいくら主張しようとも、これでは説得力がなさすぎた。

民主主義《デモクラシー》が聞いてあきれる。

占領時代の評論家の中に、トマス・Ｌ・ブレイクモアという若い弁護士がいた。東京の旧帝国大学で学び、ＧＨＱの法律部門で働いた人物だ。日本語にも、日本文化にも真に精通している、ごくわずかな在日アメリカ人の一人だった。

「ハネムーンだなんて、幻想だよ」

ブレイクモアは鼻で笑う。

ぼくだけでなく、日本を理解する人間なら、誰もがわかっていた。日本人の大半が、アメリカ人を憎んでいたのさ。一般に日本人は、アメリカ人と交流する日本人を、ゴマすり野郎だと思っていた。仕事でやむなく付き合ったり、外国と連絡を取ったりする必要から、英語を学ばざるを得ない連中を除けばね。GIや一般のアメリカ人と交流する女性（概して上流階級にはいない）は、明らかに見下されていた。

どちらの意見に賛成かは別にして、アメリカ人と日本人がごく普通に仲良くしていた世界が一つある。不法取引の世界だ。

占領軍のお偉方と、彼らを利用する日米両サイドの数限りない〝山師〟が、あふれんばかりのチャンスを、次々にものにしたおかげである。

ヤミ市商人は、GIの第一陣が日本の土を踏むずっと以前から、すでに商売を始めていた。ヤクザと呼ばれるギャングたちが、帝国軍の軍需品から失敬した商品を、爆撃で瓦礫《がれき》と化した土地で売りさばく、青空マーケットを開いていたのだ。しかし、彼らが繁盛したのは、ほぼ五十万人を数える占領軍兵士のおかげであり、GHQ政策のおかげでもあった。

マッカーサー率いる時の権力者たちは、砂糖、米、石鹼《せっけん》、ガソリン、ウィスキー、タバコ、ライターの石など、日常の必需品に、厳しい配給制をしいた。そのため、法を順守する一般市民にとって、こうした日常品を手に入れるのが難しく、ヤミ市の必要性はますます高まっていた。

　アメリカ人たちはさらに、流動的な為替《かわせ》システムを導入。そのため、円の価値が急落し、ヤミ市の繁栄を加速させることになる。

　公式レートは、当初、一ドル五十円に設定された。ところが、ドルの需要が非常に高く、個人事業主たちは、一ドル四百二十五円でビジネスをおこなう始末。占領軍関係者のほぼ全員が、何らかの目的で、たとえば故郷への土産に、人気のこけしを買うにしても、円を必要とした。しかし、公式レートで換金して、日本の商品やサーヴィスを手に入れるのは、あまりにも高すぎる。ヤミ市の取引は、必要不可欠だったのだ。

　配給制と円の需要は、かくして数千人の若いアメリカ兵を、ヤミ市商売へと駆り立てた。戦争で荒れ果てた街のあちこちに、野外市場は雨後のタケノコのように開店した。彼らはそこで、タバコ、キャンディ、ガムなど、〝ぜいたく品〟に金を惜しまない日本人にそれらを売りさばいた。占領軍が駐留する場所には、どこにでも娼婦《しょうふ》がいたが、GIは商品と交換に、彼女たちを買うことも多かった。

　厚化粧の「パンパン」（当時そう呼ばれていた）が、ダウンタウンの街角にうようよしていた。歩行者に道を聞けば、こんなジョークでおよその距離を教えられたほどだ。

「〈第一ホテル〉かい？　まっすぐ行って、パンパンを百五十人くらい数えたら、右側にあるさ」

十セントの〈ラッキーストライク〉はとても貴重で、手に入れた娘は、瓦礫だらけの野外市場のヤクザたちに、十倍の値段で売ることができた。

かくして、占領軍兵士のポケットマネーから、東京アンダーワールドへと、膨大な富が流出することになる。占領時代を著したハリー・エマソン・ウィルデスの名著『Typhoon in Tokyo』によれば、GHQ占領時代に娼婦たちを経由した金額は、なんと十億ドルに達したという。

歴史家の田中利幸《たなかとしゆき》は、著書『Japan's Comfort Women』の中でこう記している。

日本の戦後経済を復活させたのは、繊維でも、化学製品でも、ほかのどんな産業でもなく、セックス産業だった。しかも、数十万人に及ぶ日本人セックス労働者の、肉体的、精神的犠牲を伴って（これにより、一九五〇年だけで性病発生二十万件という、驚くべき数字がはじき出されている）。

一部の人間の心にしか、「ゴールデン・ハネムーン」という言葉が残っていないとしたら、占領軍の暗い側面を無視するわけにはいくまい。

不法取引の形はさまざまだった。酒の密売というシンプルなものから、ヤミ市の商品、ドル取引など、年間数百万ドルに及ぶ大規模なものまで。その活動形態も、正確に言えば、道徳的か、非道徳的かを問わなかった。

たとえば、米軍ドクターのケース。東京の〈361米軍病院〉に配属になったこのドクターは、白衣のまま、日本人の〝客〟に〈ベンゼドリン〉を注射した。休診日の〝オフィス〟は、銀座の薄汚いコーヒーショップの奥にある、黒いカーテンで仕切られた部屋だった。

同僚の米軍憲兵は、映画『第三の男』から抜け出たようなキャラクターだ。彼は軍の医務局から〈ペニシリン〉を盗み、二、三倍に薄めて、生死にかかわる薬品を必死に求めている何も知らない日本人ドクターに売りつけた。

日本軍が隠匿した財宝の隠し場所から、金の延べ棒数本を手に入れた、アメリカ民間人のケースもある。この男は、スーツの中に金塊を忍ばせて、羽田《はねだ》空港の税関をこっそり抜けようとした。ところが、うっかりパスポートを落とし、かがんで拾おうとしたとたん、金塊が重くて転んでしまった。保安係が助け起こそうとしたが、重くて起こせない。かくして金の延べ棒は発見され、男は逮捕された。

不法換金の主なルートは、〝特別ショップ〟。軍の交換所を使えない、もっぱら外国人を顧客とするこの類《たぐい》の店が、そこかしこに出現した。一九五〇年七月の時点で、少なくとも九百店舗は存在した。年間の収益は一千万ドルで、その多くは、闇ドルの収益だったと思われる。

なかでもひときわ成功した二店舗は、銀座に拠点を置く〈エヴァーグリーン〉と〈ランスコ〉。一階は、表向きは乾物店だが、二階では、闇ドルや、配給品の不法取引をおこなっていた。

ヤミ取引がそれほど横行していたのだ。専門家によれば、占領時代に取引された金額は、優に十億ドルを超えるという（その多くが、娼婦の手を通過したことは、特筆に値する）。アメリカ人は正直な国民ではなさそうだ、と日本人が疑ったのも、無理はなかったのだ。アメリカ人はアメリカ人で、日本人に対して懐疑的だった。日本人は根っから腐っている。やたらに袖《そで》の下を要求するではないか、と。

『ニューヨーク・タイムズ』のラッセル・ブラインズ記者は、著書『MacArthur's Japan』の中で、この件に触れている。

アメリカ人はあらかじめ、日本に関する教科書を読んできた。そこには、サクラ、華やかなキモノ、清潔で賢そうな顔、正直で誇り高く、とても勤勉な国民、という魅力的なイメージがあふれていた。ところが、現地で実際に目にしたのは、泥だらけの文化、薄汚れた、だらしない国。国民は落ち着きがなく、悪賢くて、どちらかと言えば不誠実……。征服者たちは、日本の仮面を引き剝《は》がしたのだ。

ヤクザの親分、安藤昇《あんどうのぼる》は、自叙伝の中で別の言い方をしている。

一言でいえば、学歴とか家系とかはどうでもよく、肉体的な強さが何よりも重要な時代になったのだ。戦前はいいものばかり食っていた連中が、急に太れなくなった。別のタイプの連中が、いいものを食えるようになった。

ゴールデン・ゲイト

占領軍のお偉方や日本の警察による、違法商売の取り締まりは、大きな効力を発揮した。占領時代の真っただ中に、やけにめかしこんで到着した将軍たちは、ヤミ取引防止法を制定した。普通の商取引と、個人的な土産やプレゼントとの、区別をきちんとつけていない、支離滅裂な法律だった。

おかげで、前述の弁護士、トマス・L・ブレイクモアは、日本人の友人に、以下のものをプレゼントしただけで、逮捕される羽目になった。いずれも中古か使いかけの品物だ。古い釣り雑誌、使いかけの石鹼、歯磨きチューブ一本、クリネックス一箱、トランプ一ケース、浄水剤、懐中電灯。

占領軍の法律によれば、ブレイクモアは、ペニシリンや硫黄《いおう》、タバコ、アメリカドルなどを扱うヤミ商人と同罪、ということになってしまった。事情聴取のあと、ブレイクモアは初犯ということで、「厳重注意」の末、釈放されている。しかし、彼はこの経験によって、占領軍当局は、終戦直後の民間人の悲惨な状況、すなわち、アメリカの爆撃によって、住む家が灰と化し、何年も飢えと病に苦しんでいる日本人の現状を、まるで理解できない、もしくは理解しようとしない、と確信した。

軍事新聞『ザ・スターズ・アンド・ストライプス』と国際支援団体、そして『ストライプス』のドナルド・リッチー記者がかかわった、悪名高きクリスマス・エピソードがある。占領軍政策の愚かさが、これほど顕著に露呈された例はあるまい。

支援団体は、日本の孤児たちにクリスマス・プレゼントをしようと思い立ち、自分たちの寛大さを取り上げてほしい、と新聞社に依頼した。関係者一同がジープで出発し、やがて二人の路上生活者を発見。プレゼント用に包装された箱を抱えて、瓦礫の中に立つ孤児の姿が、予定通りカメラに収められた。喜びと期待に満ちた笑みを浮かべて。

ところが、笑みはたちまち失望の色に変わった。写真撮影が終了すると、子供たちはプレゼントを開いたが、中味は空っぽだったのだ。GHQの規則で、何かを実際にあげることは禁止されていた。このイベントは、単なる写真撮影会に過ぎなかったのだ。

腹が立ったリッチーは、自分のポケットマネーを、子供たちにそっと手渡した。ごく自然な好意から。

軍関係者や一般人の多くが、ヤミ取引の疑いで、祖国に送還されたのは事実である。しかし、調査員たちは、大したことのない犯罪に、無駄な時間とエネルギーを費やしていた。もっと大きな獲物が、自由に泳ぎ回るのを尻目《しりめ》に。実際、ヤミ取引業者の多くは、濡《ぬ》れ手に粟《あわ》状態だったので、占領時代があけても日本に居残り、独自の奇妙な形で、街の復興、再建に寄与した。

ジョニー・ウェッツスタインという若い志願兵もその一人。彼は銀座にある米軍基地から、大量の牛肉を盗み、ヤミ市で売りさばくという、華やかなキャリアでデビューした。軍隊を首になると、一九五〇年代半ばに、三日間のポーカーで四万ドルを儲《もう》け、その金で麻布《あざぶ》に土地を購入。麻布とは、東京の南西部にある広大な住宅地で、近くにはソヴィエト連邦大使館がある。ウェッツスタインがそこで、〈ハンバーガー・イン〉という二十四時間営業のレストランを開くと、これが東京の名物となった。

店の看板メニューとなったのは、故郷アメリカ風の脂ぎった料理ばかりではない。二階の部屋では、休暇中の娼婦やホステスが商売に精を出す、セックス・サーヴィスというアメリカ式メニューも提供した。

ウェッツスタインは、ポパイに似た屈強な男で、〈ハンバーガー・イン〉の開店日に、彼がとった行動は、語り草になっている。このイベントを取材させるために、彼は『ザ・スターズ・アンド・ストライプス』のカメラマンを呼んで、鍵《かぎ》で店のドアを開けた。そしてその鍵を、向かいの空き地にブーンと放り投げて、こう言った。

「このドアは、二度と鍵をかけない。これからは一日二十四時間、週七日、ずーっと営業中だ」

基地以外で、本物のアメリカンスタイルのハンバーガーを食べられる、戦後日本で初の店、がうたい文句だった。ウェッツスタインは、引き続きビジネスを成功させていき、その後、二度ほど場所替えをしたあと、最終的には、世界的に有名な六本木《ろっぽんぎ》交差点から、歩いてすぐのロケーションに落ち着いた。

さらに魅力的な人物は、ウォーリー・ゲイダ。

彼はもともと、一九四二年に日本を爆撃した、ジェイムズ・ドーリットル中佐率いる、かの有名な〈フライング・タイガー〉軍団で、副操縦士を務めていた人物だ。そのあと、CIA専属の航空会社〈シヴィル《C》・エア《A》・トランスポート《T》〉のパイロットとなった。ビルマ（現ミャンマー）では、中国国民党のアヘン漬けの軍団のために情報提供し、さらに蔣介石《しょうかいせき》と中国国民党軍をサポートするため、パラシュートでヒマラヤ山脈を越えて中国へ。その後、フランス人のために、インドシナ半島へ出陣している。

シカゴ大学の修士号を持つゲイダは、IQが百六十五あったとの評判が高い。一九四九年、パイロット時代にためた五万ドルを使い、占領国日本でナイトクラブを開店する初のアメリカ人となった。ビジネスパートナーには、上海出身の中国人を起用した。

ソヴィエト連邦大使館からほど近い、六本木歓楽街の南端に位置するそのクラブは、〈ゴールデン・ゲイト〉と名付けられ、たちまち街のもっともいかがわしい場所の一つとなった。言い換えれば、戦後初期に蔓延《まんえん》した、自由奔放な無法地帯の、活気あふれるシンボルとなったのだ。

ヌードダンサー、フィリピン人エンタテイナー、ときにはブロンドのアメリカ人流行歌手が、夜な夜なステージをにぎわした。一方、奥の部屋では、さまざまな形の不法ギャンブルで、客をもてなした。掛け金がバカ高いポーカーゲームが、際限なく続く。プレーヤーの多くは、台湾、香港《ホンコン》、サイゴン、東京その他、アジアの発着地を行き来する、〈シヴィル・エア・トランスポート〉のパイロットだ。

壁には、こんなポスターが。

「If you like pussy, you'll love CAT.（女のアソコ《ニャンコ》が好きなら、CATを気に入るぜ）」

人気アトラクションは、夕方の開けっぴろげなストリップショーだ。「マジック・モーメント」がうたい文句で、女性のストリッパーが素っ裸になり、ゆで卵と鼻の長い天狗《てんぐ》の面を巧みに使って踊り始めた瞬間、照明がぱっと消える。

〈ゴールデン・ゲイト〉は、開店日の夜に火災が発生するハプニングがあったものの、再建されて、東京の外国人、日本人両社会のあらゆる層から、常連客を惹《ひ》きつけた。

人気から言えば、普通のダンスホールや銀座の〈クインビー〉など、ホステスが〝服を着て〟もてなす、ヤクザ経営のキャバレーを上回っていた。

占領時代の最初のころは、いかにナイトライフが乏しかったか、ということだ。〈ラテン・クォーター〉という、高級顧客向けのクラブが開店しつつあったが、一般人にとっては、泥だらけのブーツでも入れる、こういう無秩序な雰囲気の店のほうが、しっくりきたのかもしれない。

〈ゴールデン・ゲイト〉は、アメリカ人がもたらした〝日本人好み〟の範疇《はんちゅう》に、ぴったりと収まったのだ。たとえば、〈ジッポー〉のライター、〈ホイットマン・サンプラー〉のチョコ、ジャズ、ボウリング、ナイロン・ストッキング、そして、誰もが公平なチャンスを得られそうな、〝民主主義という概念〟のように。

キャバレースタイルのストリップショーは、もともとGHQのメンバーによって日本にもたらされたものだが、日本人の男たちにとっては、アメリカ人によるほかの改革、たとえば、女性の平等権などと違い、情熱をもって受け入れることができたのだろう。

新タイプのギャンブルもしかり。奥の部屋でおこなわれるポーカーゲームは、パイロットの茶色い革ジャンを身にまとったアメリカ人が、タバコをふかしながらプレーする、異様なアメリカンスタイルだ。部屋の隅のクラップゲームも、物珍しかった。

日本には、花札という独自の賭博《とばく》ゲームがあるが、〈ゴールデン・ゲイト〉でおこなわれるような賭博を、日本人は見たことがなかった。ハリウッド映画は、日本で立ち見が出るほど人気だったが、ここで見る光景は何もかも、まるでハリウッド映画から抜け出たようだった。

ゲイダの弁護士を務めた、目の大きな若い弁護士、フクダ・ツヨシは、こう語る。

ゲイダさんは、映画『カサブランカ』のハンフリー・ボガートに似ていた。彼のクラブは、まさにあの映画みたいだった。ラリー・アレンという黒人のピアノ奏者が雇われていて、歌も歌った。『カサブランカ』のリックとサムみたいにね。いつも外国人客であふれていたな。有名人の写真が壁に貼ってあったよ。たとえば、エヴァ・ガードナーのような映画女優の写真。店に来たことがあるんだ。

経済的にアップアップしていた日本人にとって、〈ゴールデン・ゲイト〉は夢のようだった。本当に面白い場所だったよ。日本人が今まで見たことがないものだらけさ。

当然のことながら、ここでおこなわれたのはストリップショーや、格好いい男たちのポーカーゲームばかりではなかった。

のちに日本の歴史家たちが書いているように、〈ゴールデン・ゲイト〉は、ドルやほかの商品のヤミ取引の巣窟《そうくつ》だったばかりではない。ゲイダや仲間たちは、かなり大規模な武器の密輸にもかかわっていた。日本の共産主義勢力を抑えるために、香港、マニラ、台湾から船で運び込まれる武器や弾薬を、日本の民族主義者に供給していたのだ。

ゲイダの活動は、ある程度成功を収めた。彼はその理由を、友人に語っている。

「GHQの連中や日本の警察に、何のためらいもなく賄賂《わいろ》を贈っていたからな」

一言付け加えさせてもらえば、GHQの連中も日本の警察も、〝何のためらいもなく賄賂を受け取っていた〟ということだ。

西洋人と日本人の、かくも特殊で予想外の交流は、戦後以降の主要テーマとなるだろう。征服者と被征服者が置かれた、新しい環境下では、行儀良くするための規則などどこかへ吹き飛び皆無であるかのようだった。この〝勘違い〟は、新しい環境を、解放的だ、刺激的だと喜んでいた両者に、やがてしっぺ返しをもたらすことになる。

ゲイダは、大きな口ひげを生やしたいかつい男で、口達者。とても魅力的だから、あらゆる経歴の女性を惹きつける。離婚歴は少なくない。数年間の結婚相手は、アメリカ人二人、フィリピン人二人。その中には、五〇年代初頭にゲイダと出会った、ロザ・ローザというフィリピンの若いトップ映画スターも含まれていた。手紙を使い、あの手この手で離婚にこぎつけるエキスパートだから、込み入った状況に陥った既婚の友人たちに、得意そうに指南したものだ。

東京では、日本人女性たちに「ゲイブルさん」と呼ばれていた。当時見せびらかしていた口ひげが、驚くほど映画スターのクラーク・ゲイブルに似ていたからだ。ゲイダはかつて、東京で女性たちにモテることを、こう表現した。

「日本で結婚するのは、テキサスで牛をペットにするようなもんだ」

そんな彼だが、国際的に有名な映画女優、エヴァ・ガードナーと、熱烈な恋をしたことでも知られている。エヴァ・ガードナーは、フランク・シナトラの元妻で、当時のハリウッド女優の中でもピカ一の美人だったが、恐ろしく気まぐれなことでも、ハリウッド一だと思われた。

一九五〇年代の世界プロモーション・ツアーで、東京に立ち寄ったときのこと。ガイドを頼まれた若い作家のドナルド・リッチーと共に、有名な歓楽街、吉原《よしわら》を訪れた。その晩遅く、浅草《あさくさ》のゲイ・バーで、前後の見境もなくなったエヴァ・ガードナーは、パンティを脱ぎ、経営者にプレゼントした。経営者はそれを壁にピンで張り付けた。

バーが閉店するまで、四十年間、パンティはそこに展示されていた。ホコリと垢《あか》とカビで薄汚れたまま。

エヴァがゲイダを見そめたのは、〈日活ホテル〉のカクテル・ラウンジ。すごいイケメン！と舞い上がり、自分から接近した。ゲイダは最初、彼女が誰だかわからなかった。彼女の滞在ホテルの部屋で、ベッドを共にしているうちに、初めて自分の幸運に気が付いた。のちに友人にこう語っている。

「どこかで見たことがある気はしていたが、彼女を見下ろしているうちに、突然思い出した。内心有頂天さ、『すげえ、俺は今、世界一の美人女優に、フェラチオなんかしてもらってるんだ！』ってね」

関係は数年間、散発的に続いた。逢瀬《おうせ》はもっぱらヨーロッパで、ガードナーが所有するスイスの山小屋か、スペインの別荘だ。

人当たりのいいゲイダは、しばらくの間、東京でもっともセレブな存在だった。東京を拠点とする『ザ・スターズ・アンド・ストライプス』のコーキー・アレクサンダー記者は、親友ゲイダをこう語る。

「俺たちはみな、あいつがエヴァ・ガードナーに選ばれたことを、とても誇らしく思っていたよ。すごく名誉なことじゃないか」

ゲイダは最高の金持ちでもあった。〈ゴールデン・ゲイト〉の金庫は、常にキャッシュであふれていた。円、ドル、香港ドル、軍票、韓国ウォンさえあった。おまけにすこぶる気前がいい。ディック・サイクスという、ゲイダの知り合いが、〈ゴールデン・ゲイト〉を訪れたときのエピソードは、語り草だ。

サイクスは、自分が仕事でいかにツキに見放されているかを、ゲイダに愚痴った。

「五万ドルさえあれば、苦境から抜け出せるのになあ……」

ため息まじりにそう言った。

するとゲイダは、ふらりと自分のオフィスに行き、金庫を開けて、現金五万ドルを取り出した。そしてサイクスに、ポンと差し出したのだ。

サイクスはあっけにとられた。当時にしては破格の金額である。これだけあれば、日本のプロ野球球団が、選手全員に一年分のサラリーを渡しても、まだ釣りがくるだろう。

「返せるときに返してくれればいいさ」

ゲイダはそう言って、カリスマ的な笑みを浮かべた。

サイクスは茫然《ぼうぜん》自失。ゲイダが本気だと理解するのに、しばらく時間がかかった。冗談ではないぞ、とゲイダに説得されて、ようやくたっぷりと礼を言い、借用書を書こうとした。

「そんなものはいらんよ」とゲイダ。「ペンも紙も、さっさとしまいな」

「どうして？」

「返したって、返さなくたって、どっちでもいい。だいいち、紙切れ一枚になんの意味がある？」

サイクスは金を受け取った。そして、やがては日本の大手アメリカ企業の社長になり、億万長者になっている。借りた金は、利息付きで全額返した。

のちにゲイダがツキに見放され、金のかかる法廷闘争に巻き込まれたとき、サイクスは恩を返した。解決するまで、裁判費用と弁護士費用を払ったのだ。

罪状は、ショーがどぎつくなり過ぎたこと。照明が消えている間、「マジック・モーメント」をおこなって、風俗営業取締法違反でゲイダを逮捕するまで。

〈ゴールデン・ゲイト〉はおよそ七年間、無法状態のまま繁盛し続けた。麻布警察が手入れを以上のことがおこなわれているのではないか。ほかにも、ヤミ商売、闇ドル取引、拳銃《けんじゅう》密売なども疑われた。

じつはその通りだった。はっきりとした証拠は、その時点ではまだなかったが。

手入れがおこなわれたのは、麻布警察に月々の賄賂を贈るのをやめたからだ、とゲイダ自身は確信していた。興味がほかに移り、店を売ろうかと考えていたからだ。

もう一つの解釈は、五〇年代半ばになると、サンフランシスコ講和条約のおかげで、日本の警察が権威を取り戻し、近隣で下品なことがおこなわれていることに、だんだん嫌気がさしてきたというものだ。賄賂をもらおうが、もらうまいが、アメリカの悪名高きキャバレーを、閉店に追い込むことで、毅然《きぜん》とした態度を示したかったのだろう。

いずれにせよ、東京ナイトクラブの帝王としてのゲイダの躍進は、終わりを告げた。逮捕され、保釈されてまもなく、一九五四年に、ゲイダは荷物をまとめ、多少の金を持って、香港へ脱出した。仲間のアル・シャタックに、〈ゴールデン・ゲイト〉の新バージョン〈クラブ88〉を託して。

その後長い間、ウォーリー・ゲイダの姿が、日本で見かけられることはなくなった。

ギャンブラー

カジノは占領時代の日本に、アメリカから来た二人の男によってもたらされた。

一人はテッド・ルーイン。マフィアとコネのあるニューヨーク出身のギャンブラーで、かの有名な「バターン死の行進（アメリカ＝フィリピン兵の捕虜が強制連行され多数の死者が出た事件）」、その他の第二次大戦の激戦を生き延びた戦争ヒーローだ。

もう一人はジェイソン・リー。裁判所の公聴会で「北米最大のギャンブラー」と紹介された、シカゴ出身の韓国系アメリカ人ギャンブラーだ。

両名とも、ハリウッド映画並みの人生を生き抜いた。

ルーインは一九〇七年に、セオドア・ルーエラノウスキーとして、ニューヨークで生まれた。

成長して、ヘビー級ボクサーになったが、同時にギャンブルにも手を染め、マイヤー・ランスキーおよびニューヨークのギャングと親交を深めている。一九三〇年代には、ロサンジェルスに引っ越し、沖合に浮かぶカジノで働いた。そこで当局から何度か逮捕されたあと、極東へ。上海で中国式ギャンブルを学び、一九三九年にはマニラに移って、レスリング・マッチを興行。さらにキャバレーを開店して、マニラのきらびやかなロハス通りに、カジノを開設した。かくして瞬く間に、街の名士となり、フィリピンの政界トップと、親密な関係を築くことになる。

日本がフィリピンを攻撃したとき、米軍に在籍していたルーインは、一九四二年に侵入してきた日本軍に、バターンで拘束された。悪名高き「バターン死の行進」に耐え、マニラから六十マイル北の捕虜収容所〈カバナチュアン・キャンプ〉に収監されている。そこでは、みじめなコンディションの中、金貸し業や、ポーカー、クラップス、ブラックジャックなどのギャンブル活動に専念し、ぼろ儲け。

ルーインを拘束した日本人たちは、彼のスキルに感心し、独自の私設カジノを開設させた。ルーインは交換条件として、病気の捕虜たちに食料と医薬品を与えるよう要求。夜にはこっそり収容所を抜け出し、近くのマニラに行って、支給品を略奪した。当時その街に住んでいたアメリカ人の妻も手伝っている。彼女は深刻な呼吸器の病に苦しんでいたが、自分の宝石を売って、夫のために資金調達した。

ルーインはのちに、九州の〈大牟田《おおむた》捕虜収容所〉に移送されている。彼はまず、地獄船〈鴨《おう》緑丸《りょくまる》〉に乗せられた。数百人の病気の捕虜と一緒に、食料も水も与えられぬまま、小さな収監室に、立ったまま閉じ込められた。船がアメリカの戦闘機に爆撃されると、ルーインは、仲間たちを助けながら、海岸まで泳ぎ着いた。日本人は彼を、ぎゅう詰めの船に押し込み、大牟田に送る。二週間の航海で多くは死亡したが、ルーインは生き延びた。

大牟田収容所は、地獄のような場所だった。捕虜は飢えに苦しみ、鞭《むち》打たれた。多くは赤痢で死んだ。弱りすぎて働けない者たちは、銃剣練習のターゲットにされた。ルーインはなんとか生き残った。カバナチュアンのときと同様、収容者側にうまく取り入ったのだ。『My Hitch in Hell』の著者レスター・テニーを含む、生き残った捕虜たちは、当時のルーインの様子を記憶している。捕虜仲間が下の坑道で働いているあいだ、ルーインは日本人将校の宿舎のベランダでくつろぎ、アイスティーをすすっていたという。

戦争が終わったとき、ルーインは釈放され、極東国際軍事裁判で、証言台に立たされた。彼はさらに、ダグラス・マッカーサーによって〈メダル・オヴ・フリーダム〉を授与されている。

東京にいるあいだに、奥の部屋でおこなわれた賭《か》け金のバカ高いポーカーで、かつての上官たちから、軍隊時代の借りをしっかり取り戻した。ポーカー仲間の中には、ジャック・キャノンもいた。ヴィクター松井によれば、この二人が岩崎邸でつばぜり合いする光景を、よく見かけたという。

リーという男は、強力な東洋ギャンブル・シンジケートのボスとして、シカゴで活躍していた。その後、ホノルルの警察官のピストルをひったくり、数年間、ハワイの州立刑務所に収監されたが、五〇年代初めに日本にやってきた。

背が低く肩幅が広い、ガラガラ声のこのギャングは、さっそく新たな日本人のトモダチから、円を巻き上げ始める。

まず、シカゴのギャングとのコネを利用して、東京の港湾労働者組合に取り入った。東京の大物ヤクザ出身者たちとツルんで、銀座の優雅なオフィスで、組合の年金基金に特別な利息を設け、組織の運営を助けた。同じく韓国人の大山倍達《おおやまますたつ》を、個人的なボディーガードとして、いつもそばに侍《はべ》らせた。大山は、かの有名な〈極真《きょくしん》空手道場〉を日本で創設したド派手な武道家で、公開試合において素手で雄牛と闘ったことで知られている。

一九五二年六月、ルーインは銀座にある中華料理店〈マンダリン〉の上階に、〈マンダリン・カジノ〉を開店した。モナコの〈モンテカルロ・カジノ・ロイヤル〉がモデルだ。モナコでよくギャンブルに興じるリーの助けを借りた。リーは、アメリカのギャンブル備品会社〈TR King〉から、カジノの設備を日本に送らせた。

当局から妨害されないように、ルーインは日本の政治家に、二万五千ドルの賄賂を握らせることも忘れなかった。合法的ギャンブルは厳しく制限され、公営競馬、モーターボート・レース、競輪、オートレース以外は、許されていなかったからだ。

東京のギャンブル好きの大半が、ルーレットを間近に見るのは初めてだった。一晩に数百万円が飛び交ったと言われている。

「アルコール、女性、ギャンブルの、奇妙なミックスが展開されていた」

『朝日新聞』がそう報じた。

「客の大半は外国人。大金が行ったり来たりする。賭博場に入るには、覗《のぞ》き穴のある三つの重いドアを通過しなければならない。廊下の壁には、赤と黒の火災報知器が二つ。賭博場の中には、円形のルーレット一台と、ゲームテーブルが数脚」

銀座は、外国人が頻繁に出入りするナイトスポットであふれかえった。東京のタブロイド紙の言い方を借りれば、「東京租界（外国人が特権を持っているエリア）」という、不名誉なニックネームもついた。マッカーサー司令部のあった〈第一生命ビル〉や〈帝国ホテル〉など、著名な建物から歩いてすぐの場所だった。

占領時代とその直後には、占領当事者たちが、勝手に通りの名前を変えていたほどだ。たとえば銀座八丁目の新橋から京橋《きょうばし》に至る道は、「ニュー・ブロードウェイ」、NHK前の日比谷通りは、「Aアヴェニュー」、虎《とら》ノ門《もん》から赤坂見附《みつけ》に至る外堀《そとぼり》通りは「ポーカー・ストリート」と名付けられた。

マンダリンの営業は長くは続かなかった。一九五二年七月に、「モンテ・カルロ・チャリティ・ナイト」と銘打ったイベントの真っ最中に、手入れがおこなわれたからだ。

常連客はびっくり仰天。十四人の米軍将校を含む三十二名が逮捕されたが、ルーインもリーも逮捕されなかった。このイベントは、表向きは、「近くの〈聖母病院〉のためのカトリック・チャリティ」を装っていたので、あとで警察から何がおこなわれていたかを知らされた病院関係者は、驚きの色を隠せなかった。警察に命じられ、ギャンブル・テーブルの前で、居心地悪そうにポーズをとる逮捕者の集合写真が、翌朝の日本の各紙をにぎわせた。

数か月後、マンダリンは銀座の別の場所で再オープンしたが、短期間の繁盛のあと、再び強制捜査の的になった。

とはいえ、ギャンブル魂は健在だった。〈グラント・ハイツ〉の将校クラブで、ルーレットは再び回転し始める。そしてマンダリンの〝室礼《しつらい》〟は、日本の地下組織の連中にコピーされ、街のヤミ賭博場に使われて、その後数十年間、ヤクザ映画の賭博場面の舞台装置としても、役立てられることになる。

ルーインはその後一九五二年十二月に、〈ラテン・クォーター〉をオープン。占領時代が終わった七か月後のことだ。ペレス・プラド、トニー・スコットなど、アメリカの錚々《そうそう》たるエンタテイナーを招いた豪華ディナーを呼びものとした。東京人はこのようなものを、いまだかつて見たことがなかった。

ラテン・クォーターは、六本木と接する東京南西部の赤坂エリアの、先に述べたポーカー・

ストリートに面した場所に鎮座した。経営は、元キャノン機関のエージェント、アル・シャタックと、日本人パートナーのオダチ・サブロウが、一日交替で担当した。

シャタックとルーインは、ジャック・キャノンがシャタックに、ルーインの調査をさせたときから親しくなった。ルーインは、大牟田捕虜収容所に収監されていたときに親しくなった警備兵のうち、二人を〈巣鴨刑務所〉から釈放することに成功している。そのうちの一人を、ラテン・クォーターの警備員、もう一人を管理人として雇った。さらに後者には、日本の北部に小さな農場を買ってやった。人間一人を銃で撃ったり、銃剣で突き刺したりしなかった報酬としては、決して悪くはない。

ラテン・クォーターは、かなり高級志向で、黒い蝶《ちょう》ネクタイ（夜会服）着用を強いられた。大半がまだ瓦礫だらけの街には、珍しい存在だった。街は荒廃状態だったから、地下一階地上四階建ての国会議事堂が、どこからでも見えた。街にはジープやＧＩたち（朝鮮戦争が勃発《ぼっぱつ》して間もない時期で、多くは戦争休暇で日本にきていた）があふれている。ぼろぼろの服や古い軍服姿も多かった。

そんな中でラテン・クォーターは、外交官、社長、大物政治家、戦後の新人エンタテイナー、互いをスパイする諜報《ちょうほう》部員（たいていはＣＩＡかＫＧＢ）らを惹きつけたのだ。日本のヤクザの親分たちも、このメンバーに彩りを添えた。

ラテン・クォーターは、極右の児玉誉士夫が所有する複合ビルに入っていた。

児玉誉士夫とは、太平洋戦争の間に、東京でかき集めた日本のヤクザを従え、東条内閣に代わって中国での略奪に及んだ人物だ。背は低いが、がっしりした体格の児玉は、三年間、〈巣鴨刑務所〉で過ごしたあと、一九四八年に、証拠不十分のため、起訴は取り下げられている。

しかし、児玉が釈放されたのは、日本の占領下の中国で略奪した財宝と、大量の賄賂を、当局に差し出したからだ、という説がある。児玉は中国で、労働条件の過酷な軍需品製造工場を経営していた。一方、新たに組織されたCIAのために、働くことを申し出たからだ、との説もある。脅威となりつつある共産主義勢力と闘うために、CIAは児玉の力を必要としていた。彼の右翼とのつながりと、ヤクザとの交友関係が役に立つからだ。

余談だが、巣鴨刑務所時代の児玉の監獄仲間に、前述の岸信介がいた。

戦中の東条英機内閣の主要メンバーだった岸は、中国における強制労働、慰安婦政策ばかりでなく、アヘン取引の拡大などにも関与していたが、終戦後はちゃっかり寝返って、アメリカ人と仲良しになった。一九五七年には、CIAの資金提供のおかげで、まんまと日本の総理大臣の座を獲得している。そして先述の安保条約改定の際は、左翼の猛反対運動を、ヤクザを使って制圧し、条約の国会通過を見守って、日本における米軍基地存続を確保した。

五棟の建物から成る児玉の複合ビルの安全確保は、東京で最強の暴力団〈東声会〉が受け持った。東声会は、やっかいな左翼デモを制圧するために、アメリカの諜報部からも同時に雇われていた（「銀座の町井」と呼ばれた組長の町井久之は、「愛国心あふれる行動に感謝する」と書かれた、ダグラス・マッカーサー元帥のサイン入りカードを、財布に入れて持ち歩いていた）。

メインビルディングには〈ロボ・ラウンジ〉と呼ばれる部屋があり、ルーレット台と、ブラックジャック、クラップスのテーブルが備わっている。しかし、昼夜を問わず閉め切られていた。ルーインにはギャンブル経営の認可が下りなかったからだ。とはいえ、ギャンブルは続けられていたという。シャタックは断固否定していたが。

音楽プロモーター内野二朗《うちのじろう》が戦後史を振りかえる『夢のワルツ』によれば、ラテン・クォーターの従業員タツ・ナガシマは、ビルの一つに玉突き台があり、それを開ければクラップ・テーブルその他の娯楽設備が現れた、と語っている。

『東京アンダーナイト』という著書によると、児玉誉士夫に雇われていたモガミというボディーガードが、ラテン・クォーターの複合ビル内でアメリカ人と日本人がギャンブルをおこなっていた、と証言している。彼自身も、ギャンブルの最中に、警察の手入れによって逮捕されたことがある、と。

ルーインは、マニラの自身の拠点で、上記のウォーリー・ゲイダと共に、大量の武器密輸、その他のヤミ取引によって、さらなる収益をあげていた。横須賀《よこすか》に本拠地を置くナイトクラブ〈トレードウィンズ〉にも、ジェイソン・リーの共同経営者として、利権の一部を持っていたらしい。

ホテルに隣接するビル内のトレードウィンズは、ギャンブルや、親密すぎるバーのホステス、その他の悪行を含む深夜活動のため、近隣住民に悪評紛々《ふんぷん》だった。リーは、アメリカからジャズを、フィリピンその他の東南アジア諸国からヌードショーを取り入れた。トレードウィンズでショーを終えたら、関東地区の別のクラブにその演目を売った。

トレードウィンズを始めた当初、リーはホノルル出身のジェリー・ズッカーという男をパートナーにしていた。しかし、金銭を巡って折り合いが悪くなると、リーはたちどころに、パートナーを追放。彼の私物も放り出し、「ぶっ殺すぞ」と脅したあげく、「二度と戻ってくるな」とくぎを刺した。

ズッカーは、ホノルルの元警察官ダン・ソーヤーに助けを求めた。ソーヤーは、さっそく警察バッジとパスポート、ハンドガン二挺《ちょう》を携えて、日本に飛んできた。そして、まず横須賀市長を訪問。公務員同士の和やかなランチを楽しみながら、今回の問題について説明した。

市長は丁寧に対応し、ソーヤーに市の人力車協会の会長を紹介した。その晩、リーとその一行が、二台のリムジンをトレードウィンズの前に停めたところ、建物は、人力車で完全に包囲された。人力車の車夫たちは、こん棒と竹の棒を持ってスタンバイ。ソーヤーは正面玄関の前に仁王立ち。前をはだけたコートからは、二挺の拳銃がちらりと見える。このシーンは、翌晩も、またその翌晩も繰り返された。ついにリーはズッカーに、十五万ドル払って決着をつけたという。ルーインの援助も受けたらしい。

空手師範のソーヤーは、そのまま日本に居座り、エンタテインメント・ビジネスの世界に入った。アル・シャタックとパートナーを組み、フィリピン出身で歌手として人気を博したビンボー・ダナオなどを、〈ラテン・クォーター〉に送り込んだ。日本のタレントもかき集め、ラスヴェガスのナイトクラブに送り込んでいる。さらに、東京の警視庁の退職警官を雇って、彼の会社に潜入しようともくろむ、覆面ヤクザの対応にあたらせた。

リーはリーで、闇ドルやウィスキーといった、さらに儲かる事業に手を広げている。そこでは、当時横須賀に本拠地を置いていた〈稲川会《いながわかい》〉の上層部から、米軍横須賀基地の下っ端にいたるまで、あらゆる層が常連客となった。〈キャデラック〉の輸入会社も立ち上げ、金持ちの日本人犯罪王にデラックスな車を、アメリカ国内価格の数倍の値段で売りもした。

リーによる犯罪の影響力はかなり大きかった。その後四十年間に、〈トレードウィンズ〉のような店でばら蒔《ま》かれた、腐った種のせいで、神奈川県警内で断続的に発生したスキャンダルを、日本の当局は反省を込めて嘆いたものだ。二〇〇〇年には、二百五十人以上の神奈川県警捜査官が、強盗、麻薬使用、極秘捜査資料販売、殺人、轢《ひ》き逃げ、その他さまざまな隠ぺい工作などで、免職になっている。日本のほかの分野とは比較にならないほど、不名誉な数字だった。東京の警視庁の元捜査官は、横須賀のアメリカ人からの長年にわたる悪影響だ、と総括した。

「横須賀出身のアメリカ人の無法者が、周囲を飛び回っている。そんな環境に育った人間が、どうなるかわかるだろ?」

　プライベートな会話の中で、そうもらした。


　断固とした話し方をするリーは、家族と共に東京に住んでいた。韓国人の妻と、娘と息子がいる。数年間で、横須賀の人力車協会との対決のほかにも、ヤクザや当局とのさまざまないさかいに巻き込まれた。東京タワーと六本木通りのあいだの〈東京メソニックビル（フリーメイソン関連施設）〉で、しばらくの間、ギャンブルの操業もした。一九五六年には、モナコに旅行し、〈モンテカルロ・カジノ〉で、ギャンブル備品会社〈TR King〉製のいかさまサイコロを使って逮捕された。有罪判決を下され、十万ドルの罰金を科されたが、レーニエ大公とグレース・ケリーとの結婚の特赦により、釈放されている。

　日本で数回、拳銃で撃たれたことがあるが、いつもなんとか快復してしまう。

　六本木で〈インターナショナル・クリニック〉を経営する、中国ハルビン出身の白系ロシア人、ユージン・アクセノフは、ある朝、リーがひどい痛みを抱えて、病院にやってきたときのことを覚えている。前夜に、機嫌の悪い暴力団仲間から、三十八口径で脚を撃たれたという。ドクターの話では、リーは最初、弾を摘出させたがらなかった。

「我慢できるさ」リーはストイックにそう言った。「薬だけくれ」

「それでは腹膜炎を起こす危険があります」
とドクターは説明した。
「あなたがここへ来たあと、すぐに死んでしまったら、クリニックの信用にかかわる」
リーはようやく手術に同意した。ただし麻酔なしでやれ、という。麻酔で意識が朦朧《もうろう》として
いたら、敵が攻撃してきたときに力が出ない、と。
ドクターは、リーの虚勢に驚きながらも、言われたとおりにしたが、リーの我慢強さに驚い
たという。
彼はこのギャングを、男らしさで知られるアメリカの俳優、ジョン・ウェインよりも男らし
い、と好意的にとらえた。ウェインは、映画『黒船』の撮影で日本を訪れていたときに、あご
の感染症治療のため、クリニックを訪れたという。
「いやー、彼の治療には苦労したよ」とドクター。「注射をひどく怖がるんだ」
リーは元気な盛りに、国外追放された。
噂によれば、一九五〇年代後半に、若い中国人詐欺師のカップルに、五十万ドル近くだまし
取られたという。一九六二年八月二十一日、ホンという同姓の、二人の男が殺された。ハワイ
史上初の二重殺人で、いまだに公開捜査となっている。警察当局はリーを容疑者と見て追跡し、
フィリピンで二人目の妻と一緒にいるところを発見。しかし、彼は否認した。
一九七一年、リーは文無しのまま、南カリフォルニアの退役軍人病院で、心臓病でこの世を

去った。遺族は三人の娘と、息子のジェイソン・リー・ジュニア。それと二人の先妻。

日本とフィリピンを股《また》にかけながら、ルーインはマニラのデューイ通り（ロハス通り）で、〈キー・クラブ〉というカジノを経営した。スポーツ・プロモーターもつとめ（一九四七年には、ボクシングの世界バンタム級タイトルマッチを主催している）、その裏でヤミ取引事業にも精を出した。快速哨戒《しょうかい》魚雷艇を所有していて、東京のアメリカ諜報局が発見した日本の莫大《ばくだい》な財宝を、その魚雷艇を使ってマニラに運び、現地のヤミ市場で売りさばいた。帰りには、拳銃や弾薬を運んで、日本のヤクザたちに売った。

のちに日本の国会で証言台に立ったとき、CIAの東京オフィスにキャッシュも輸入した、と証言している。それをアレン・ダレスが、マニラの大統領官邸に電送した、と。

この異常な事態は、フィリピンの米軍が米ドル代わりに使っていた軍票（代用紙幣）を、ルーインが自分のヤミ取引事業に悪用したことで、当局ともめたことに起因する。

通常の米ドルと違って、この軍票の使用は、厳しく管理されるはずだった。駐屯地売店《PX》で一人が一度に買える商品の量を、制限するために考案されたもので、まさにルーインが経営するようなヤミ取引を、防止するのがねらいだった。

使用中の軍票を、ある期間を過ぎたら予告なしに撤廃し、新たなデザインの紙幣に切り替えるのが、米軍の方針だった。

しかしルーインは、軍票の担当である米軍CIC（防諜部隊）少佐の妻と、深い仲になることで、この対策をまんまと回避していた。マニラ湾沿いにあるアメリカ大使館の、道路の向かいに建つ〈ベイヴュー・ホテル〉最上階に、ルーインのペントハウスがあった。そこで少佐の妻とあいびきを重ね、軍票がデザイン変更されるたびに、教えてもらったのだ。

しかしルーインの知らぬ間に、フィリピンとアメリカの諜報部員は、彼のアパートを盗聴していた。CIAの上級エージェント、ジョセフ・B・スミスの回顧録『Portrait Of A Cold Warrior』の中で、詳細が述べられている。

フィリピン国内に起こりつつある共産党の謀反の兆しを、CIAは警戒していた。ルーインが、フィリピン大統領やほかの重要な政治家たちと、懇意にしていることを知ったCIAは、彼の動きを監視すれば、フィリピン政府が、謀反に対して極秘でどのような対策をとるつもりなのか、なんらかのヒントが得られるかもしれない、と考えていた。

ある報告書によれば、CIAはルーインのヤミ取引を知って、彼を脅迫し、東京に基金を送る密使になるよう命じたという。ルーインが送ったキャッシュは、日本の保守第一党の金庫に納められ、左翼運動撃退のために使われた。

立派な服を着て、ブリルクリーム（五〇年代に流行したイギリス製ヘアクリーム）で髪を整えたルーインは、五〇年代の半ばまでには、ニューヨークとシカゴのマフィアの中で、ピカ一の存在だったと、さまざまな報告書に記されている。マイヤー・ランスキーをはじめ、フランク・コステロ、サム・ジアンカーナ、ジョニー・ロッセーリなど、錚々たるマフィア連中とも親交があったらしい。

一九五七年、恐るべきマフィアのアルバート・アナスタシアが、ニューヨーク市内の床屋で座っているときに、射殺される事件が発生した。噂によれば、犯人はマニラに高飛びし、ルーインのペントハウスに数か月間、身を潜めたという。

ルーインの二番目の妻、ドロシー・ワートハイマーは（最初の妻ルーは、一九五六年に、呼吸器系病で亡くなった）、リノにある〈リヴァーサイド・ホテル〉の経営者マート・ワートハイマーの妻だったが、一九五八年に夫を亡くして、ルーインと結婚。ドロシーは、ルーインの影響で、多くの組織犯罪者と関係を持ち、ルーインに紹介した。

「やつは超大物だったよ」

ビジネス仲間だった、テキサス出身の頑丈そうな赤毛のジャック・ハワードが語る。保険会社の重役で、アジアの軍人に保険を売りまくって、一儲けした人物だ。

「ぜったいにご機嫌を損ないたくない人物さ」

ハワードによれば、ルーインのカジノでインチキしてバレると、ハンマーで指を叩《たた》き潰《つぶ》されたという。ルーインはプロの刺客も雇っていた。その手口とは、雇い主に依頼された人物をコーヒーショップに連れて行き、静かなコーナーに座らせて、サイレンサーでテーブルの下から撃ち、静かにドロンすること。

マニラでは、彼の慈善活動も有名だった。小児病院に数千ドル寄付したのも、その一つ。一九五二年には、フィリピンの副大統領、フェルナンド・ロペスのために、国際的な児童誘拐も引き受けている。

副大統領の娘は、米軍中尉と結婚したが、うまくいかなかった。中尉は息子をアメリカに連れ帰り、ニューメキシコで暮らし始めたが、自分の息子と引き裂かれた副大統領の娘は、自暴自棄になった。

副大統領はルーインに助けを求めた。ルーインはさっそく、サンフランシスコのギャングに出動を依頼。ルーインを含む一行は、ニューメキシコに行き、学校帰りの息子を拉致《らち》。ＦＢＩの必死の追跡をかわし、数台の車と、飛行機二機を乗り継いで、ついに〈ノースウェスト〉で、息子をマニラに届けることに成功した。

その後しばらくの間、ルーインはＦＢＩの誘拐犯指名手配リストに載ったものだ。

一方、東京では、一九五二年から一九五六年にかけて、〈ラテン・クォーター〉がフル操業していた。その間、大地主の児玉誉士夫が、保守党政権に惚《ほ》れ込み、入り込んでいる。

児玉は若いころから有名な右翼だった。天皇の行列に立ち入り、さらなる愛国主義を求める直訴状を、裕仁天皇の手に渡そうとして、投獄されたこともある。

児玉は数年の中国工作を終えて、財宝をごっそり携え、帰還した。自身でも、自分の財宝を

「トラック二台分の金、プラチナ、ダイヤモンド、ラジウム」と表現している。日本の保守政権の復活と、天皇制の維持のために使うつもりだった。財宝は、友人宅の裏庭に埋めたり、山の洞穴に隠しておいた。占領軍に逮捕されたとき、その一部、とくにラジウムを、保釈金にあてている。そして一九四九年には、保守政党〈自由党〉の結成資金として、私財の半分をなげうった。

児玉は、ショルダーバッグに、包装紙、新聞紙などで包んだ現金をたっぷり詰め込んで、ひいきの保守政治家たちに、惜しげもなく配ったことでも知られている。

たとえば一九五四年には、円の札束でぱんぱんに膨れ上がった黒いバッグを、大物政治家、鳩山一郎《はとやまいちろう》に、個人的にプレゼントした（鳩山も、ＳＣＡＰ（連合軍最高司令部）の粛清者リストから返り咲いた一人だ）。おかげで鳩山は、保守的な〈自由党〉の総裁選に勝利し、総理大臣のポストを手に入れることができた。

一九五五年には、〈自由党〉と、同じく右寄りの〈民主党〉を合体させ、〈自由民主党《LDP》〉を結成するために、児玉は私財の宝石類を提供している。ビジネス界に甘く、きわめてアメリカ寄りの政党だ。この政党が、残る二十世紀のほぼ全体を通じて、日本を統治し続けることになる。児玉の宝石は、下っ端の政治家によって、東京のアメ横で現金化された。

（児玉は自民党に、総額六千万ドルを寄付したと言われている。）

考えてみれば、なんとも驚くべき工作活動が展開されていたものだ。

快楽と利益と、共産主義との戦いと、よりよい政権のために、右翼、マフィア、CIA、そしてヤクザが、手と手を取り合って暗躍していたことになる。日米両国の関係が、いかに腐りきっていたかを、これほど露呈するものはないだろう。〈ラテン・クォーター〉がついに終焉《しゅうえん》を迎えたとき、焼失してしまったことは、もしかしたら当然の帰結だったのかもしれない。

東京は一九六四年のオリンピック開催都市の候補にあがった。児玉は、大イベントに先駆けて、自分の土地に豪華なホテルを建設し、さらなる名声を勝ち取りたいと思った。そのためには、今あるクラブを取り壊す必要がある。

ルーインはマニラの本拠地から、猛烈な反対意見を述べた。単に取り壊すだけでも、あまりにも経費がかかりすぎる、と。しかし児玉は説得に応じなかった。

「今のまま続けた方が、道理にかなうと思わないか？」とルーイン。

児玉に言わせれば、答えは「ノー」だった。

単にホテルだけの問題ではなかった。ルーインの右腕のアル・シャタックと、児玉との関係が、ぎくしゃくしていたのだ。児玉はシャタックの独善的なやり方に、腹を立てていた。フロア・マネージャーのシャタックは、ルーインのいない間に、〈ラテン・クォーター〉を自分の思い通りに経営していた。なにより、児玉の傘下にある日本のマイナーなタレント会社の思惑を、まったく考慮に入れずに、出演者を雇ったり、解雇したり、勝手に値下げしたりしていたのだ。

おまけに、シャタックが新聞各紙の一面に載るような、衝撃的な犯罪にかかわったことに、児玉はむかっ腹を立てていた。一九五六年一月の〈帝国ホテル〉ダイヤモンド盗難事件だ。アメリカのプロレスラー、ジョン・マクファーランドが、一万四千ドル相当の宝石を盗んだ事件である。シャタックは関与を一切否定したが、逮捕され、略奪品の一部を受け取った罪で、〈小菅《こすげ》拘置所〉に収監された。事件のさまざまな報道の中で、シャタックの名前と、ラテン・クォーターの名前が公表されている。児玉は頭を抱えた。シャタックがそのようなスキャンダルに巻き込まれたこと自体が、児玉に言わせれば、信じられないポカだった。

一方のシャタックに言わせれば、児玉は反省のない戦争犯罪人であり、彼と仲間たちが戦時中の中国で起こした、殺人や暴力沙汰《ざた》を考えれば、絞首刑にされてしかるべき存在なのだ。児玉の部下が村へ突入し、村長を狙い撃ちした、と聞いていた。戦時協力として、日本政府へ貢ぐ貴重品や財宝を提供させるために、村人たちへの見せしめにしたのだ。

粗野で頑固なシャタックは、ヤクザのゴッドファーザーとして知られる児玉に、軽蔑《けいべつ》の色を隠そうとしなかった。児玉は児玉で、そろそろ絶交するときだ、と決心した。続いて起こった事件は、その決意を如実に物語っていた。

一九五六年九月初旬のある晩、空が突然、明るいオレンジ色に染まった。〈ラテン・クォーター〉が火事になったのだ。消防隊が消火に駆けつけるころには、建物は使用不能なほど焼け落ちていた。

直接の証拠はなかったが、一部の人間たちは、児玉が火事に関係している、と確信した。とりわけ、シャタックが日本の警察に、外為法違反の疑いでしょっ引かれた、まさにその翌日だっただけに。ラテン・クォーターのビルに、児玉が多額の保険をかけていたことも、無視するわけにはいかなかった。

児玉はＣＩＡとも、独自の信頼関係で結ばれていた。児玉と深く結びついていたＣＩＡは、日本で激化している左翼運動の動きを追うのに、児玉がとくに役に立つ、と確信した。実際、ＣＩＡと児玉のコンビは、一九六〇年に驚くべき成果を発揮している。

日本の防衛のために、十二万人の米軍兵士を日本に配備する、という〈日米安保条約〉の改定に、三十万人の市民が反対し、街頭デモをおこなったときのこと。日本の極右勢力や、中国で大仕事をしたヤクザの親分たちと、親密なネットワークを持つ児玉は、彼らをフルに活用した。いずれも、共産主義者や社会主義者の頭を、バシバシひっぱたくことは朝飯前だった。おかげでデモ隊をみごとに制圧し、岸政権を大いに盛り上げたものだ。

児玉はラテン・クォーターのテナントを一掃したかった。やっかいな後始末をせずに済む、絶好の方法は、火事だったのだ。

かなり印象的な事件だった。飛ぶ鳥を落とす勢いを、児玉が見せつけた事件でもあった。

六〇年代の終わりまでに、シャタックはニューヨーク市に引っ越し、ルーインはアフリカに向かっている。

あらゆる角度から見て、占領期とその直後は、怒濤《どとう》の時代だったのだ。

瓦礫とカオスになり果てた街で、誰もが背後に用心しながら、必死に生き延びていた。そんな中で、強欲とペテンが、ごく自然にはびこった。シャタックやゲイダのような、外国人ビジネスマンの逮捕は、マスコミ界でセンセーショナルに取り上げられた。五〇年代の半ばには、外国人ビジネスマンは、不道徳、手に負えない、酔っ払い、という定評が根付いてしまったのも、無理はなかった。

おそらくその典型は、一九五三年の『読売新聞』の記事だろう。同紙は、イギリス商人の大半が「ドル相場師」か、税金逃れの輩《やから》であり、金を不法なルートに流用している、と書いた。この告発を受けて、大蔵大臣は一九五三年に、四百五十の外国企業と三百の個人投機家の帳簿を査察している。

日本の大衆の大半とマスコミが、見落としていることがある。本当に気づかなかったのか、または無視することにしたのかもしれないが。

外国人による犯罪のすべてに、日本人の協力者がついていた、という事実だ。

日本人パートナーは、積極的に協力した。略奪品の分け前を欲しがった。闇ドルであろうとなんであろうと、ガイジンが売っているものを、熱心に買い求めた。実際の話、ここまでに見てきたとおり、日本人は外国人の助けなしでも、すべて独力で悪事を働くことができたのだ。

現に五〇年代の後半に、日本人は年間百五十万件近い数の犯罪をおこなっている。この十年間は犯罪がきわめて多発し、人口が一・五倍に増える一九八〇年代まで、この時代の犯罪数が更新されることはなかったほどだ。殺傷事件、強奪事件などがあまりにも多く、警察は市民に、深夜の一人での外出は控えるように、と呼び掛けた。

今や日本人は、昼夜を問わず、どんな時間帯であろうと、日本の街ほど安全な場所はない、と自慢しているが、あの当時とはなんという違いだろう。

このような恐るべき事態は、前述の〈東声会〉のように、おもに組織犯罪者たちの仕業だった。暴力団員の数は、終戦直後に劇的に増えた。全国の犯罪総数の五分の一（具体的な数字でいえば、年間三十万件）を占める東京は、決して平和な都市とは言えまい。

おまけに、政界の贈収賄もある。首都東京で、あまりにも広くおこなわれているから、「金権政治」という言葉が新たな意味で使われるようになった。一九五〇年代の東京は、同時代の世界主要都市と比べて、もっとも腐っていたと言える。

こうした自堕落な環境だからこそ、外国人がすっぽり収まって、居座ろうとしていただけなのかもしれない。

第三章　詐欺師たち

正直者だらけの日本は、西洋人にとってまさに天国だ。財布は滅多に盗まれず、しらふであろうと酔っていようと、深夜に道を歩いても、強盗に襲われる心配はほとんどない。タクシーにスカーフや財布やパスポートを忘れれば、翌日には運転手が、玄関先まで届けてくれることもある（そのような行為は、日本の〈遺失物法〉のおかげであり、学校の道徳教育のたまものだ）。そうでなくても、たいてい警察の遺失届係に行けば見つかる。

犯罪が日常茶飯のアメリカの大都会とは、なんという違いだろう。日本の大都会では、レストランで食事をし、レジで何を食べたかと聞かれれば、日本人は正直に答え、ちゃんと料金を払う。アメリカのように、料金を踏み倒されることなど、この国ではまず考えられない。日本の〈スターバックス〉で、ラップトップをテーブルに置いたままトイレに立っても、席に戻ったときになくなっていることはない。席を確保するために、財布をテーブルに置いて、コーヒーを注文に行くことさえできる。

日本人ジャーナリスト久保博司《くぼひろし》は、『詐欺師のすべて』（文藝春秋）の中でこう述べている。

人を疑わないのは日本人の特徴である。日本の文化と言ってもよい。聖徳太子《しょうとくたいし》の十七条憲法の第一条には「和を以《もっ》て貴しとなす」とある。「和」の基底には以心伝心の信頼がある。いちいち言葉をもって了解しあわなくても、相手を「知っている」というだけで信頼関係が結ばれる。

地縁、血縁、学閥、なんでもよい。知人の知人のそのまた知人の紹介だけでも相手を信用する。疑うことは失礼だとさえ思うのが日本文化なのである。そして、この信頼関係を裏切る者は「村八分」にして排除する。疑って吟味する必要のある人間との接触は疎ましくて疲れるからだ。

基本的に疑いの精神を持っている欧米人とは、この点が根本的に違うのである。

こういうわけで、私たち日本人は騙《だま》されることに慣れていない。だから、初めての相手に対しても、多少の疑念が湧いても無視して積極的に信頼しようとする。そこに詐欺師のつけ入るスキがある。逆に言えば、詐欺の被害にあう人ほど日本の美しい伝統文化を色濃く湛《たた》えている人なのである。

日本の組織犯罪者たちは、人を信じやすい日本人の性格に、長い間つけこんできた。詐欺師は、疑うことを知らない年寄りに、長年、消息不明だった親戚《しんせき》のふりをして、助けを求めたり、役人のふりをして、何らかの罰金を要求したりして、銀行から金を引き出させる。

悪辣《あくらつ》な外国人たちは、こういう日本人の実態を知ると、小躍りする。普通の日本人でも人を信じやすいし、非アジア系外国人を前にすると、やけにうぶで純朴になる日本人もいる。詐欺師にとって、日本は天国なのだ。

アメリカ人が日本に伝えたものの中で、インチキの最たるものは、語学学校だろう。この類《たぐい》の施設は、英語を学びたいという日本人の要求にこたえて、戦後に急増した。そこでは長い間、アイロンのかかった清潔なワイシャツ姿の講師が、じつは英語の読み書きもろくにできないハイスクール中退者、素性の怪しい流れ者や、詐欺師だったりする。

この残念な事態の原因は、単純明快。

占領が終わったとき、日本人は痛感したのだ。外国と交流するには、英語が不可欠だ、と。彼らが見たネイティヴ・スピーカーの大半は、白人だった。したがって英会話スクールの講師は、白人でなければならない、と思い込んだ。スタンフォード大学で博士号を取得した日系アメリカ人は、この国では英語講師の仕事にありつけない。英語が下手そうに見えるからだ。一方、金髪で肌の白いドイツ人やロシア人は、いくら訛《なま》りがひどくても採用される。

日本がまだ混乱期にあり、規制が行き届かなかった五〇年代には、とくにいろいろな詐欺師が徘徊《はいかい》した。ニセの宝石商やインチキ保険セールスマンなど。しかし大半は、ヴェトナム戦争が勃発《ぼっぱつ》したとたん、さっさとサイゴンに拠点を変えた。

後釜《あとがま》として日本に登場したのは、別のタイプの、もっと高度な詐欺師だった。雨後のタケノコのごとく、みるみる成長を遂げる日本経済に、惹《ひ》きつけられて。

新手の詐欺師の中に、ドナルド・ズブリスキーというニューヨーカーがいた。ハーヴァード大学教授を名乗るこの男、日本滞在中に、記録的な額の不渡り小切手を乱発した。ニセのトラヴェラーズ・チェックと他人のパスポートを駆使して、カメラ、テープレコーダー、宝石など、数百万円相当の買い物をしたばかりではない。一九六七年五月には、東京—神戸間をまたに掛け、わずか二十三日間で、合計二十四件の詐欺を働くという、破廉恥な偉業を達成。一日に六件という数字さえはじき出した。しかし最終的には、大阪で日本の警察に逮捕されている。それも、ＦＢＩに内報されたから。

ハワード・バロンというアメリカ人ビジネスマンは、さらに巧妙な手口を思いついた。東京の〈アメリカン・クラブ〉のゼネラル・マネージャーという、おいしい要職を射止め、それをフルに活用したのだ。アメリカン・クラブといえば、裕福なアメリカ人の重役や、外交官、およびその家族を主な対象とした、最高級会員制クラブとして知られている。

ポストに就くや否や、クラブのお目付け役や委員会のメンバーたちを、「コスト削減、リストラ」と称して、ばっさりと解雇。その裏で、クラブの敷地を、日本の共同事業体に売りさばく計画を、ひそかに推し進めた。

しかし悪巧みが事前に発覚すると、たちまち日本を脱出し、香港へ。ここでは米軍内部の犯罪組織、〈カーキ・マフィア〉と手を組んだが、到着後まもなく、自分のオフィスで、何者かに射殺されている。理由は知られていない。

外国人野心家の登竜門といえば、立川《たちかわ》空軍基地だ。この世界最大の米軍基地には、終戦後、一九七五年にアメリカ人が、サイゴンから撤退したあと、一九七七年に日本に返還されるまで、数千人の兵士と家族の住居のほか、各種クラブ、映画館、ボウリング場、基地売店などが軒をつらね、一つの小さな町を形成していた。

正門前のエリアでは、アメリカ人セールスマンが、何も疑わない軍関係者に、商品を売りつけようと手ぐすねを引いていた（〝ヒツジの刈り込み〟と呼ぶ商戦だ）。金、銀、証券、投資信託、不動産、自動車、アメリカのゴルフ会員権、等々、米兵や軍属たちが、財布のひもを緩めたくなるような商品を、思いつく限り並べたものだ。

ある不動産会社は、何も知らない客に、フロリダの田舎の、ワニが繁殖している湖の畔《ほとり》や、ジャングルに覆われたハワイの溶岩地帯、パラシュートでしか近づけないアリゾナの山岳地帯など、正気の人間なら絶対に手を出さないような土地を売って、一財産成した。

立川基地は、いわば詐欺師の実験台だ――まずアメリカ人をだましてみろ。シャツのしわを伸ばし、そこらの水を名水といつわれ。日本人を〝料理〟して、たんまり儲《もう》けるのはそのあとだ。

立川空軍基地と、その兄弟分の横田《よこた》空軍基地をターゲットに、荒稼ぎしたグループがいる。グローバルな投資信託会社、〈ＩＯＳ〉の経営陣である。六〇年代の終わりには、総資本を二十億ドルに膨らませ、世界有数の国際金融機関へとのし上がった。

創設者兼ＣＥＯのバーニー・コーンフェルドは、億万長者となり、サウジの王様なみの豪勢な暮らしを楽しんでいた。

ＩＯＳが東京の〈東京メソニックビル〉に本店を構えたのは、一九六二年のこと。彼らは手始めに基地を席巻《せっけん》し、さらに全国へと手を広げながら、ＩＯＳの株を売りまくり、日本人、アメリカ人を問わず、セールスの仕事を斡旋《あっせん》した。

彼らのバイブルは、コーンフェルド著のベストセラー『Do You Sincerely Want To Be Rich?（本気で金持ちになりたいかい？）』。

ところがやがて、大規模なネズミ講であることが発覚。世界中の数万人の投資者が持ち金を失った。コーンフェルドを愛するだまされやすい人間に、国境はないことが証明された。東京の投資家たちは、大半が金を取り戻せないまま、破産に追い込まれ、従業員たちも、給料と仕事を同時に失って、路頭に迷った。怒った顧客に雇われた、筋肉隆々のヤクザが、東京のＩＯＳ販売代理人宅に押しかけて、金を返せと詰め寄る始末。ついには大蔵省が、業務停止を命じる事態に。

七〇年代初めに、ＩＯＳ帝国は崩壊し、コーンフェルドはスイスの刑務所に、一年間放り込まれている。とはいえ、自分の財産はしっかり確保し、ビヴァリー・ヒルズで贅沢三昧《ぜいたくざんまい》。リズ・テイラー、ウォーレン・ビーティ、リチャード・ハリスなどの映画スターたちと、親交を深めた。

ＩＯＳのあと、黄鉄鉱（鉄と硫黄《いおう》の合金）製のコインを、「本物のオリンピック・コイン」と偽って売った、カナダの会社も出現した。

ミスターT

数々の天才ガイジン詐欺師の中でも、ひときわ異彩を放つ、大胆不敵な男がいた。当時はあまり知られていなかった元米空軍司令官で、ここでは法的な理由から、「ミスターT」と呼ぶことにしよう。

ミスターTは、立川基地で二十年間軍務に就いた後、一九七〇年代初めに除隊された。しかし大好きな日本を離れたくない。女性は魅力的だし、国民は親切で純朴だ。そこで日本に残って、運試しをすることにした。

身長は百八十六センチと長身。四十代前半だが、髪はすでにかなり白い。骨ばった品のいい容貌《ようぼう》は、どことなくキツネを連想させる。巧妙な話術という才能に恵まれていたから、ごく自然に、セールスの世界へと足を踏み入れた。

整備士のパートナーと組んで、対米輸出向けの日本車（トヨタ、日産、マツダ）を横流しする、ヴェンチャー・ビジネスを始めた。日本で製造されたが、窓やハンドルなどの軽い不具合のせいで、検査に不合格になった商品を、格安で売りさばく商売である。

パートナーが、できるだけ車を修復し、ミスターTが、米軍のアメリカ人に〝新車〟として売りさばき、二人でがっぽり儲けた。苦情が出れば、ミスターTは手を振って、こうあしらった。

「おいおい、これは日本車だぜ。どんな車を期待しているんだ？　リンカーンやフォードが欲しければ帰国するまで待つんだな」

言うまでもなく、まだアメリカ人の大半が、「アメリカ車は世界一」と信じている時代だったのだ。そんな時代はまもなく終焉《しゅうえん》を迎えるが、無知なＧＩたちは、急成長を遂げている日本車の高性能ぶりに、まったく気づいていなかった。

あまりにも商売がうまくいったので、二人はグアムにも進出した。アガナ基地から、中古のタクシーを大量に仕入れ、グアムで民間のタクシー会社を始めたのだ。パートナーは立川に残り、ミスターＴだけが、グアムに行って業務にあたった。

パートナーにとっては、これがそもそもの失敗だった。

ミスターＴはタクシーを担保に、アガナ空軍基地の〈チェース・マンハッタン銀行〉から、たっぷりと融資を受け、タクシーを売り払い、大金を懐に、銀行ローンを放置して、さっさとアメリカに帰国。残されたパートナーと銀行が、四苦八苦したことは言うまでもない。

ミスターＴはその後、ぷっつりと消息を絶っていた。元パートナーも、とっくの昔に姿を消していた。

ところが数年後のある日、ミスターＴが突然、日本のテレビコマーシャルに登場した。白衣を着て、いかにもドクター然としている。六本木交差点付近にオープンした、〈ドクターＴによる、ダイエットと禁煙のための健康クリニック〉のコマーシャルだ。

クリニックを訪れると、男女の日本人看護師が、大真面目な顔で接客している。パンフレットによれば、患者に禁煙とダイエットを同時に実現させるために、〝特別な訓練を受けた〟スタッフばかり。診察室はパーティションでいくつかに区切られ、どのスペースにも、体重計などの計測器や、さも重要そうな装置が備えられている。

奥には、受付で入念なチェックを受け、特別な許可を得た者だけが通される、ドクターTのオフィスがある。鍵《かぎ》のかかったドアを開けると、窓のない部屋に、ドクターTが座っている。たいていは、タバコの煙がもうもうとたちこめる中で。

日本市場への進出に先駆けて、この〝優秀なドクター〟は、テキサス州の〝研究所〟で、特別コースを受講し、六か月かけて修了したという。修了証書は、クリニックのロビーの壁に鎮座ましましている。でかでかと書かれたその証書には、〈ダイエットと禁煙を同時に指導するための免許皆伝〉とある。

ドクターTはテキサスの研究所を修了するとまもなく、『ジャパン・タイムズ』に広告を出した。すると運がいいことに、二人の日本人と一人のチェコスロヴァキア人が、六本木クリニック開設のための資金提供を申し出たという。
二、三回話しただけで、出資者たちは、太平洋を渡る彼の飛行機代（しかもファーストクラス）を提供。それればかりか東京に、おしゃれなバカ高い西洋風のアパートを用意した。サラリーもかなり奮発し、前払いとして、すでに大金を渡している。新居に家具調度をそろえる費用として、三百万円貸してもいた。

なにより、このヴェンチャーに彼が出資するのを、許したのが失敗だった。おかげでドクターTは、正真正銘の共同経営者となり、堂々と会社の資料や銀行口座に、アクセスできたことになる。しかも、アメリカにあるという彼の資金を、日本に〝移す手続き〟をするまで、出資者たちは彼の出資分を、全額肩代わりしていた。

彼らをそこまで寛大にさせたのは、まったく知らない人間を言葉巧みにあざむく、ドクターTの話術と、彼らの愚かさのせいだろう。アメリカ人気質のストレートな魅力をフルに発揮して、日本人を説得するのに、大した手間はかからなかった。出資者たちは、アメリカにおける画期的な発見で、大儲けできるに違いない、と思い込んだ。

驚いたことに、共に仕事をした数か月間で、ドクターTはついに一度も身銭を切っていない。金が工面でき次第すぐに払う、という約束で。

「アメリカの株や証券やクレジットカードばかりだから、すぐに現金化はできない。少しだけ待ってほしい」

彼はそう言った。

そしてある日、仕事が始まってまもなく、ミスターTは消えた。会社の資金をすべて持って。一巻の終わりだった。

ドクターTをまったく疑わなかったパートナーたちは、多くの日本人ビジネスマンの例に漏れない。彼らは何年もの間、アメリカ人を特別視してきた。〝疑わしきは罰せず〟という原則をあてはめてきた。なぜなら、アメリカはスーパーパワーであり、日本は、急成長しているとはいえ、まだまだ後れを取っている。政府高官も自国を、「アメリカの弟分」ととらえていた。

ドクターTは、その後数年かかったが、ある日、信じられない場所に再び出現した。代々木《よよぎ》にオープンした新しい英語学校、〈イースト・ウエスト〉だ。学校の評判は上々で、パキスタン、バングラデシュ、中国、フィリピンなど、おもにアジア系外国人に、英語や日本語を教えている。パンフレットによると、複数のフロアを使ったこの学校には、およそ四千人の学生が通っているという。

ときまさにバブル期で、合法、非合法を問わず、外国人労働者がどっと日本に押し寄せ始めていた。日本人はますますリッチになり、若者たちが〝きつい、汚い、危険な〟作業を嫌うようになっていたからだ。需要に応《こた》えて、外国人季節労働者が増えれば増えるほど、この種の学校が次々に誕生し、〝学生たち〟にヴィザと住まいを提供していた。

最上階のオフィスで、〈ジョルジオ アルマーニ〉のダブルスーツに身を包み、きらきら光る金のネックレスをもてあそびながら、悠然と椅子に座っているのは、誰あろうミスターTその人だった。

ただし、今回の肩書は、「プロフェッサーT」。

というより、正式な身分は「T校長」。ドアの表札にも、デスクの札にも、そう書いてある。

ミスターTは今や六十代。髪も真っ白だし、持病のパーキンソン病のせいで、手が震えている。『ジャパン・タイムズ』の広告に応募し、巧みな話術を利用して、今度は日本の新しい語学学校の、校長の座を射止めたらしい。

英語力はかろうじてハイスクール程度。テキサス訛りがきついから、たいていの日本人は、彼の発音をろくに聞き取れない。「今何時ですか？」を彼はこう発音する。

「ワタマッセ？」

そんなことはどうでもいいらしい。

秘書たちは、「校長先生」にペコペコとお辞儀をし、いそいそと立ち働いて、まるで彼をハーヴァード大学の名誉教授のように扱っている。刑務所にふさわしい詐欺師だとは思いもよらずに。最終的には、そこが彼の居場所になったのだが。

数か月勤めた後、T校長は逮捕された。パキスタン人を、自分の学校に通わせるために、日本に招き、労働力を必要としている工場に、かなりの手数料をとって送り込んだからだ。

言うまでもなく、学生ヴィザで働くことは違法である。学生たちに仕事を斡旋したT校長は、法律に違反したことになる。もちろん、学生を雇った工場主も、仕事を請け負った学生たちも、同罪だ。

T校長は、脱税を含むいくつかの罪で起訴された。裁判がおこなわれ、結果、「T校長」は府中《ふちゅう》刑務所で「囚人T」と改名せざるを得なかった。

一年の刑期を終えて、ミスターTは釈放され、国外追放されている。

これにより、日米関係史上もっともカラフルな犯罪に、終止符が打たれた。

格安肉

日本の戦後史は、〝不良ガイジン〟（日本人の一部はこの言葉を好んで使う）のカラフルなエピソードに満ちている。なかでも奇想天外だったのは、エリック・ドリュウという、オーストラリア人の酒のセールスマンのケース。この人物は、ニセIDカードの乱用を特技とし、最終的には東京の拘置所に放り込まれ、『朝日新聞』の一面をにぎわすことになる。

この男が特技を身に付けたきっかけは、日本食が口に合わず、ビーフを好んだことにある。日本のビーフは高すぎて、彼にはとても手が届かなかったのだ。基地の肉屋で買いたいが、軍のIDカードを持っていない。そこで思いついたのが、IDカードを偽造して、基地に入り込むことだった。

さっそく日本の印刷業者を訪れ、IDのデザインをコピーさせ、軍属を証明するIDカードを作らせると、これが魔法のような威力を発揮した。あまりにも効果てきめんなので、さらに五百枚ほど不法カードを作らせ、友人たちみんなに配った。その中には、中国人の洋服屋、旧西ドイツの貿易商、ロシア人セールスマン、ギリシャ人ビジネスマン、アメリカ人教師、ドリュウが一時働いていた〈IOS（前述のネズミ講投資会社）〉横田支社の元セールスマン仲間、等々。その他、東京大学教授など、さまざまな日本人の知り合いにも配った。

みな東京在住だから、米軍の売店《PX》で買い物ができる喜びに小躍りした。品質はかなりいいし、軍の割引で値段は格安。在日の軍属は、すでに数千人はいる。国籍はさまざまで、各自、IDを持っている。五百人ぐらい増えても、バレる心配はまずない。

がっぽり儲けたし、食への欲求は満たされた今、ドリュウの関心は新たなビジネスへと移った。米軍で御用済みとなった、古い軍用輸送機や偵察機を、下取りして修理し、東京の伝手《つて》を通じて、全世界に売ろう、という計画だ。

アイデアを提供してくれたのは、横田空軍基地の関係者。中継人として、ドリュウに白羽の矢を立てた。ドリュウは商品を、日本やハワイ、香港、台北《タイペイ》、アテネの資産家や飛行クラブに売った。配達人として、パイロットも雇った。

このような売買は、アメリカの法律にも日本の法律にも違反はしない。しかし、当時アメリカとソ連の間で、冷戦が進行していたことと、日本とオーストラリアが、同盟国であったことを考えれば、ドリュウの厚かましさは、他に類を見ない。なにしろ、航空機を友人のロシア人に売り、しかも、これはうまくいかなかったが、自分を斡旋人として雇わないかと、ソ連政府にかけあったのだ。報告書によれば、中国に売られた航空機もあったという。中国といえば、アメリカにとってもう一つの冷戦の敵だ。

大胆不敵な商売は、しばらくの間スムーズにおこなわれていた。このままいけば、ドリュウは永久に商売を続けられたのかもしれない。

しかし、ドリュウの仲間の一人、ゴットリープという貧しい貿易商が、病に倒れたのをきっかけに、ツキがガラガラと崩れ始める。とても信じられない、まるでドタバタ喜劇のような形で。

ゴットリープは、おもに友人たちから、米軍のビーフを分けてもらいながら、かろうじて生計を立てていた。ところが、運悪く胆嚢炎《たんのうえん》にかかってしまった。幸いなことに、エリック・マネーというアメリカ人俳優が、隣に住んでいた。NHKの夜の連続ドラマに出演したこともある俳優だ。彼がゴットリープを、ユージン・アクセノフという医師に紹介した。アクセノフは白系ロシア人で、六本木のソヴィエト連邦大使館からほど近い場所にある、〈インターナショナル・クリニック〉を経営していた。

アクセノフは、誠実で誇り高い男として知られていた。診療代が払えないからといって、診療を拒むような医師ではない。それどころか、ツキに見放された人々に、すすんで金を貸してやる、度量の広い人物だ。

ゴットリープが経済的に苦しいばかりか、妻も子もあると知ったアクセノフは、彼をランチに招き、急場しのぎにと、一万円札を数枚そっと手渡した。

「さあ、これで子供たちになにか買ってやりなさい」

ところが、ここから話がややこしくなってきた。

ときまさに冷戦の真っただ中。アメリカも日本も、あちこちに潜伏する共産主義者を、探し出そうと血眼になっていた。〈公安警察〉は、アクセノフを疑い始めた。ソヴィエト連邦大使館に内通しているスパイではないか、と。

常に目を光らせている警察は、この日、善良な医師がゴットリープに、金を手渡しているところを目撃し、スパイ活動のなんらかの報酬ではないかと疑って、たちまちゴットリープの周辺を洗いはじめた。

すると、ゴットリープがアクセノフと同様、満州生まれであることを突き止めた。彼のドイツ人の父親は、ハルビンという街で、ビールが飲める映画館を経営している。ゴットリープが、中国語、ロシア語、ドイツ語、英語に堪能《たんのう》であることもわかった。戦時中は、物資供給に励んだものだ（たとえば上海の家々の、波形トタン屋根を引き剝《は》がし、金属を求める日本政府に供給したこともある）。戦争が終わると、短期間だけアメリカの諜報《ちようほう》部で働いた。

さらに公安は、IDカード偽造と、航空機部品の販売についても、突き止めた。

警察は、こうした一連の怪しい事実から、確信した――ついに共産主義スパイグループを発見したぞ、と。このスパイグループは、偽造書類を使ってアメリカの基地に侵入しているに違いない。ゴットリープは二重スパイに違いない、と。

一九七六年十月、警察当局はゴットリープと、アメリカ人俳優エリック・マネー、そしてドリュウを逮捕した。ドリュウにとっては、寝耳に水だった。

日本の有力紙、朝日新聞は、米軍の軍事機密をロシアに供給している、日本を拠点にしたスパイグループの逮捕劇を、顔写真入りで一面に掲載。記事の中で、「五十一歳の白系ロシア人A氏」の謎めいた存在にも触れている。

明るみに出たばかりのロッキード事件の隣に、いかにも意味ありげに掲載された。ロッキード事件とは、アメリカの航空機製造会社が、販売契約を勝ち取るために、日本政府高官や航空会社の重役に、法外な賄賂を贈ったという、日本の大スキャンダルである。

並んで掲載されたせいで、一流紙の読者の心に、ガイジンという輩《やから》はなんと信用できないのだろう、という印象を増大させた（ゴットリープがニセの無料パスで、東京中の電車を乗り回っていたという続報も、ガイジン不信に拍車をかけた）。

警察は逮捕者たちに、執拗《しつよう》な尋問をおこなった。

なんとしてでも、アクセノフを逮捕したいからだ。ソヴィエト連邦大使館のすぐ近くに住む彼が、スパイグループのリーダーだと思い込んでいる。

東京の〈アメリカン・クラブ〉のメンバーと、日本の〈外国特派員協会〉のメンバー全員の顔写真も見せて、「どいつがコミュニストだ？」と詰め寄った。ドリュウのオフィスからは、数百枚の米軍ＩＤカードが押収された。

この大掛かりな手入れを、新聞で知ったアクセノフは、警察に駆けつけて言った。

「あなた方はとんでもない勘違いをしている。私はスパイグループのリーダーなんかではありませんよ」

警察は間違いを認めようとはしなかったが、幸運なことに、アクセノフの患者の中に、元首相で自民党の実力者、田中角栄《たなかかくえい》がいた。田中角栄は、ロッキード事件の収賄で起訴されていたが、まだ党を動かしていた。

アクセノフは、東京目白台《めじろだい》にあるこの有力な政治家の自宅に電話をかけ、抗弁してくれるよう頼んだ。たちまち田中は、警視総監に電話をかけ、捜査の行きすぎではないのか、とほのめかした。

公安警察はやむなく、アクセノフから一時的に手を引いた。

そして三人の逮捕者についても、五日間の執拗な尋問のあと、共産主義スパイグループとつながる証拠が見つからないまま、釈放を余儀なくされている。

飛行機部品と、IDカードと、格安肉の大スキャンダルのあと、ゴットリープは文無しから抜け出せず、一九八〇年には、再びアクセノフ医師の助けを借りて、ドイツに帰国。

アクセノフがゴットリープの苦境に同情したアクセノフは、飛行機代を出してやった。この行為を警察は、「動かしている」と決めつけた。

エリック・マネーは、俳優稼業の一時休業を余儀なくされた。

ドリュウはと言えば、もともと野菜を食べたくない一心で、米軍のニセIDカードを作り始めただけだから、それ以上のお咎《とが》めはなかった。IDを偽造したとしても、日本のどの法律にも違反していないし、ドリュウが米軍基地に侵入するために、そのIDを使ったことを証明する記録はないいし、違法な買い物をしたという、確たる証拠もない。おまけに、オーストラリア人だから、アメリカ政府も手の出しようがない。

というわけで、この肉食主義者のガイジンは、それまで通り嬉々《きき》として、航空機販売を続け、一財産を築き、日本を去っている。

ドリュウ事件は、ガイジンが日本国民に与える悪影響について、批判の声をますます掻《か》き立てた。外聞を常に気にするNHKは、自局の清廉潔白なイメージを損なうのではないかと恐れ、そのアメリカ人俳優を二度と使わない、と宣言した(とはいえ、一年後には再び起用している)。

ある作家が「ドリュウ・ギャング」と呼んだこの事件をきっかけに、世間にスパイの話題が増え、この件に関する記事が、新聞や雑誌にあふれかえった。にもかかわらず、結局は尻《しり》つぼみになり、単なる「虚偽の表示(法律用語)」のケースとして、その年、日本国内で発生した、百二十万件の犯罪の一つになった。その割に、ここまでメディアの注目を浴びたのは、〝不良ガイジン〟がかかわったからだろう。

つまるところ、この事件で本当にわかったのは、公安警察がいかに血眼になって、コミュニストのスパイグループや単独スパイを、見つけだそうとしていたかだ。

日本の警察は、アクセノフの追跡をあきらめず、一九八〇年に再び逮捕した。今回は、来航中の船員を対象に、川崎に開設した新しいクリニック付近に、無線送信機を取り付けた容疑だ。

ある日、匿名の人物から、警察に通報があった。

「あの医者はクリニックの近くに交信装置を埋めている」

掘り起こしてみると、確かに部品の一部が見つかった。しかも、キリル文字の「4」に見える刻印がある。これが決め手となり、さっそく警察はアクセノフの自宅に行き、手錠をかけ、慣例に従って体にロープを巻き付け、拘置所に送った。

ところが、七日間の勾留《こうりゅう》のあと、アクセノフは釈放された。

新聞を読んで事件を知った〈東芝〉のエンジニアが、慌てて警察に釈明に来たからだ。埋まっていたのは、東芝が実験用に開発した通信機で、警察が「ロシアの諜報活動の証拠」と色めき立ったシンボルマークは、東芝がデジタル装置に使っていたものに過ぎなかった。

のちにアクセノフは想像した。密告者はおそらく、川崎の新しいクリニックに、患者を取られたライバルだろう。

すべてが解決したあと、アクセノフは自分の経験を、こう総括している。

どちらのケースでも、警察はぼくが無実だとわかっていた。反共ムードを高めるために、在日ロシア人への恐怖心を掻き立てたかった。そのためには、ロシア人の存在が必要で、ぼくがその適役だったってわけだ。

運命のいたずらか、警察はアクセノフを追いかけているうちに、ソ連の秘密警察〈ＫＧＢ〉の大物の行動を、完全に見落としていた。その人物は、一九七九年にアメリカへ亡命するまで、ソヴィエトのジャーナリストを装って、東京に居を構えていた。

彼の名前は、スタニスラフ・レフチェンコ。

アメリカに亡命した、数少ないＫＧＢエージェントの一人だ。ＫＧＢの在日スパイネットワークの情報を、克明にアメリカに密告していた。一九八〇年代の初めには、米国議会で証言もしている。

レフチェンコは米国下院の委員会で、以下のように証言した。

ＫＧＢのミッションは、日本の機密情報を得ることだけではなく、アメリカの影響力を弱めるために、日米間に軋轢《あつれき》を生むことだった。自分が担当したのは、十人の日本人エージェント。そのうち四人は、自分がリクルートした。中には、ジャーナリスト、編集者、国会議員、さらに、〈日本社会党〉の上層部も含まれていた。

レフチェンコは作家を装い、もっぱら影響力のある日本人相手に、インタビューをおこなった。共産党政治局のメンバーだけに配る、秘密会報のためのデータを集めている、と称して。おだてられた日本人は、たいていいい気持ちになって協力した。そんな会報は、存在しないにもかかわらず。

ＣＩＡ副長官ジョン・マクマホンによれば、

「当時、彼からの情報は、ソヴィエトにとって、あまりにも壊滅的な内容だったので、彼がソヴィエトのＫＧＢの支配下にあるわけがない、とわれわれは判断した」

レフチェンコは、妻と息子を東京に残して、アメリカに発《た》った。妻子は同行を許されなかったからだ。二人はモスクワに強制送還され、辛《つら》い余生を送っている。

レフチェンコは米国入りするなり、アメリカのファスト・フードと映画にはまった。亡命仲間ヴィクトール・ベレンコと、〈シボレー〉モンテカルロ・ラリーで、全国旅を楽しんでいる。ベレンコは、〈ミグ25戦闘機〉のパイロットで、亡命のために、ウラジオストックから北海道まで飛んだことで知られる。

レフチェンコは、ある晩、東京中心部の赤坂にある、アメリカ経営の〈山王《さんのう》ホテル〉に行って、亡命を成功させた。米国海軍の司令官に、アメリカの亡命者収容所に入所させてほしい、と頼んだのだ。二、三時間後、許可は下りた。

一九八一年、レフチェンコはソ連軍事裁判所の欠席裁判で、死刑を宣告されている。

ベルリンの壁崩壊と共に、ソヴィエト連邦は消滅した。ソヴィエトの（ロシアの、とは言わないまでも）スパイも消えた。

金融業者、伯爵夫人、ロビイスト

一九七〇年代から八〇年代にかけての日本経済は、まるで新幹線のように超スピードで変化した。円の価値は、一九七一年の一ドル三百六十円から、一九八七年には一ドル百二十円に高騰。連日のように、新しいビルが建ち、新しいビジネスが誕生した。日本企業や日本政府の高官は、海外市場を確保するために、目を見張るほどの大金をばらまいた。

現地で利益を得ようと、日本にやってくる外国人のタイプも、目を見張るほどさまざまだった。

自称「アメリカの大手金融グループ出身」の、ドナルド・ルイス・メイジスという男も、ユニークさではほかに引けを取らない。

がっしりした長身の五十代で、頭はだいぶ薄い。日本語がかなり流ちょうなのは、本人の弁によれば、「戦後の日本で、諜報部の仕事をしているうちに覚えた」ため。一九八〇年代の半ばに、日本のバブル景気に魅《ひ》かれ、「投資先を求めて」再び日本の土を踏んだという。自分はアメリカの国際投資家グループの管財人であり、一億五千万ドル相当の資本を、自分の判断一つで、どこにでも投資できる、と豪語した。

メイジスは〝託された財産〟を利用して、資金繰りに四苦八苦している企業を買収したり、ほかの詐欺に費やしたりした。

たとえば、北海道の不動産会社の重役を、言葉巧みに説得し、インチキ投資計画に、六千万円をつぎ込ませたことがある。ネヴァダ州にある二千平方メートルの金鉱と、ロサンジェルスにあるフランスの銀行がかかわる、途方もない投資計画だった。

「おたくの会社が、ネヴァダ州の金鉱に二百万ドル投資すれば、フランスの銀行がそれを担保に、金鉱の開発資金を提供する。たっぷり金が採掘された時点で、儲けを全員で山分けしようじゃありませんか」

六本木―赤坂エリアに新装開店した、超高級ペルシャ料理レストランが、借金で首が回らないと聞けば、さっそく投資を申し出た。

「所有権の二十五%を、私に渡すなら、三千万円融資しましょう」

オーナーのイラン人ビジネスマンは、書類にサインした。そこには、もしも借金を返済できない場合には、メイジスの投資グループに、レストランを丸ごと譲渡する、と記されていた。

喉《のど》から手が出るほど、資金が欲しかったオーナーは、この条件をのんだ。

かくして書類は完成し、サインがなされた。

しかし、二週間たっても、金が届かない。

不審に思ったオーナーは、メイジスの名刺に記されている、会社の住所をあたってみた。広大なテキサス州の、小さな町にあるらしい。オースティンの州政府に電話をかけてみたら、そのような会社は、登録されていないという。わらにもすがる思いで、今度は企業情報会社〈ダン・アンド・ブラッドストリート〉に問い合わせてみた。

「ミスター・メイジスという名前も、会社も、該当するものは見当たりません」

こうなったら本人に直接会って、確かめるしかないと、メイジスのオフィスに押しかけていった。

「いろいろ調べはついているんだ」とオーナー。「あんたはまったく信用できない。詐欺をはたらく気か」

「契約書の存在を、忘れちゃ困るね」とメイジス。

「あんなのは、ただの紙くずだ」とオーナー。

「出ていけ！」メイジスは、オフィスの椅子から立ち上がり、仁王立ちしてすごんだ。「こうなったら法的措置をとってやる。裁判所で会おう」

メイジスがどんな詐欺をたくらんでいたのかは、結局、誰にもわからない。自分の金を一切使わずに、レストランの株を転売しようとしたのだろうか？ ニューヨークのビジネス界では、その手の詐欺が珍しくない。手っ取り早く大金をだまし取るには、ぴったりの方法だ。

ねらいはともかく、メイジスはレストランの経営権を、横取りしそこなった。オーナーが次の手段として、ヤクザの経営する金融業者に駆け込み、資金を調達したからだ。しかも一か所ではなく、二か所の金融業者から借金をした。

これは最悪の選択だった。レストランの経営権をめぐって、両者が激戦を展開したからだ。ヤクザのライバル同士が、拳銃《けんじゅう》、ナイフ、サムライの刀などを使って、血みどろの戦いを繰り広げた。店の正面入り口から始まった激闘は、建物を見る影もなく破壊して、ついにはレストランを倒産に追い込んだ。

メイジス逮捕のニュースが報じられたのは、その後まもなくのこと。一九八六年三月、『朝日新聞』の朝刊は、ネヴァダ州の〝金鉱〟をめぐる、想像力あふれるインチキ投資計画によって、一攫《いっかく》千金をねらったメイジスが、大型詐欺罪で起訴された、と報じている。


ジェナヴィーヴ・ド・ヴィルモラン・ジスカール・デスタンは、自称「ジャーナリスト」。この小柄で明るい五十代前半の女性は、一九八三年に東京へやってきて、自分は現在執筆中の物書きだ、とあちこちで吹聴《ふいちょう》した。そればかりではない。フランスの元大統領、ヴァレリー・ジスカール・デスタンの義理の妹であり、世界中の貴族と懇意にしている、と血統の良さをさかんにアピール。またたく間に、東京中の大使館パーティの常連となった。

当時、東京一とうたわれた〈ホテル・オークラ〉にチェックインした彼女は、到着後まもなく、盗難にあった、と騒ぎ出した。部屋に置いておいた現金九百万円と、八十五万円相当のトラヴェラーズ・チェック、さらには、二年がかりで書いた原稿が盗まれた、宝石もいくつか消えている、と。

　オークラの経営陣は、ホテルの評判を損なうまいと、盗まれた金額をそっくり弁償。さらに、盗難にあった六月六日以降、彼女を無料で宿泊させることにした。

　しかし警視庁は、これを機に、国際警察を通じて、彼女の身元を洗いはじめた。すると、ホテル料金の踏み倒し、借金未払い、不渡り小切手乱発など、未決の前歴がぼろぼろと発覚。ジスカール・デスタン元大統領からも、そんな女とは縁もゆかりもない、という証言が得られた。よくよく調べた結果、一九六四年に二か月間だけ、元大統領のいとこと、結婚生活を送った事実が判明したが、デスタン一家は、苗字《みようじ》の不正使用だ、とにべもない。

　七月一日、ジェナヴィーヴは国外追放された。到着当時よりは、明らかに経済的にゆとりのある身づくろいで。お人好しのオークラのおかげだ。彼女の〝偉業〟は、数年後、『東京ジャーナル』が長々と詳細に報じている。


　もっとも野心的でもっとも有名なガイジン詐欺師は、クレイグ・スペンスという「ワシントンのロビイスト」だろう。この男は、大ぶろしきと大胆不敵さをもって、日米両政府のトップにもぐり込む、たぐいまれなる才能を持ち合わせていた。

　とはいえ結局は、男性売春スキャンダルによって、奈落《ならく》の底へ突き落とされることになる。このスキャンダルは、日米両国の政界に、少なからぬ赤っ恥をかかせたものだ。

早口のボストン人で、顔は青白く、ほっそりしている。ボストン大学で放送学を修了したあと、『ABC』のヴェトナム駐在員の仕事を射止めたが、休暇中にサイゴンのヤミ市で、怪しげな取引に手を出し、首になった（サイゴンの道端の違法両替所で、自分の給料小切手を現金化しようとして、逮捕されたのだ）。

その後一九七三年に、当時、外国人山師の天国とされていた東京へ。そして『ABC』ラジオニュースの特派員や、英語講師をつとめたあと、もっとペイのいい、〈JETRO（日本貿易振興会）〉と呼ばれる政府関連組織の職に、まんまとありついた。

彼の仕事は、アメリカ進出を目指す日本のサラリーマン向けに、セミナーを開き、アメリカの習慣や、ビジネス方法を指南すること。まもなく、JETRO海外リサーチ部からの依頼で、オープンソースに基づくレポートや、「外交的評価」の執筆を始めた。おかげで「リサーチ・ジャーナリスト」という、想像力たくましい肩書を思いつき、かなりの高収入を得ることになる。

スペンスという男は、破廉恥なほど自己宣伝が好きだ。常日頃、自らを「二流社会の一流人間」と称してはばからない。東京の九段下《くだんした》にある自宅で、しばしばパーティを開き、日本人のクライアントを感心させるために、ABC時代の元同僚、テッド・コッペルなどの著名人を招いた。さらに、日本の権力者に向かって、いかにも偉そうに、自分はアメリカの諜報界の大物だ、と吹聴し始める。CIAに強力なコネがあることをほのめかし、単なる知り合いを、「知り合いの諜報部員」と偽ることも少なくなかった。

ホモセクシュアルを公言し、細身のエドワーディアン・スーツに、真っ赤な裏地のケープを羽織り、銀のトップ付きのステッキ、といういでたちだから、よく出入りする〈日本外国特派員協会〉で、否《いや》が応でも目立つ存在だ。クラブのバーでは、メンバーにさまざまな〝説教〟をたれて、おおいに嫌がられていた。ソックスやネクタイのカラーコーディネイトから、記者会見でどんな質問をすべきかにいたるまで、偉そうなボストン訛りで指図するからだ。

社交的なスペンスは、各地に友人が大勢いた。自民党国会議員の椎名素夫《しいなもとお》もその一人。椎名は、元自民党副総裁の息子で、〈PSG（国際経済政策調査会）〉という、政治家たちが資金提供している東京の非営利組織の、理事長をつとめている。PSGの目的は、日本のビジネスマンを、大物アメリカ人に紹介し、経済の発展に寄与すること。

日本人は今も昔も、ネットワーキング（情報交換）が得意ではない。彼らにとって大事なのは、出身校。よそ者、とくに外国人を前にすると、シャイで遠慮がちになる。社交の場になると、アメリカ人のように気さくで自然な対応ができない。

しかし同時に、日本人の多くは、アメリカ人とのコネクションを必要としている。実際のコネでなくとも、コネがあるふりをしたがる。日本はステータス社会なのだ。アメリカは世界の多くの分野で、リーダーシップをとっている。だからこそ、重要ポストにある人間が、ワシントンDCやニューヨークの高官や、ハリウッドの有名人と知り合いだ、と自慢する声が少なくない。現実か、単なる夢かは別として。

スペンスはPSGの連中を説得した。――アメリカのビジネス・リーダーや政府高官に、聞く耳を持たせたり、尊敬を勝ち取ったりするためには、アメリカに代理人を置くことが必要であり、自分こそその代理人にうってつけである、と。

かくしてスペンスは、一九七九年、ワシントンDCに赴き、PSGの首都担当の座に就いた。そして、セミナーやレセプションをつぎつぎに開催。ジョン・グレン上院議員、リチャード・ストーン上院議員、リチャード・ホルブルック（当時のアジア担当国務次官補）、および、有名な政治評論家、エリック・セヴァライドなど、ワシントンの錚々《そうそう》たる面々を招いて、スピーチをさせた。もちろん、有料で。彼らは会の終了後も会場に残り、スペンスがいつも招待している日本の要人と交流した。

外国人エージェントとして公認されたスペンスは、椎名グループから、一か月に一万ドル以上の結構な報酬を懐にした。さらに、椎名を説得して、ワシントンに豪邸を購入させた――PSGの活動は、実績とグレードの高さをアピールするために、洗練されたファッションとマナーでおこなわなければならない。デラックスな家はそのために必要である。もちろん、この私がそこに住むべきだ、と。

アメリカにおいても、日本でのやり方を、そっくりそのまま採用した。アメリカ人を説得するために、自分が開拓した日本人とのコネを利用したのだ。

日本は経済大国にのし上がる勢いだったから、日本人とのコネを持つアメリカ人は、貴重な人材としてもてはやされていた。スペンスはその時流に乗り、ワシントンの友人たちに、日本における自分の影響力が、いかに広範囲で深いかを喧伝《けんでん》した。

たとえば、〈ＰＬＯ（パレスチナ解放機構）〉が東京に事務所を開設できるように、日本政府にかけあったのは自分だ、と豪語した（中曽根《なかそね》康弘《やすひろ》首相は友人だ、と自慢したばかりではない。レーガン大統領へのプレゼントは、今流行《はや》りのゴルフクラブではなく、馬の鞍《くら》にすべきだ、と個人的に忠告してやった、とまで言い出すしまつ）。

みごとな政治手腕である。おかげで、彼の豪勢な新居で催されるディナー・パーティには、いつもＶＩＰが勢ぞろいしたものだ。

とうとうスペンスは、一九八二年の『ニューヨーク・タイムズ』に、時の人として取り上げられた（彼はその中で、リチャード・ニクソン元大統領、ジョン・ミッチェル元司法長官、俳優のピーター・ユスティノフといった著名人を、「友人」として紹介している）。ポール・ベイリー記者はスペンスを、あろうことかジェイ・ギャツビー（小説『グレイト・ギャツビー』の主人公）にたとえた。

何より感心するのは、クライアントにとって都合がいいか悪いかは別にして、彼がこの街の社会的、政治的構造を、見事に把握できている点である。強力なコネを作って利用し、政界トップや、黒幕、オピニオン・リーダーを、パーティやセミナーに招き、ごく自然に引き合わせてしまう。

さらに感心させられるのは、自分の氏素性を誰にも明かさずに、こうした〝偉業〟を成し遂げていることだ。スペンスがいったいどこで生まれ、どんな両親を持ち、どこで育ったのかを、誰も知らない。ごく親しい友人たちでさえ、知らない。まるで世界の七不思議。

ところが、椎名素夫が突然、『ニューヨーク・タイムズ』のような熱意を失いはじめた。一九八三年、彼はスペンスに、次のような趣旨の手紙を送っている。

「ＰＳＧ（国際経済政策調査会）は今や私にとって、〝個人的な重荷〟だ。日本では、異国の首都に代理人を置くのは、好ましいどころか、疑わしい行為とみなされている」

椎名はスペンスを相手取り、ワシントンＤＣの連邦裁判所に訴えを起こした。スペンスに買い与えた家を、強制的に売却させるためだ。

じつは椎名が本当に心配していたのは、今やすっかり有名になった、〝きわどいプライヴェート・パーティ〟の方だった。その後、椎名の東京の弁護士、宗田《そうだ》親彦《ちかひこ》が、『ワシントン・ポスト』のインタビュー記事の中で、次のように明かしている――椎名が起訴に踏み切ったのは、一つには、スペンスが件《くだん》の家を、〝個人的なビジネス〟に利用し始めている、と判断したからだ、と。

裁判書類によれば、椎名はこう陳述している。

「スペンスの滞在中に、私があの家に泊まれば、私の評判に傷がつく、と忠告された。したがって、二度とあの家を使わなかった」

詳細はそれ以上明かされなかったが、真相は察するに余りある。

日本では、ホモセクシュアルは居場所があるし、ほかの国で見受けられるように、宗教グループから、非難の的になることもない。とはいえ、食後の話題としては、あまり受け入れられていないだろう。とくに政治家は、ゲイのライフスタイルを支持しているとみなされると、選挙民の好感度を集めにくい状況だ。

スペンスも、椎名を訴え、やがて示談が成立した。『ワシントン・タイムズ』によれば、スペンスは友人たちに、椎名を〝脅して勝訴にこぎつけた〟、と触れ回っていたらしい。

「ワシントンDCの家を買うために、椎名は日本の法律を犯して、ぼくに日本円を送金した。日本円の海外送金には、厳密な枠が設けられているから、それをばらすぞ、と脅かしたら、椎名は焦った」

椎名は弁護士を通じて反論している。

「自分は脅迫などされていないし、現金の支払いについては、何ら問題はない。いずれにせよ、その件については、すでに裁判所に報告済みである」

スペンスは、ワシントンのジャーナリストたちとも、諍《いさか》いを起こしている。アメリカの政府高官について、報告書を書かせるために、彼が雇った連中だ。当初スペンスは、日本で出版するため、という約束を交わしていた。しかし、彼にはそんな気などさらさらなく、最初から、自分のクライアント向けの報告書を書かせるつもりだった。そうと知ったジャーナリストたちは、スペンスと決別した。

スペンスの知り合いはこう語る。

「あんなに敵の多いやつはいないね」

それでもスペンスは性懲りもなく、自分が開拓した日本の政府高官との、コンタクトを取り続けた。JETROニューヨーク支部その他、日本関連企業の仕事を請け負い、日本に工場を持つニュージャージーの健康管理会社、〈ベクトン・ディキンソン&Co.〉のためのリサーチをおこなった。相も変わらず、耳を貸してくれる友人たちに向かって、中曽根はぼくの親友だ、と吹聴することも忘れない。そのかたわら中国政府と、新たな関係を築く努力も惜しまなかった。

友人たちにこっそりと、自分はCIAのエージェントだ、と自慢した。諜報部に頼まれて、自宅を訪れる自国や他国の政府高官の会話を、定期的に盗聴している、と。友人たちは相変わらず半信半疑。スペンスは、ボディーガードや取り巻きを、いつも周囲に侍《はべ》らせていた。彼らはいずれも、「鷹《たか》」とか「稲妻」などの暗号名を持ち、どこかでCIAとつながっていることをにおわせた。

一九八〇年代に、スペンスは自分の影響力を増すために、あっと驚く新天地を開拓した。男性による売春やエスコート・サーヴィスを思いつき、レーガンやブッシュ政権の内部、および、自分のクライアントである日本企業の関係者に、斡旋しはじめたのだ。

八〇年代の終わりになると、噂が広がり始めた。スペンスの〝コールボーイ・サーヴィス〟を利用した、高名なワシントン政府高官、二百名のリストが存在するという噂だ。リストの中には、連邦検察局の重要ポストの決定権を握る、ホワイトハウス高官や、エリザベス・ドール労働長官の片腕といわれる人物が、含まれているらしい。

今やワシントン有力筋のあいだで、すっかり有名になったスペンスは、日本人の友人やその男友達のために、〝ホワイトハウスのナイトツアー〟をおこなった。二階で、レーガン大統領が寝ているあいだに。

〝日米関係〟に新たな意味が加わろうとしていた。

一九八九年七月、警察の手入れによって、男性売春が発覚し、スペンスのサインが記された、クレジットカードの領収書、数千ドル相当が押収された（どうやらこのサーヴィスのために、一か月に二万ドル以上も費やしていたらしい）。

各通信社はこれをきっかけに、一斉に報道を開始した。ワシントン政府内部における、未成年男子との〝交友関係〟や、〝ホワイトハウスのナイトツアー〟、さらには日本人と、首都に潜入したクレイグ・スペンスのようなロビイストがもたらしたおぞましい影響について。

ときまさに、日米間の貿易摩擦が、深刻化している時期のこと。〈ロックフェラー・センター〉や〈コロンビア映画〉の買収騒ぎのあと、「このままではアメリカが、丸ごと日本人に乗っ取られてしまう」という危機感が高まっていた。そんな背景を考えれば、スペンスが突然、社会の鼻つまみ者になったのは、当然の成り行きだった。

一九八九年六月二十八日の『ワシントン・タイムズ』は、「ホモセクシュアルの〝男娼《だんしょう》〟が、ブッシュ、レーガン両政権高官を誘惑」と大書。

同年七月には、『毎日デイリー・ニュース』が、「ワシントンのロビイストが、コールボーイを使って、日本の国益に貢献」と書きたてた。

そんな報道が、ワシントンと東京の、野心的な政治家たちの将来に、好ましい影響を与えるはずがなかった。とりわけ、ＰＳＧ関係者の将来性は、もはや地に落ちたも同然だった（椎名は明らかに、父親の志を継ぎそこなった）。

一九八九年の日本の選挙の際に、スペンスの名前が浮上した。保守党の候補者の一人が、怪文書をばらまいたのだ。敵対する候補者が、悪名高きアメリカ人と付き合っている、という内容だった。

次々に発表された報告書によれば、ヴァージニアにある彼のマンションからは、隠しマイク数台、マジックミラー、ヴィデオカメラなどの証拠品が見つかったという。どうやらスペンスのコールボーイたちは、ＣＩＡ工作の一環として、性行為をネタに、ゆすりをおこなっていたらしい。

『ワシントン・タイムズ』によれば、「ホワイトハウスへの道筋は誰につけてもらったのか」という質問に、スペンスは「トップレベルの手引き」をにおわせたという。その中には、ブッシュ副大統領時代の元国家安全保障会議顧問であり、のちに韓国大使となったドナルド・グレッグの名前も含まれていた。グレッグ自身は真っ向から否定しているが。

のちの報道によれば、スペンスは単に、ホワイトハウスの守衛に賄賂《わいろ》を渡して、出入りを確保したらしい。盗聴器らしきものは、アメリカの諜報活動には一切関係がなかった。スペンスは自身を大きく見せるために、CIAとの関係をでっちあげた、というのがおおかたの推論だ。日本を拠点とする、尊敬すべきオーストラリア人記者、マレイ・セイルは、スペンスをサイゴン時代から知る人物で、スペンスの頭の良さを称賛している。そのセイルによれば、スペンスは自殺願望、もしくは自己破壊願望が強い。新聞業界の大人から見れば、スペンスの言動は、驚くほど無分別だという。

その最たる例は、自分の名前と住所の入った、〈ABC〉の給与小切手を、サイゴンのヤミ市で現金化するという、非常に初歩的なポカをしたこと。その時代に、ヴェトナムのヤミ市で取引していた人間は、たいてい現金か、足のつかない支払い方法を用いたものだ。

ヴァージニアの自宅で、みだらなパーティをおこなっていたのも、東京のスポンサーに監視されているのを、承知の上だったに違いない。おまけに男性売春への支払いに、自分のクレジットカードを使っている。用心深い人物なら、現金を使うはずだ。

「彼は無意識に、自滅の道を、自ら作っていたかのようだった」

セイルはそう語る。

「なぜなら、逮捕後、彼には地獄しか行き場がなくなっていた」

警察の手入れのあと、スペンスは数週間、行方をくらましたが、七月末、ニューヨーク・シティに現れたところを、再び逮捕されている。今回は銃器と、純度の高いコカインの不法所持だ。四十二番ストリートで拾った、二十二歳の男娼と一緒だった。

コールボーイ・スキャンダル、および、マンハッタンにおけるドラッグと銃器不法所持について、連邦警察による激しい追及を目前に控え、スペンスは死を選んだ。おまけにエイズに感染していた、とも言われている。

いずれにせよスペンスは、一九八九年十一月十二日、ボストンの高級ホテル〈リッツ・カールトン〉の一室で、遺体となって発見された。ベッドサイドには、睡眠薬の空のボトルが転がっていた。いかにもスタイルにこだわるスペンスらしく、黒いタキシードに、白い蝶ネクタイ、サスペンダー姿。ヘッドフォンでモーツァルトを聴きながら。

鏡には、こんな走り書きが残されていた。

チーフへ
ぼくなりの〝引退声明〟だと解釈してください。これが一番手っ取り早くて効果的な方法です。チーフがいつも言っていたとおり、他人に犠牲を求める前に、まず自分が犠牲になるべきですよね。

クレイグ・スペンスが、己の目指していた自己像をキープし、世間をだまし続けるための、最後の試みだった。死んでも守りたかったのだ。結局、彼がCIAのエージェントだったという証拠は、何も発見されずじまい。

セイルは、〈日本外国特派員協会〉の機関紙『ナンバーワン新聞』に、スペンスの死亡記事を書いた。その書き出しに、スペンスを表現するためによく使われた言葉――ときには自身で使った呼び名――を列挙している。

〈自慢屋、ホモ野郎、夢想家、ポン引き、ダンディ、ぜいたく者、フィクサー、ネイム・ドロッパー（有名人を知人のように言いふらすやつ）、スパイ、セレブ気取り〉

「クレイグには、相当な数の友人がいた。たぶん、われわれの比ではない。しかし、かなりの敵もいた。私見だが、後者の場合、もっとも恨みが強く、もっとも復讐《ふくしゅう》心に燃え、もっとも執念深い敵が多かった。その連中の怨念《おんねん》が、彼の唇に致命的な薬を突っ込んだのだろう」

日本ではスペンスは、椎名一族や彼らの関係者にとって、決して日本に来てほしくなかったタイプの、まぎれもない〝アウトサイダー〟だ。

第四章　王貞治物語

今まで論じてきた範疇《はんちゅう》とは違うが、王貞治《おうさだはる》について考えてみよう。非凡な人生を送ってきた人物だが、彼は日本では、まぎれもなく〝アウトサイダー〟だった。

東京墨田《すみだ》区で生まれ、国籍は中華民国（台湾）。日本の野球界で素晴らしい成績をあげ、あらゆる世代を感動させて、国民のアイドル的存在になった。それればかりではない。彼のおかげで、日本のスポーツは世界的に認められるようになったと言える。

それでも彼は、〝よそ者《アウトサイダー》〟ゆえの犠牲を強いられた。

一九六〇年代と七〇年代にかけて、王は、伝説的アイドルの長嶋茂雄《ながしましげお》と共に、読売ジャイアンツの強力なクリーンナップ・コンビ「ＯＮ砲」を形成した。〈ニューヨーク・ヤンキース〉のベーブ・ルースとルー・ゲーリッグのコンビに、しばしば比較されるほどの存在だった。

このＯＮコンビによって、ジャイアンツはセ・リーグ優勝14回、日本シリーズを11回制覇することになる。しかも一九六五年からは、九年連続日本一という快挙だ。

誇り高き「巨人」（日本人はジャイアンツをそう呼んでいる）の活躍のおかげで、野球は当時の国民的スポーツとして定着した。ジャイアンツの試合中継は、テレビのゴールデンアワーの定番だった。

ときまさに、日本が世界経済の新たなスーパーパワーとして君臨し、日本製の車、カメラ、テレビが世界市場を席巻《せっけん》しつつあった。そんな日本のステータスを、巨人軍の躍進は象徴していた。まさに「日本野球の黄金時代」だった。

王はこのチームで二十二年間プレーし、一九八〇年に引退した。その間、ホームラン王15回を含むメジャータイトルや賞を、総なめにしている。通算本塁打数８６８本という、世界記録も打ち立てた。

その後は監督として、ペナントレースを数回制覇し、日本シリーズのタイトルを2回獲得するなど、第二の人生も成功させている。二〇〇六年には、監督というキャリアの最盛期を迎えた。第一回ワールド《W》・ベースボール《B》・クラシック《C》で監督をつとめ、〈チーム・ジャパン〉を劇的な優勝へと導いたのだ。

それでもどういうわけか、王は長嶋より人気がない。選手としても、監督としても、成績ははるかに上なのだが。

日本で「ミスター・ジャイアンツ」とか、「ミスター・プロ野球」とか呼ばれるのは、いつも長嶋茂雄であり、王貞治ではない。

長嶋は純粋の日本人だが、王は違う。その事実が関係しているのでは、という声がある。

中華民国の旅行書類によれば、王は別名ワン・チェンジー。中華民国国籍の中華系移民と日本人の母とのあいだに、東京で生を受けた。父親は、中華民国がまだ中国本土を支配しているときに、日本に移住し、元の国籍をキープする選択をした。

王は若いころに人種差別をのりこえ、一九五七年、甲子園《こうしえん》春の選抜高校野球大会で、〈早稲田実業〉を優勝へと導いている。

テレビ視聴者が全国ネットで見守る中、王はピッチャーとして、トーナメントの最終ステージの四日間で4試合を完投。利き腕のマメが化膿《かのう》して、ボールが血だらけになったが、それでも投げ続け、自身とチームに栄光をもたらした。

しかし中華民国国籍のために、国体出場チームのメンバーにはなれなかった。東京生まれにもかかわらず、日本在住の外国人と同様、〈外国人登録証〉を持ち歩き、品川《しながわ》の〈出入国在留管理局〉を定期的に訪れて、更新手続きをしなければならない。

にもかかわらず、王はハンク・アーロンのホームラン記録を破り、国民的ヒーローになった。この快挙に、当時の福田赳夫《ふくだたけお》首相が感動し、日本初の国民栄誉賞を設け、王に授与している。このときばかりは、王貞治が「国民」ではないことを、非難する声はあまり聞こえてこなかった。

一方で読売ジャイアンツは、相変わらず王よりも長嶋びいきであることを、露骨に表明し続けた。監督として、長嶋は二回雇われたが、王は一回。ジャイアンツの終身名誉監督になったのも、王ではなく長嶋だ。

王は選手を引退したあと、在日韓国人がオーナーを務めるチームで監督を務めてから、球団取締役会長終身GMの任に就いた。

王貞治がバッターとして成長するまでの話は、ちょっとした語り草だ。

一九五八年にピッチャーとして読売ジャイアンツに入団してから、ストレートの威力を失ったと判断され、天性の打撃パワーを生かすため、ファーストにコンバートされた。ところが、スイングに深刻な問題があり、長い間調整に苦しむことになる。

プロ入り直後の26打席で、まったくヒットが打てず、最初の三年間は、平凡な成績で終わっていた。

たとえば一九六一年、ホームランは13本、打率は2割5分3厘。同じ年、35勝をあげた中日ドラゴンズの権藤博《ごんどうひろし》投手によれば、

「正直言って、王は簡単にアウトにできる。ストレートがまったく打てないからね。彼の打席でチェンジにできるさ」

ジャイアンツは、合気道の師範でもある荒川博《あらかわひろし》というバッティング・コーチに、王の欠点を克服させた。ぽっちゃり体形で丸顔の荒川は、毎朝、自分の合気道道場で、王のフォーム改造に着手し、きわめて異例の矯正法を思いついた。

「王の欠点は、踏み出しが早すぎることと、体を開いてしまうことだね」

と荒川コーチ。

狭い場所で、体の中心に意識を集中させるために、一本足打法を思いついた。阪神タイガースの別当薫《べっとうかおる》の打ち方を見ていて、ヒントを得たんだ。彼もバットを振る前のどこかの時点で、片足を上げていた。しかし王に対しては、もっと腿《もも》を持ち上げるように指導した。投球を待つ間、フラミンゴみたいに片足で立て、とね。

最初、王にはそれがとても難しそうだったよ。二人で何度も何度も練習を重ねた。少しずつよくなってはきたが、試合になると怖がって、長い間、実行できなかった。

やがて、試すときがきた。一九六二年七月一日、川崎《かわさき》球場でおこなわれた、対大洋《たいよう》ホエールズ戦だ。ジャイアンツはスランプの真っただ中で、6連敗して、順位も落ち込んでいた。王のせいだという声が高かった。打率は2割5分、ホームランは9本と振るわず、三振でせっかくのチャンスをふいにすることも、少なくなかったからだ。

王という名前は、日本語で「King」の意味である。スポーツ紙は彼を、「Strikeout King」の意味の「三振王」と名付け、悪しざまに扱い始めた。

ジャイアンツの川上哲治《かわかみてつはる》監督も、王はもう頭打ちだ、とあきらめかけていた。後がなくなった王は、新しい打法を試合で実践してみるチャンスは、今しかない、と覚悟を決めた。

王はバッターボックスに足を踏み入れた。相手はホエールズの筋金入りの右腕投手、稲川誠《いながわまこと》だ。最初の打席で、右の腿を思い切り持ち上げて、そのまま静止して、待った。

マウンド上の稲川は、はたと考えた。

「なんだありゃ？　やつがあんなフォームで、俺の球を打ったことはないぞ」

稲川は振りかぶり、剛速球を投げた。

すると王は、ライト方向にライナーを放った。

シングルヒットだ。

荒川コーチはサイドラインの外から、父親のように誇らしげに見守った。

第二打席では、稲川のストレートを、ライトスタンドに叩《たた》き込んでみせた。

荒川は飛び上がって喜んだ。その晩の王は、安打３本で締めくくった。のちに荒川は王にこう言った。

「あれでいいんだ。やっと飲み込んだな。もう後戻りすることはないさ」

確かにそれ以降、王は上り調子になった。奇妙な新打法で、七月にはホームランを10本、その後さらに20本、最終的には38本を放って、その年のセ・リーグのホームラン王に輝いている。

王は荒川道場での朝練習に、一層力を入れた。荒川が跪《ひざまず》いて、正面から見守る前で、数時間かけて素振りをした。

荒川はただ見ているだけではなく、バットが空《くう》を切る音に、耳を澄ました。完璧《かんぺき》なスイングのときの、「ブーン」という音を求めた。天井から紙を垂らし、サムライが持つような長い刀を振りかざして、スパッと切る練習も始めた。手首と腕を鍛えるためだ。

ジャイアンツの広岡達朗《ひろおかたつろう》遊撃手は、こうした血のにじむような練習を目の当たりにし、王の努力に驚きを隠せなかった。

「かなり難しいことをやっていたよ」

王のチームメイトの広岡が語る。

「とくに、あの刀さばき。ブーンと振ると、空気が動いて、紙を押しのけてしまう。紙を切るためには、しっかり命中させなければならない。そのためには手首の力が相当必要だ」

王に言わせれば、

「われわれがやろうとしたのは、武道の原則をバッティングに応用することでした」

翌シーズン、王はホームランを40本放ち、二年連続でホームラン王に。打率は3割5厘に上がった。

王をしとめるのが、ますます難しくなってきた。投手陣はあの手この手を試したが、無駄だった。

偉大なる400勝投手、金田正一《かねだまさいち》もその一人。金田は、自分の155キロのストレートと、大きく曲がるカーヴは、誰も打てない、と豪語していたが、王に対しては戦略を変えざるを得なかった。タイミングを外すために、つっかえながら投げてみたが、これも効果なし。

この頃になると、王はバッターボックスで、右ひざを持ち上げたまま、丸々十秒間、静止できるようになっていた。もっとも長く焦《じ》らすタイプのピッチャーでも、これでは手の打ちようがなかった。

　金田は悔しそうに語った。

「王はどんな球種でも、どんなスピードでも打てる。あの集中力を切らすのが難しい」

　ドラゴンズの右腕投手、小川健太郎《おがわけんたろう》は、やけくそで、腕を背中から繰り出す「背面投げ」を試みたが、ほかの投手と同様、失敗に終わっている。


　しかし王にとっては、まだほんの序の口だった。

　一九六四年には、シーズン55本塁打という日本記録を打ち立て、打率は3割2分。十三年連続最多本塁打という、前例のない記録の、これが三年目だった。さらに一九六八年から、3割2分6厘、3割4分5厘、3割2分5厘と、三年連続で首位打者に。一九七三年と七四年には、立て続けに三冠王。七三年には、3割5分5厘、51本塁打、114打点を記録。これがおそらく彼のベストシーズンだろう。

　阪神タイガースの村山実《むらやまみのる》監督は、ぼそりとこうつぶやいた。

「彼に打順が回るたびに、頭痛がしたよ。見ちゃいられなかった」

　引退するまでの記録は、ホームラン街道を独走しながら、打点王13回、首位打者5回、MVP9回。一九七七年九月三日には、現役選手として頂点に達した。756号ホームランを放って、ハンク・アーロンのメジャーリーグ生涯記録を抜いたのだ。

とはいえ、ON時代を通じて、王は〝もっとも注目された選手〟ではなかった。その名誉はいつも、チームメイトのクリーンナップ、長嶋のものだった。好きな選手は、という統計でも、ダントツの長嶋にはるか及ばず、王はいつも2位に終わっている。野球のあらゆる成績では、王の方が上回っているにもかかわらずだ。

これには数々の理由があった。

まず、長嶋の方が年長であること。日本社会では、これが重要な要素になる。長嶋は立教大学出身で、一九五八年に新人王をとり、翌年から三シーズン続けて首位打者に輝いた。その間、王はというと、高卒で、まだ打撃フォームが定まらずに、悪戦苦闘していた。

長嶋はカリスマ的で、元気いっぱいで、観客にウケる。三振しても、見栄えがいい。ストライクゾーンを外れた球に、大きくバットを泳がして、空振りするシーンが有名だが、バットの振りがとても速いので、ヘルメットをよく飛ばした。フィールドでも観客を喜ばせる。並みのゴロを捕球しても、どういうわけかナイスプレーに見せてしまう、そんな三塁手だった。

一方の王は、どことなく活気がない。にもかかわらず、片足を上げるユニークな打法で、大量のホームランを打つ。ほとんど故障のない精巧な機械のように、自身を改造してみせた。しかし、ある種のわくわく感に乏しい。シャイで、ストイックで、一部のファンに言わせれば、やや機械的すぎる。

おまけに長嶋は、試合をドラマチックにする天賦の才がある。一九五九年に、裕仁天皇が公式のプロ野球を初めて観に来た、いわゆる天覧試合で、彼は「サヨナラホームラン」をかっ飛ばした。この快挙は、その後半世紀間、吐き気がするほど何度も、ハイライトシーンで再生されたものだ。

王は王で、一九六四年には一試合にホームラン4本、一九七二年には7試合連続ホーマーという記録を打ち立てたが、この成績を覚えているファンは、はるかに少ない。王が単独でスポットライトを浴びるようになり、アメリカでも注目されるようになったのは、一九七四年に長嶋が引退し、王がハンク・アーロンの記録に近づいてからだ。

皮肉なことに、三番打者の王のおかげで、クリーンナップの長嶋がよく打てたと言える。王は生真面目だから、ストライクゾーンを外れた投球には、決してバットを振らなかった。一試合に平均一回はフォアボールを選んでいる。

接近戦の九回ともなると、ランナーがいる場面でも、王はしばしばフォアボールで出塁した。投手陣が彼と勝負するのを怖がったからだ。

ここで長嶋が、勝ち越しの安打をねらって、バッターボックスにすっくと立つ。ピッチャーは勝負するしかない。案の定、長嶋はスコーンとヒットを放つ。

かくして長嶋は、〝チャンスに強い男〟という、不動の評価をものにした。じつは必ずしもそうではなく、王のおかげで、たくさんのチャンスが転がり込んだだけなのだ。

長嶋人気には、おそらくもう一つの理由がある。

長嶋は純粋の日本人だが、台湾のパスポートと外国人登録証を持つ王は、マイノリティ・グループに属している。マイノリティは、日本では必ずしも歓迎されない。それどころか、一部の世界ではこれが問題視される。

もう一つの〝決定打〟は、長嶋の年俸がいつも王より上だったことだ。しかも、コマーシャル出演料は、長嶋のほうがはるかに高い。子供たちが着たがるのは、背番号3のユニフォームであり、背番号1ではなかった。


両者が現役を退いてから、三十年ほどたった時点の記録を比較してみよう。

王は打者としての偉大な記録を、18個持つ。その中には、打点王13回、生涯打点2170、MVP9回、生涯長打率6割3分4厘、塁打5862、そしてもちろん、難攻不落のホームラン記録。

一方の長嶋の記録は、上記の半分にも満たない。MVP4回、セ・リーグ首位打者6回、開幕ホームラン10、通算10回に及ぶ安打数セ・リーグトップ。

しかし、〈野球の殿堂〉入りピッチャー稲尾《いなお》和久《かずひさ》は、二〇〇四年、NHKの回顧番組で、日本プロ野球史上最高の選手は長嶋だ、と明言している。

「前にも、あとにも、長嶋さんに匹敵する選手はいませんよ」

日本の〝ゴールデンボーイ〟人気はこれほど高く、王貞治でさえ影が薄くなるらしい。

王は、世界の舞台で注目を浴び、さらに別のチャレンジをすることになった。

ハンク・アーロンの記録を破ったときには、『スポーツ・イラストレイテッド』一九七七年八月十五日号の表紙を飾り、『ワシントン・ポスト』や『ニューズウィーク』など、アメリカの大手出版物に取り上げられた。そのため、アメリカ人の多くは彼の名前を知っている。それに引き換え、長嶋を知る人間はほとんどいない。

とはいえ、アメリカのメジャーリーグ・ファンは、あまり日本の野球を知らないから、王の868本塁打を世界記録と呼ぶことに、断固反対している。日本は野球のレベルが低い、球場が狭い、という主張だ。典型的なのは、王の記録に関する『ニューヨーク・タイムズ』の記事に、怒りをあらわにした読者のコメントだろう。

「近所の草野球チームの記録も、認められるべきだ」


専門家たちは、日本野球のレベルはメジャーリーグより低い、と言う。しかし王は当時、かなり手ごわい投手陣と対戦していたのだ。意地の悪い曲がり方をする変化球アーティストが揃っていたし、剛速球投手の数は驚くほど多かった。

日本野球をよく知る専門家たちが認めるように、当時の日本には、メジャーリーグ級のピッチャーが、一チームに少なくとも二人は存在した。しかも、ＯＮ時代にジャイアンツと対戦したチームは、できるだけそういう投手を起用した。七〇年代半ばに日本でプレーしたクライド・ライトが、当時の投手陣を「カミカゼ野球」と呼んだが、その表現が、しばしば引用される。

江夏豊《えなつゆたか》がその一人。この〈阪神タイガース〉のずんぐりした強力な左腕投手は、一九六八年に来日した〈セントルイス・カーディナルス〉との対戦で、カーディナルスのレッド・ショーンディエンスト監督に、たちまちこう言わしめた。

「あんなすごい左腕投手は、今まで見たことがない。まるでスティーヴ・カールトン（カーディナルスで活躍した殿堂入り左腕投手）だ」

１６０キロのストレートに、破壊的なカーヴを織り交ぜて、江夏はその六八年のシーズンに、４０１奪三振を記録している。一九七三年にノーラン・ライアンが打ち立てた、メジャーリーグ記録３８３を超える数字だ。ちなみにライアンがプレーしたリーグは、江夏のセ・リーグより一シーズンあたり32試合多い。

江夏は最盛期には、タイガースとジャイアンツとの三連戦で、初戦と三戦目に登板し、第二戦でもしばしばリリーフをつとめた。

（何年ものあいだ、こうした三連戦のうち、第二戦の先発投手は、たいてい村山実だった。対戦した元メジャーリーガーは、このフォークボールの名手を高く評価している。村山の生涯防御率は、なんと2・09だ。）

王は江夏から、ホームランを合計20本放ち、対戦成績は2割8分7厘。江夏はジャイアンツを打ち負かしたが、王を打ち負かすことはできなかった。

日本の球場が狭かったから、という声がよく聞かれるが、ある意味正当性がなくもない。王がプレーした古い〈後楽園《こうらくえん》球場〉は、両翼が90メートルで、メジャーリーグの球場より10メートル短い。インサイダーの情報によれば、実際にはさらに数メートル短いという。しかし、王のホームランはたいてい、外野席最前列にぎりぎり届く高いフライなどではなく、ライトスタンドの後方まで届く、堂々たる強烈なライナーだった。

百七十八センチ八十キロの王は、決して大男ではない。しかし、自身でも言うとおり、「ホームラン向きの筋肉」が備わっている。ふくらはぎは巨大だし、脚力は並大抵ではない。さらに、鍛え上げた強い手首と、バットの猛スピードが加わって、驚くほど卓越したスラッガーに成長したのだ。

王はバリー・ボンズと比べて、試合数は155少なく、打数も597回少なかった。にもかかわらず、868本のホームランを打ったことも、特記すべきだろう。ボンズは二〇〇七年に、762本の本塁打を放ってハンク・アーロンを超え、メジャーリーグの現在のホームラン記録保持者となっている。

王の現役時代を知る、元メジャーリーグのスター選手たちからの、称賛の声は数知れない。二塁手のスラッガー、デイヴィー・ジョンソンは、アーロンと王のどちらともプレーした経験がある（アーロンとは一九七三年と七四年にアトランタ・ブレーブスで、王とは一九七五年と七六年に読売ジャイアンツで、チームメイトだった）。そのジョンソンは王を、「今までで最高のバッター」と断言した。

先述のライトは、〈カリフォルニア・エンジェルス（現ロサンジェルス・エンジェルス）〉の元ピッチング・エースで、王と共にプレーした経験者として、こう語る。

「一本足で打つ王は、二本足で打つメジャーリーガーより、よっぽどうまく打てる」

クリート・ボイヤーからの称賛もある。ボイヤーは元ヤンキースのスター選手で、一九六七年から七一年にかけて、〈アトランタ・ブレーブス〉でハンク・アーロンと共にプレーし、七〇年代初め〈大洋ホエールズ〉に所属していた頃に、王と対戦した。

　王は本当にすごい。今まであんな選手は見たことがないよ。アメリカでプレーしたら、スーパースターになっていただろうな。ホームランはリーグのトップだろうし、どんな投手相手でも打てるさ。

　ホームベースに身を乗り出すから、アメリカではブラッシュバック（打者の身をのけぞらせる危険球）を投げられる、とか言われるけど、彼ならすぐに慣れるさ。反射神経がすごくいいからね。

スイングは完璧だし、精神面でもパーフェクトだ。ハンク・アーロンに匹敵すると、俺は思うね。彼なりの形で、テッド・ウィリアムズ（現時点でメジャーリーグ最後の四割打者）に似ている。選球眼が素晴らしい！

シーズン後のメジャーとの親善試合で、王は110試合に出場した。その成績は、打率2割6分、25本塁打。これは、年に換算すれば38本塁打、二十二年間で通算836本にあたる。

ピート・ローズは、一九七八年に〈シンシナティ・レッズ〉が訪日したとき、王と対戦した。彼に言わせれば、

「王がメジャーリーグでプレーしたら、打率は3割、ホームランは年に35本は打っただろうな」

もちろん、本当のところはどうなったか、誰にもわからない。

（もしボンズやアーロンが、日本でプレーしていたら、どれほどいいプレーができたかも、誰にもわからない。果たしてストライクゾーンに、球がまともに飛んできただろうか？）

王を獲得しようとしたメジャーリーグ球団は、数年のあいだに一つや二つではなかった。〈ロサンジェルス・ドジャース〉のオーナー、ウォルター・オマリーと、〈シカゴ・ホワイトソックス〉のビル・ヴェックGMは、どちらも王と契約しようと試みた。

しかし、日本には昔から、選手をチームに拘束する〈保留条項〉があった。選手は一つのチームに忠義を尽くさなければならない、という古臭い考えが、当時の主流だったのだ。

王はこう語る。
「ぼくだってメジャーに行きたかったですよ。だけど、なんとか方法を見つけたとしても、ファンは決してぼくを許さなかったでしょうね。今とは時代が違いましたから」

筆者は、最初は留学生として、次に日本の会社員として、その後、ジャーナリストとして、東京に住んでいたが、その間、王貞治が読売ジャイアンツに在籍しているあいだ、ずっと彼を見守ってきた。

王や彼のチームに関する出来事を、無視することは不可能だった。仕事帰りにタクシーに乗ったとしても、ジャイアンツの試合はラジオから大音量で流れてくる。街のレストランやバーにぶらりと入っても、テレビでジャイアンツ戦が中継されている。翌朝、駅のキオスクで日刊スポーツ紙に目をやれば、第一面の見出しは、強力な「巨人」だらけ。

日本全国、どこへ行ってもこんな調子だった。これほど徹底的な報道はまるで洗脳だ、という批評家もいるが、うなずけなくもない。

ジャイアンツ戦があるときは、個人的に後楽園球場へせっせと足を運んだ。チケット代は二百円。三塁側ジャンボスタンドのはるか上の席だった。

ぼくは東京の夜のネオンを背景に、キリンビールをぐいと飲みながら、王のプレーを見守った。一九六四年に55号ホームランを放ち、シーズン最多新記録を打ち立てた瞬間も、スタンドからこの目で見た。

阪神タイガースのサウスポー江夏豊から、王が放ったホームランを、何度目撃したことだろう。親善試合で、スティーヴ・カールトンからホームランを打ったときも、トム・シーヴァーから放ったときも、生で見た。ジョン・マトラックから放った飛球は、場外ホームランだった。

ある日、ライトスタンドのひびの入った座席を、観客の一人が指さした。

「王のホームランだよ」

彼はそう教えてくれた。


王に関する、もっとも印象的で奇怪な出来事は、一九六八年に甲子園球場で起きた、読売ジャイアンツと阪神タイガースの、有名な乱闘事件だろう。おもな登場人物は、王と、バッティング・コーチの荒川博、そして、ルイジアナ出身の巨大で浅黒い投手、ジーン・バッキー。

バッキーは、一九六二年にタイガースの入団テストに合格して、ファームから昇格し、エース級に成長した投手だ。一九六四年には、29勝をあげて、タイガースにセ・リーグ優勝をもたらし、日本の〈サイ・ヤング賞〉にあたる〈沢村《さわむら》賞〉を獲得している。

一九六五年には、ジャイアンツ相手にノーヒット・ノーランを達成した。

ところがその三年後、まだ最盛期にあるときに、バッキーは〝醜いアメリカ人〟の役目を担おうと、決め込んだようだ。

ジャイアンツのバッターにしかめ面をし、軽蔑《けいべつ》的なジェスチャーをしたり、ときにはブラッシュバックを投げたりするようになった。いずれも心理作戦のつもりだし、ファンを喜ばせたい気持ちもあった。

ブラッシュバック・ピッチは、アメリカではよくある投球だが、当時のおだやかな日本野球では、かなり顰蹙《ひんしゅく》を買うプレーだった。バッキーは、純粋な心を持つ行儀のいい日本人選手相手に、まるで悪役ガイジン・プロレスラーのように振舞ったのだ。

王はたいてい、そのような無礼な行為を、さらりと受け流していた。ジャイアンツの選手は、「いつも紳士のように振舞うこと」を求められる。だから王も、冷静さを失わず、淡々とヒットを打っていた。

しかしこの夜だけは、球場内の雰囲気が、異常なほど熱気を帯びていた。時すでに九月。1位を行くジャイアンツに、その日までにタイガースは1ゲーム差で迫っていた。

1点差で迎えた四回、4点を追加されランナーは二人。バッキーは王の頭すれすれに、内角を2球投げた。二回とも、王は地面に倒れこんだ。

王は立ち上がって、マウンドに向かいかけた。

しかしその前に、怒った荒川コーチとジャイアンツの選手一団が、マウンドに駆けつけて、バッキーを殴りつけた。乱闘が始まり、ファンがフィールドになだれ込んで参加した。

バッキーは地面に倒され、何度か殴られたものの、なんとか立ち上がって、荒川に右フックを見舞った。この有名なコーチの額に、バッキーのげんこつの跡がいつまでも残る、強烈なパンチだった。
アンパイアが事態を収拾するまでに、一時間近くも要した。
試合が再開されたとたん、今度はタイガースのリリーフ権藤正利《ごんどうまさとし》が、王の頭に球をぶつけた。
王は担架で病院に運ばれ、三日間休養する事態に。タイガースは試合に敗れ、結局優勝も逃し
た。
非難の的となったバッキーは、親指を骨折し、残りのシーズンをふいにした。
「バッキーとは仲良しなんですよ」
王はのちに説明している。
甲子園の裏にある彼の家で、よく一緒に夕飯も食べる。彼が故意にぶつけようとしたと
は思いません。
だけどあの晩は、熱くなり過ぎている気がしました。だからマウンドに行って、冷静に
なれ、と言おうと思った。ところが荒川コーチが、ぼくより先にロケットみたいに飛んで
行った。そのあと、みんな変になってしまった。

その年の冬、バッキーはパ・リーグ下位の近鉄バファローズに移籍した。日本の最下位チー

ムに追放されたのは、トラブルを起こし過ぎた罰だ、と誰もが信じた。バッキーは完全に投手としての力を失い、一九六九年に0勝7敗となって、引退を余儀なくされている。

天罰だ、と思ったジャイアンツファンは、少なくなかった。


ぼくは著書のおかげで、王と直接会う機会に、何度か恵まれた。球場やレセプションなどで、インタビューしたことがあるが、彼ほど優しいスーパースターに、会ったことがない。

王は常にサインを求められる。小さな子供や大人ばかりではない。ほかのチームの選手からも求められる。しかし彼は断ったことがない。誰とでも、いつも丁寧に、敬意をもって接している。知名度のない、フリーランスのジャーナリストであろうとも。

ぼくが初めて王に会ったのは、一九七七年。東京の西の郊外にある、地味な二階建ての自宅を訪れたときだ。

若い、無名のジャーナリストだったぼくは、ハンク・アーロンのホームラン記録を破る勢いの王を取材するため、『ニューズウィーク』のクルーと共に、彼の自宅を訪れた。

「王さん……」

紹介されたとたんに、口ごもりながら言った。

「お会いできてとても光栄です」

すると驚いたことに、彼はこう応《こた》えた。

「いいえ、ホワイティングさん、こちらこそ光栄です」

そしてぼくをリビングルームに招き入れ、お気に入りの椅子に座らせてくれた。野球のグラヴのような形をした、巨大な革の椅子だ。

インタビューが終わると、われわれは彼と共に、車でスタジアムに向かった。ただしその前に、家の外で待ち構えていた群衆のために、王が記念写真に応じ、全員のサインに応じてからだ。

後楽園のクラブハウスに到着すると、色紙の山、ボール入りのバケツ、Tシャツなど、サインを求められている品々に、根気よく名前を書き、「努力」という漢字を添えていく。シーズン中、毎日毎日このルーティンをおこなっているという。


一九七七年九月三日の晩、王がアーロンの記録を破ったとき、日本中が祝賀ムードに包まれた。アメリカ大使でさえ祝賀会に参加し、賛辞と祝福を惜しまなかった。

それでも王は、自らの記録をアーロンのそれと比較したがらなかった。

「ぼくはたまたま日本でホームランをたくさん打っただけの男です」

そうレポーターたちに言った。

「今日打ったホームランは、そのうちの1本にすぎません」

祝賀セレモニーのあいだ、後楽園の照明は薄暗くなり、マウンドでマイクを前に立つ王に、スポットライトが当たる。すると彼は真っ先に、両親をフィールドに招き入れて、横に並ばせ、「この快挙は両親の支えのおかげです、感謝します」とねぎらった。

王の性格は、一九八〇年に四十歳で引退したときにも表れた。ホームランは30本、84打点だったが、打率が2割3分6厘と落ち込んだ。普通の選手は、この数字ならもう一年はいける、と考えるだろう。しかし、王はそうではなかった。自分の成績を恥じたのだ。

ジャイアンツは三年続けて首位争いから脱落していた。監督六年目の長嶋茂雄は、退任を余儀なくされた。

王と長嶋はそれほど親しい間柄ではなかったが、王は責任を感じ、長嶋と同時に引退を表明した。

ご想像通り、その年の秋は、王よりも長嶋の方に、マスコミ取材が殺到した。

現役を引退した直後、王は一九五〇年代のスター投手藤田《ふじた》元司《もとし》監督のもとで、「助監督」という耳慣れないポストに就任した（藤田はその後、一九八一年に、ジャイアンツを約十年ぶりの日本一に導いている）。

助監督というポストは、いきなりトップに立つプレッシャーを軽くするためでもあり、長嶋監督のもとで、チームが経験した苦労を避けるためでもあった。長嶋は一九七四年に、三十八歳で現役を引退してから、その絶大な人気にあやかって、すぐに監督の座に押し上げられた。

長嶋監督は、映画スターのような容貌《ようぼう》と、周囲をうきうきさせる性格とで、案の定、ファンには大ウケだったが、経験不足と、有名な〝ポカ〟があだとなった（選手時代、幼い息子の一茂《かずしげ》を球場に連れてきたが、それを忘れ、息子を置き去りにして帰宅したという）。

監督になってからも、現在のアウトカウントがいくつなのか、忘れたことがある。ルール違反だと知らずに、一イニングに二回、マウンドに行ったこともある。そのためピッチャーは交代せざるを得なくなってしまった。自分のチームの選手の名前を、忘れることさえあった。

長嶋が指揮を執った最初の年、ジャイアンツは最下位に終わるという、誇り高き歴史の中で、初の屈辱を味わった。シーズンの最終日に、長嶋はチームの先頭に立って、涙ながらにフィールドで謝罪し、何度も深々とお辞儀した。

その後、ペナントレースを2回勝ち抜いたものの、監督を務めた六年間で、一度も日本シリーズを制覇できずじまい。読売ジャイアンツの世界観からすれば、まったく受け入れがたい事態だった。フロントは、彼を解任することに決めた。

この処置は必要だったのかもしれない。しかし、案の定、熱烈なファン軍団から、怒りの抗議が殺到。長嶋が間違っているわけがない、巨人軍の終身名誉監督にすべきだ、との声だ。

王は一九八四年からジャイアンツの監督を五年間務め、一九八七年にリーグ優勝を果たしたが、日本シリーズは制覇できずじまい。その間も、チームの偏見は根強く、王の髪に白いものが目立ち始める。

チーム内には相変わらず長嶋派の存在が根強く、自分たちのリーダーの地位を、王に奪われたことに、憤りを感じている選手が多かった。彼らは陰で、王の悪口を言った。

チームキャプテンの中畑清《なかはたきよし》内野手は、その筆頭だった。王の名前は、中国語で「ワン」と発音する。日本では犬の吠《ほ》え声と同じだ。

筋金入りの長嶋ファンである中畑は、王を軽蔑的に「ワン公」と呼んだ。「雑種の犬」とか「駄犬」に近い言葉である。

「長嶋がチームに顔を出すとわかるんだ」

ウォーレン・クロマティが証言した。クロマティは〈モントリオール・エクスポズ〉の元スター選手で、当時、王監督のもとでプレーしていた。その経験をもとに著書『さらばサムライ野球』を出した彼は、次のように語っている。

フロントから、コーチ、マスコミ連中にいたるまで、みんな長嶋にペコペコする。なのに王さんのことは、まるで庶民扱いさ。態度でわかる。

俺は黒人だからね、差別には敏感なんだ。一キロ、二キロ先からでも、すぐわかる。一般的にみんな、王さんに対してはぞんざいだった。俺に言わせれば、王さんのほうが長嶋より十倍価値があるのにな。

事実、長嶋は退団後も、まるで現役のように振舞うことがあった。スター三塁手でクリーンナップの原辰徳《はらたつのり》がスランプに陥るたびに、長嶋が、試合前練習のときに球場に現れて、あれこれアドヴァイスしたものだ。あれでは原が混乱する、という声があった。すでに別のバッティング・コーチがついているのに。

しかし誰も長嶋に、やめてください、と言えなかった。王も言わなかった。

王は滅多にほかの人間に文句を言わない。父親から、誰とでもうまくやりなさい、と教わってきた。だからそうしようと努力している。

クロマティには理解できなかった。彼に言わせれば、王ほどいいバッティングの先生はいない。クロマティは王から、メジャーのような大振りをやめて、もっと小さく振るよう教わった。日本式の投球に合わせて、コンパクトに打つように。右の脇の下に本を挟んで、バッティング練習すれば、体が開いてしまうのを防げる、と。

王の指導のおかげで、クロマティは一九八四年の2割8分から、一九八六年には3割6分3厘の打者へと成長した。王はのちにクロマティに、最高の賛辞を贈っている。

「クロさん、君は本当に日本野球をマスターしたね」

一九八九年に3割7分8厘で首位打者を獲得したクロマティは、王に深く傾倒し、日本生まれの息子に、彼の名前を入れて「コーディ・オウ・クロマティ」と名付けた（彼は今、マイアミでレコード・プロデューサーをしている)。

「王さんは俺に、よそ者《アウトサイダー》のハンディキャップをどう克服するか、教えてくれた」

とクロマティ。

「自分がそれを克服したからさ。彼が監督だったから、本当に助かったよ」

王は確かにインテリである。

監督として、選手時代と同じくらい努力した。毎回真っ先に球場入りし、一番最後に球場を出た。家でも、試合データの研究に余念がなかった。

仕事熱心なあまり、父親が八十四歳で亡くなったときでさえ、一試合も休まなかった。チームが三連戦を終えた直後に、広島から飛行機で東京に向かい、葬儀に出席。その後すぐに新幹線で、次の試合のために名古屋《なごや》へ。古ぼけた中日球場に現れた王は、目が腫《は》れて憔悴《しょうすい》しきった顔だった。

にもかかわらず、彼はジャイアンツ時代、名監督とは決して言われなかった。

「神経質すぎる」とか「不安定」という悪口が多かった。

——投球のたびにサインを送る。早い回でピンチヒッターを出す。強打者にバントをさせる。選手たちを常にあちこち動かす。五回にツーアウトでリードしているのに、先発ピッチャーに疲れが見え始めたと思ったら、平気で交代させてしまう。おまけに、直感に頼るし、迷信家だ。悪霊を払うと称して、塩をまいたり魔除《まよ》けを使ったり——。

中畑ら長嶋びいきの連中は、彼の采配《さいはい》に、嘲笑《ちょうしょう》的に頭《かぶり》を振った。王自身が選んだコーチたちでさえ、失敗の咎《とが》をかぶりたくない一心から、マスコミの前で監督批判をした。ジャイアンツのオーナー、渡邉恒雄《わたなべつねお》の指示だ、と言うコーチも中にはいた。渡邉は王を見下していた。長嶋と違って、王は大学を出ていないし、なによりカリスマ性がないからだ。渡邉の世界観からすれば、王はスーパースターの範疇には決して属さない。

というわけで、王はひどいストレスにさいなまれていた。神経を落ち着かせるために、ビタミン剤を注射し、薬（朝鮮人参《にんじん》茶）を飲んだ。しかし、シーズンを重ねるごとに、プレッシャーが増して、ジャイアンツは日本一になれずじまい。マスコミからの攻撃も激しくなっていく。日刊スポーツ紙の一面に、連日大書された。

「王、失策！」

元スター捕手で、テレビのコメンテイターの野村克也《のむらかつや》は、痛烈な評価を下している。ちなみに、野村も生粋の日本人だ。

「巨人史上、最悪の監督である」

ファンからの怒りの投書も殺到した。

「王は辞任か、解雇すべきだ」

「日本で本当に王を愛するのは、母親ぐらいしかいないだろう」

そんなジョークを言うレポーターもいた。王の母親は、毎試合、着物姿で一塁ベースの後ろの席で観戦していた。

多摩川《たまがわ》のジャイアンツの練習場で王と出会ったという野球ファンの妻は、もっぱら自宅で夫を支えた。

八七年の日本シリーズに敗れ、翌年2位に終わった王は、引退を申し出るよう勧められた。そしてその後何年も、コメンテイターとして、第三者の立場に置かれることになる。

一九九五年、ようやく彼にふさわしい監督ポストが見つかった。〈福岡ダイエーホークス〉に雇われたのだ。

ジャイアンツのように全国的人気球団ではないが、九州に強いファン層を持つホークスは、王を国民的宝として丁重に扱った。

ダイエーホークスは二〇〇四年に買収され、〈ソフトバンクホークス〉となったが、その経営者、孫正義《そんまさよし》は、日本では差別されてきたマイノリティの在日韓国人なので、王の立場に同情的だった。

ホークスは、十七年間、3位以内に入ったことのない下位チームだったが、王が監督になってから、(根本陸夫《ねもとりくお》という優秀なゼネラル・マネージャーの助けもあって)勝利チームへと変貌した。

王は、若い選手の一団を起用した。彼が選手を引退したとき、まだほんの駆け出しだった彼らは、王の偉大な実績を認めてあこがれていた。そんな若者たちを、王は日本の最強打者軍団に育て上げたのだ。

まずは、未来のメジャーリーガー、城島健司《じょうじまけんじ》。大柄で肩幅の広い野性的なこの選手は、やがて日本の最優秀捕手になっている。井口資仁《いぐちただひと》は、日本でトップレベルの二塁手に。一塁手、松中信彦《まつなかのぶひこ》は、のちに三冠王に輝いた。そして小久保裕紀《こくぼひろき》は、オールスターの常連三塁手になった。

この誰もが、シーズン本塁打30本以上、１００打点超えの活躍ぶりを見せた。

王は福岡で、日本一厳しい監督と言われるようになる。選手たちに、精神鍛錬のための苦しい千本ノックを、いまだにさせる数少ない監督だ。自身の選手時代に、この練習は必須《ひっす》だった。ピッチャーには、ブルペンでも集中的に投げさせ、先発投手には、驚くほど多くの球数を投げさせた。

それでも、チームのメンバーとは、まれにみる信頼関係が生まれた。

おもにコミュニケーションを研究する、明治大学の著名な教育学者、齋藤孝《さいとうたかし》教授は、王について研究し、こう述べている。

「王は福岡にきてスーパースターになった。しかしそのように振舞うことはなかった。選手を上から見下ろすような態度はとらない。いつも同じ目線で、並んで仕事をした。そうやって情熱と献身を示したのだ。選手たちはそれに応えた」

王の最大の支持者、城島に言わせれば、

「王監督はかっこいい。彼のためになにかやらなくては、と感じさせる人です」

長嶋は一九九三年、彼の長年のファンである新しい読売新聞社社長の渡邉恒雄によって、監督の座に呼び戻された。今や白髪を粋《いき》に短く刈り込んだ長嶋は、一九九四年に日本シリーズを制覇。

一方、王のホークスも、一九九九年に日本シリーズを制覇。

二〇〇〇年には、いよいよ両者の歴史的対決の舞台が整った。

スポーツライターの玉木《たまき》正之《まさゆき》の表現を借りれば、

「二人のヘンな爺《じい》さんの因縁対決《ノスタルジア》」

軍配は長嶋に上がった。そういう運命なのだ。しかし一年後、彼は球界を引退。二〇〇四年には脳梗塞《のうこうそく》にやられ、右半身が不自由になった。

億万長者の投資家で、在日韓国人である孫正義の〈ソフトバンク〉に、〈ダイエーホークス〉が買収されることになるが、その前後で、王は二〇〇三年に再び日本シリーズを制覇した。二〇〇四年と二〇〇五年にはシーズン優勝を果たしたが、プレーオフの新システムのせいで、どちらもふいになっている。

福岡でも批判の声がなかったわけではない。ジャイアンツの監督時代と同じことをやって、しばしば批判されている。

——犠牲バントを使い過ぎる。ラインナップや、登録選手や、ブルペンのメンバーをしょっちゅう変更する。感情的な采配が多い——。

先発に一試合で150球、160球も投げさせるから、投手陣が疲弊して、ホークスはこれ以上優勝できない、との声も多かった。

チームのアメリカ人選手によれば、

「王監督のもとでしかプレーしたことのない選手に、同情するね。意味のないプレッシャーが、ものすごくかかっている。顔を見ればわかるさ」

チームリーダー格の井口と城島が、それぞれ二〇〇五年と二〇〇六年に、メジャーリーグへと旅立った（王が彼らの門出を祝福したことを、特記すべきだろう）。彼らの損失が、チームの痛手になったことは否めない。


王貞治の大きな汚点は、周知のとおり、彼のシーズンホームラン記録55本を、外国人バッターが破りかけたときに、チームの投手陣が示した、スポーツマンシップに反する態度だ。

この現象は、まず一九八五年に起こった。〈阪神タイガース〉のアメリカ人選手、ランディ・バースが、王監督の率いるジャイアンツ相手に、後楽園球場で、シーズン最後の試合に臨んだときのこと。バースは54本塁打まで迫っていた。

4本のストレートで、4打席の敬遠。五回とも敬遠かと思われたが第3打席にバースはバットを伸ばして、ホームプレートを大きく外れた外角を、外野へと運んだ。

バースを敬遠しろとは命じていない、と王は主張した。しかし、ジャイアンツのアメリカ人ピッチャー、キース・カムストックは、のちに証言している。ジャイアンツのコーチから、バースにストライクを投げた投手には、罰金千ドルを科す、と言われたと。『別冊宝島』誌はその後の調査で、その指示はおそらく、ジャイアンツのフロントから発せられたものだろう、と結論付けている。ホームラン記録を、チームの勲章としてとどめておきたかったからだ、と。

マスコミは沈黙を守った。『読売新聞』の宿敵、『朝日新聞』だけが、なぜ王はマウンドに駆けつけて、ピッチャーに、「ストライクを投げろ」と命じなかったのか、を知りたがった。当時の日本プロ野球コミッショナー、下田《しもだ》武三《たけぞう》もだんまりを決め込んだ。下田はしばしばこんな持論を展開している。メジャーリーグの〝元ベンチウォーマー〟が、日本野球のスターになってしまったら、日本野球は一流とはみなされない、と。

もちろん、現実はもっと複雑だった。外国人選手の中には、才能がありながら、なんらかの欠点があったり、ツキがなかったために、大リーグで活躍できなかった打者も多い。舞台とタイミングに恵まれなかっただけなのだ。しかし、下田や、似たような考え方をする批評家たちは、そのような複雑な事情が目に入らないらしい。

バースのエピソードが、二〇〇一年に再演された。〈近鉄バファローズ〉のアメリカ人タフイー・ローズが、再び王の記録に迫ったのだ。

シーズン残り数ゲームで、ローズは55本をマーク。ところが、シーズン終盤の福岡での週末シリーズで、ホークスの投手陣はローズに、ストライクを投げようとはしなかった。ローズがフォアボールで一塁へ歩くあいだ、城島健司捕手はにんまりほくそ笑んでいた。

このときも王は、選手たちの行動に自分は無関係だ、と主張。ホークスのバッテリー・コーチ若菜《わかな》嘉晴《よしはる》は、自分の命令に投手陣が従ったことを認めている。

「外国人選手に王さんの記録を破られるのは、見ていて気持ちのいいものではありませんからね」

若菜はレポーターにそう語った。

これを見ていた川島廣守《かわしまひろもり》コミッショナーは、若菜の態度を「スポーツマン精神に反する」と非難。一部マスコミからも、そのような声が上がったものだ。

しかしローズにとっては、何の助けにもならなかった。その後、ホームランはまったく打てずじまい。外国人選手が活躍しすぎると、日本人のあいだに「緊急事態宣言」が発令されることを、ローズは思い知った。

二度目の〝再演〟は二〇〇二年。ヴェネズエラのアレックス・カブレラも、残り2試合で、王とローズの記録55本に追いついていた。

王は、前年のような態度をとらないようにと、投手陣に命じた。しかし、驚くにはあたらないが、選手の大半が命令を無視。世間からは、更なる非難の声が聞こえてきた。けれども、妙なことに、王は非難どころか、肩をすくめてこう言った。

「記録を破ろうと思ったら、一度ではなく、何度もトライしないとね」

こうした態度のせいで、アメリカのスポーツ専用チャンネル『ＥＳＰＮ』の批評家は、王の記録を「球界一のインチキ記録」と呼んだ。

王の肩を持つわけではないが、投手陣の振舞いを止めるすべは、おそらく彼にはなかった。〝ガイジン〟うんぬんは別にして、チームメイトの記録やタイトルを守るために、チーム全体がそのような行動をとるのは、今も昔も珍しくないのだ。

王の記録に対する三つの挑戦には、明らかに各フロントの利害関係がからんでいた。王の55本塁打は読売の宝であり、ホークスの首脳陣も、記録保持者の王の存在が、球団のＰＲになると信じていた。

王が在籍するチームのピッチャーは誰も、自分の投球によって王の記録が消滅してしまうようなホームランを、打たれたくなかったのだ。

なにより、王自身の人柄も関係している。王は日本のマイノリティ・グループの一人として、自身の人生と父親の人生の苦難を乗り越えてきた。ここで波風を立てて、彼のために多くを投資してきた首脳陣を、困らせるわけにはいかない。

さらに、球界のさまざまな保守性の中でも、とくに注目すべき点が一つある。

王がホームランの大半を、非常に硬い、特注の圧縮バットを使って打ったという、困惑するような事実を、日本野球界の誰も口にしないことだ。

圧縮バットを使えば、普通のバットより、はるかに遠くまで球を飛ばせる、と言われている。王が日本でプレーしていた頃、メジャーリーグでは、圧縮バットは違法だった。そして王が引退したあとの一九八二年に、日本プロ野球でも違法になった。しかしそれは、バースや、ローズやカブレラが、日本のヴィザを取得するずっと前のことだった。


長い交渉の末、ようやく二〇〇五年に、日本プロ野球のオーナーたちが、新設の〈ワ《W》ールド・ベ《B》ースボール・ク《C》ラシック〉への参加に同意した。WBCは、メジャーリーグのコミッショナー事務局によって、宣伝活動の一環として発案されていた。

しかし日本プロ野球の選手組合が、協力を拒んだ。三月開催というスケジュールが不満だった。春季キャンプに差支えがあると思ったからだ。

二〇〇六年の第一回WBCは、王の監督としての最盛期だった。

六十五回目の誕生日を経て、加齢の兆しが見え始め、健康状態はベストではなかった。数か月後には癌との闘いが待っていた。命拾いはしたが、食生活の改善を強いられた。

選手たちのもう一つの不満は、WBCに関する話し合いが、日本プロ野球のオーナーたちと、アメリカのWBC関係者たちのみで進められていたことだ。選手たちは完全に蚊帳《かや》の外だった。

日本プロ野球のオーナーたちは、いつもの傲慢《ごうまん》さで、何がおこなわれているのかを、選手たちに伝えるつもりはなかった。ＷＢＣへの参加について、彼らに同意や意見を求めたのは、ＷＢＣトーナメント開催の発表後、かなり経ってからのことだ。

さらに重要なことに、選手たちはイベント自体に懐疑的だった。ＷＢＣのために時間を割く意義を、感じていなかったからだ。

難局を打破するために、読売の長老たち（アジア・ラウンドのスポンサーになることに、すでに同意していた）は、王貞治に監督を依頼した。日本野球史上もっとも敬愛された人物に登場願えば、事態に進展がみられるかもしれない、と思ったからだ。彼らの頭に最初に浮かんだのは、当然のことながら長嶋茂雄だが、脳梗塞の後遺症で無理だった。

王には独自の（秘密の）懸念があったが、相手に合わせる性格なので、ついに承諾した。

「日本野球のために引き受けましょう」

公式の場でそう言った。

「将来のために。今から五十年後のために」

イチローはほかの選手と同様、最初は王の監督就任に、決して感動はしなかった。

「年寄りに監督なんかさせて、何がいいんだ？」

知り合いにそう言ったらしい。

「そんなんじゃあ、本物のイベントにはならないさ」

しかし〝年寄り〟は根気強かった。いつもの情熱で、監督の仕事に身を投じた。今までも個人的な悲劇を、粘り強い努力によって克服してきたのだ。

イチローと松井《まつい》秀喜《ひでき》に、〝求愛〟し始めた。彼のトレードマークである、品のいい外交手腕で。この大会に日本が参加することが、そして彼らが参加することが、いかに重要であるかを、個人的に一生懸命説得した。

日本でもっとも偉大なスラッガーの方から、選手にアプローチしたのだ。まるで、彼らが代表チームに加わってくれたら、個人的に恩に着る、と言わんばかりに。結局、イチローは同意したが、松井はヤンキースに遠慮して、春季キャンプを離れることができなかった。

王は選手たちに、厳しい練習を課した。いつもはクールで超然としているイチローも、どういうわけか、にわかに熱心なリーダーへと変貌し、練習や実践試合で、チームをビシバシとしごいた。

日本は勝ち進み、優勝にこぎつけた。合計3試合を失ったにもかかわらず、プレーは着実に上達し、監督の作戦にも、慎重さと攻撃性がうまく加味されて、成功をもたらした。

決勝戦は、サンディエゴの〈ペトコ・パーク〉でおこなわれ、日本は10―6でキューバを打ち負かした。日本国民は試合に釘付《くぎ》けになった。日本人の二人に一人、合計約六千万人が見守ったと言われる。日本のスポーツ・イベント史上、有数の視聴者数だ。

母国日本では、国中で歓喜の嵐が巻き起こった。最初は参加さえしたがらなかったチームにしては、なんとも皮肉な結末である。

WBCの勝利のおかげで、王は今まで以上に人気者になった。彼のキャリアにふさわしい栄冠だろう。ところが、〈産業能率大学〉が翌年おこなった「ここ十年間のボスは誰？」という調査によれば、王は長嶋より下位だった。当時の生涯勝率は、王の方が高かったにもかかわらずだ。

この結果は驚くに当たらない。

王は人生を通じて、逆境と闘ってきた。高校時代も、ジャイアンツの選手時代も、監督時代も。のちのホークスと〈サムライ・ジャパン〉の監督の時期さえも。

ホークス時代は、球界では成功したが、ほかの不幸に見舞われた。妻の恭子《きょうこ》が二〇〇一年に、胃癌のため若くして先だったことも、その一つ。しかも驚いたことに、墓から遺骨が盗まれ、戻ってこなかった。

さらに王自身も胃癌になり、二〇〇六年半ばに、腹腔鏡《ふくくうきょう》による胃の全摘手術を受けている。

王の特異な点は、何についても、決して不平不満を口にしないことだ。どんな不幸が人生に立ちふさがろうと、すべて飲み込んで、次のチャレンジに立ち向かう。いつも前向きに努力する。

二〇〇七年に休養から復帰したとき、数キロ痩《や》せて現れた王は、あるレポーターの表現を借りれば、「まるで飢えた路上生活者」のようだった。しかし彼は、世界でもっとも自然な成り行きであるかのように振舞った。

ぼくが一番最近、王と会ったのは、二〇〇七年秋、彼が〈特別功労賞〉の受賞のために、〈日本外国人スポーツ記者協会〉に現れたときだ。彼はそのときこう言った。

「はい、もう胃はありません。でも、好きなだけチョコレートを食べられるようになりました」

しかしホークスは二〇〇七年、優勝争いから完全に脱落し、四年連続で日本シリーズに無縁となった。

二〇〇八年、ホークスが最下位に転落すると、王は監督退任を表明した。病気を理由にあげたが、チームが優勝できなかった責任をとる、とも言明している。

「監督は、一か所に長くとどまってはいけませんから」

退任宣言はたちまち波紋を呼び、総理大臣からは謝意が述べられ、新聞は特集を組み、テレビは実績をほめたたえた。

国民は、王が引退したとたん、単なる野球ヒーロー以上の何かを失ったかのようだった。〝勤勉、無私無欲、責任感〟が、今よりずっと大切だった時代の日本を、失ったかのように。

齋藤教授は、NHKのインタビューで王に敬意を表してこう語った。

「われわれは今、すぐに結果を求める時代に生きています。最近の人は、なんでも今すぐに欲しがるし、逆境に簡単に屈してしまう。しかし王は違う。〝努力〟の本当の意味を、われわれに教えてくれます」

二〇〇八年十月七日、城島は王の最終試合に出席するために、アメリカから駆けつけた。式典が終わってから、城島は言った。

「王さんは人間として偉大です。選手としても、監督としても、人間としても特別なんです。ぼくにとっては、野球の父です。王さんと一緒にプレーできたことを、とても誇りに思います」

二〇〇九年二月五日には台北で、台湾総統府から〈二等大綬景星勲章〉を授与された。

「人生最高の名誉です」

王はそう言って受け取った。

その後もソフトバンクのフロントに残り、終身GM、球団取締役会長などを務めている。二〇二二年春には、ソフトバンクホークスの春季キャンプで、バッティングのインストラクターを務める姿が見受けられた。

王とハンク・アーロン

王はハンク・アーロンととても仲がよかった。王がホームラン記録を破った相手だ。アーロンが二〇二一年に八十六歳でこの世を去るまで、よく一緒に過ごしたものだ。二人にはある種共通するものがあった。

アラバマの貧しい黒人家族出身のアーロンは、一九五四年に〈ミルウォーキー・ブレーブス〉に入団した。ジャッキー・ロビンソンが、大リーグ野球の人種制限を打破してから、七年後のことだ。その後二十一年間、ブレーブスでプレーした。チームはその間の一九六六年に、アトランタに引っ越している。一九五六年には、打率3割2分8厘で初めて首位打者になり、一九五七年には、ナ・リーグの最優秀選手に選ばれ、ブレーブスをワールド・チャンピオンに導いた。同年、本塁打44本を放ち、初のホームラン王に輝いている。オールスターには21回選ばれた。

アーロンの人生は、人種差別の連続だった。子供のころ、〈クー・クラックス・クラン（白人至上主義団体、略称はKKK）〉が街を行進するあいだ、母親は彼をベッドの下に隠したものだ。選手生活が始まって最初のころ、アーロンと黒人のチームメイトたちは、ディープサウスで、黒人以外のチームメイトたちが滞在するホテルから、締め出されることも多かった。

アーロンがベーブ・ルースの記録に迫ると、国民の注目を浴び始めた。テレビ機器メーカー〈マグナヴォックス〉との、百万ドルのコマーシャル契約などが、舞い込んできた。

同時に、「ぶっ殺すぞ」という脅迫状も、舞い込んできた。ベーブ・ルースの神聖な記録を、黒人には破られたくない、と願う人種差別主義者からの脅しだ。あまりにも物騒な手紙なので、FBIの特別警備班に頼んで、彼と家族を守らせた。ブレーブスのフロントは、アーロンの守る外野の後ろのスタンドに、アトランタの警察官を配備して、トラブルに備えざるを得なかった。

アーロンは、殺されるのではないかと恐れたが、一九七四年四月八日にアトランタで、ついに715号を放っている。対戦相手は、〈ロサンジェルス・ドジャース〉。試合は全国ネットで放映された。十一分間の大喝采のあと、賛辞が浴びせられた。

しかし、悪口は続いた。アーロンは回想録の中で訴えている。

「お前の頭上にはいつもハンマーがある、と脅されたよ」

彼のニックネーム「ハンマーリング・ハンク・アーロン」を、意地悪にもじって揶揄《やゆ》され、自分の球場で、ひどい人種差別を受けたのだ。

「やっとまともに人間扱いされると思ったのに……。アトランタでは、ホームラン記録自体よりも、〝黒人〟が暴走して記録を破りそうだ、という危機感しかないみたいだった」

選手を引退したあと、アーロンはブレーブスの副社長という、実入りのいい仕事を与えられた。しかし残念なことに、決して監督は頼まれなかった。フランク・ロビンソンが一九七五年に、黒人として初めて〈クリーヴランド・インディアンス〉の監督を任されたが、それ以降、黒人監督はたったの十五人しかいない。

アーロンは、彼のホームラン記録を追う日本のスター、王貞治と、特別な関係を築いていた。一九七四年十一月二日、ジャイアンツ対ニューヨーク・メッツの親善試合が、後楽園でおこなわれたとき、試合前に、二人はホームラン・ダービーで対決することになった。スポンサーは〈ＣＢＳニュース〉。このイベントは、アメリカでも放映された。東京のスタジアムで、五万人が見守る中、10―9でアーロンに軍配が上がった。

終わってから、アーロンは王と優しく握手した。日本人はいまだにそのイベントを覚えている。

一九七七年九月三日、五万五千人の観衆による歓喜の声が渦巻く中、王は後楽園で756号のホームランを放ち、アーロンの記録を破った。

あるオフィス・ビルは、「王756号　おめでとう」のライトアップ。アメリカ大使は祝電を送った。

日本のテレビは、アーロンからのヴィデオ・メッセージを放映した。

「今夜、その場所にいて、王冠をかぶせたかった。彼は本当にジェントルマンです。日本人は彼を本当に誇りに思うべきです。最高の幸運を祈ります。まだまだホームランを打てる人です」

アメリカ人の多くが、日本の野球は劣るとか、球場が狭い、などと考えているのに対し、アーロンは、日本野球と王の偉業に敬意を払っている。

冷静な分析によれば、王の場合、シーズンの長さは短いし、投手陣は、彼と勝負するより敬遠を選んだ。最終データによると、アーロンは18・46打席に一回の割合でホームランを打ち、一方の王は、13・67打席に一回の割合で打っている。おまけに、当時の日本チームは、メジャーリーグ級の投手を、一チームに二、三人は備えていた。

「メジャーリーグ級の選手が、日本にはたくさんいた」

アーロンは語る。

「王はアメリカでも大スターになれるさ」

王の偉業は〝真の世界記録〟ではない、と言い張る連中にアーロンは異論を述べたいらしい。

アーロンと王は、長年の友情を温めた。十年後の一九八四年七月二十一日に、彼らは再び後楽園でホームラン・ダービーをおこなっている。

のちに、世界中の子供たちに野球というスポーツを知ってもらうため、〈世界少年野球大会〉を創設した。一九九〇年八月には、第一回イベントがおこなわれ、コロナで二〇一九年に中止されるまで、毎年開催されてきた。王とアーロンは、大半に出席している。一九九二年、二人はこれをサポートするために、〈世界少年野球推進財団〉を開設した。

アーロンが最後に来日したのは、二〇一五年。同年、野球を通じて日米友好に貢献したことを称《たた》えられ、旭日小綬章《きよくじつしようじゆしよう》を贈られている。

本書執筆現在八十三歳の王貞治は、次のように弔辞を述べた。

「長いキャリアを誇る素晴らしいジェントルマンでした。すべてにおいて素晴らしく、メジャーリーガーの権化のような人でした。……たくさんのことに感謝します。安らかにお眠りください」

二人は野球以外のことでも、共通するものがたくさんあった。とくに、同じくアウトサイダーとして。

第五章　日本外国特派員協会（ＦＣＣＪ）

何十年もの間、日本に大きな影響をもたらした、いわゆる〝アウトサイダー〟と言えば、〈日本外国特派員協会《FCCJ》〉のメンバーも、その範疇《はんちゅう》に属するだろう。一九四五年から東京に本拠地を構える、一目置かれた機関だ。

長年にわたり、FCCJはまぎれもなく、しかもかなり強力に、日本の国内ニュースメディアに影響を与え、同時に対立意見も提供してきた。豊かな歴史を持ち、世界中のリーダーや、映画スター、その他の著名人を惹《ひ》きつけている。現在は、〈丸の内二重橋《にじゅうばし》ビル〉の五階に位置し、壁には、ここでスピーチをしたり、訪れたりした有名人の写真が、ずらりと貼られている。

モハメッド・アリ、ジーナ・ロロブリジーダ、ロナルド・レーガン、ウィリー・ネルソン、天皇・皇后、若き日の歯切れのいいドナルド・トランプ、ロジャー・ムーア、マラドーナ、スティング、トニー・ベネット、マーガレット王女、レイチェル・マクアダムス（アカデミー賞受賞作『スポットライト』のプロモーションのため）、メジャーリーグ・コミッショナーのロブ・マンフレッド。

日本人も、国でもっとも影響力のある人々が、ここに足を踏み入れた。

石原慎太郎《いしはらしんたろう》、浅田真央《あさだまお》、渡辺謙《わたなべけん》、小池百合子《こいけゆりこ》、小泉純一郎《こいずみじゅんいちろう》、宮崎駿《みやざきはやお》、松井秀喜、羽生結弦《はにゅうゆづる》、岸田文雄《きしだふみお》首相（二〇二四年二月時点）、等々。

ＦＣＣＪは、第二次世界大戦が終わったあと、ダグラス・マッカーサー元帥と共に日本に上陸した、ジャーナリストたちによって結成された。日本のニュースを世界に伝えるのが、彼らの使命だった。戦争で疲弊した日本には、そのような組織がなかったからだ。

当時残っていた建物といえば、戦争終盤に、Ｂ29戦闘機の猛烈な爆撃を逃れた、二、三の壮大な西洋式建物と、帝国ホテルぐらいだった。東京は一面、灰と化し、どこが道路かさえろくにわからない。記者の多くは、新橋の〈第一ホテル〉に滞在したが、米軍の規則によって、行動は制限されていた。

一九四五年十一月、占領軍当局の援助により、記者たちは丸の内に、生活と仕事のスペースを確保することができた。〈丸之内会館〉が〈三菱地所〉から借りているビルで、薄汚れた五階建ての赤レンガ張り。窓はあちこち割れている。

このおんぼろビルは、もともとはレストランで、皇居のお濠《ほり》の向かいの〈第一ビルディング〉内にあるマッカーサー元帥本部から、歩いてほんの二、三分の場所にあった。ＦＣＣＪは四回引っ越したが、ここが最初の拠点。一九五一年のスパイ映画『東京ファイル２１２』を観れば、その全容がつぶさにわかるだろう。

レポーターたちは、一部屋に五人暮らし。住み込みの日本人ガールフレンドは、勘定に入れていない。パーティションにはシーツを使った。これには『ＢＢＣ』の特派員、ジョン・モリスも困惑して、上品に主張している。性行為はプライヴェートにおこなうべきではないでしょうか、と。
「酔っ払いの喧嘩《けんか》は日常茶飯」
モリスは『The Phoenix Cup』という回顧録の中で、そう書いている。
「クラブ内で拳銃《けんじゅう》が発射されることも、何度かあった。ここはまるで、水兵のバーと売春宿の交差点だ」

ＦＣＣＪはまたたく間に、戦火による灰の中から復活した国際コミュニティの、ハブ機関となった。

米兵や占領軍のメンバーは、駐屯地の売店でアメリカの供給品を買えるが、東京のジャーナリストの大半は、地元の店で買い物をしなければならず、欲しいものが滅多に見つからない。いくらかましなウィスキー、チーズ、アイスクリームさえ、手に入れるのが困難だ。そこで、世界中から集まっているクラブメンバーは、家族や友人に手紙を書いて、レシピを送らせた。

ＦＣＣＪで働いている日本人コックは、生き残りをかけて、ピザやハンバーガーの作り方を勉強した。今まで見たことも、もちろん食べたこともない、ご馳走《ちそう》の料理法を。

初期のころのＦＣＣＪは、『ＮＢＣ』の伝説的な戦争特派員、ジョン・リッチのように、多くの優秀なニュースマンにとって、我が家のような存在だった。

リッチは、東京の極東国際軍事裁判を取材し、〝東京ローズ（日本軍が第二次大戦中におこなった、連合国向けプロパガンダ放送の女性アナウンサーに、米軍がつけた愛称）〟にインタビューし、戦時中の内閣総理大臣、東条英機と、彼のアメリカ人弁護士のために、即興で通訳をつとめたこともある。

ピューリッツァ賞受賞者のマックス・デスフォも、クラブによく出入りしていた。一九四五年九月、米戦艦〈ミズーリ号〉の甲板でおこなわれた降伏文書の調印式を、撮影したジャーナリストだ。

『Hiroshima』の著者、ジョン・ハーシーもいた。名著『MacArthur's Japan』のラッセル・ブラインズも、傑作『Typhoon in Tokyo』のハリー・エマソン・ウィルデスもいた。


かなり話題になったのは、『東京ロマンス』という小説だ。

著者は、ＦＣＣＪの元会長で、『ユナイテッド・プレス』特派員の、アーニー・ホーブライト。彼はこれを秘書に口述し、『風と共に去りぬ』の訳者として知られる大久保《おおくぼ》康雄《やすお》が、翻訳を手掛けた。これが大ベストセラーになった。

最初に日本で出版されたのは、一九四六年。日本に拠点を置くアメリカ人特派員が、日本の映画女優と恋に落ちる、という内容だ。二人の恋愛は、絶対に秘密だった。女優のスタジオが、元敵国の男との恋愛など、許すはずがないからだ。殺人や、もろもろの複雑なストーリーも描かれているが、この本がなにより話題になったのは、キスの描写だった。

『タイム』誌によれば、〈震えるほど詳細な描写〉がなされていた。当時の日本では、キスをすることは、非常にプライヴェートな行為だ。したがってこの本は、日本の大衆に、恍惚《こうこつ》となるような〝アメリカ式キス〟を指南する、最初の教本だったと言える。

ホープライトは、すでに日本で物議をかもしていた。撮影現場に、人気女優、三村秀子《みむらひでこ》を訪れたときのこと。チャールズ・ポメロイが、FCCJについて書いた本に、詳細が記されている。

「ダグラス・マッカーサー元帥によれば、日本の映画のキスシーンは、民主化への第一歩だそうです」

ホープライトはそう言って、彼女を両腕に抱え、唇にキスをしたのだ。

女優はたちまち気絶し、控室に運ばれた。

このニュースに、国中が大騒ぎ。女優はのちにホープライトに、こんな手紙を書いている。

「私たちは二度と会わない方がいいと思います」

『東京ロマンス』の売り上げは、クラブ会長ホープライトのサラリーの、十倍に達した。日本政府は、この濃厚な小説を読んで、ホープライトのジャーナリストとしての資質に疑問を持ったという。

数年後、ジェイムズ・ミッチェナーは、FCCJの月刊『ナンバーワン新聞』の記事の中で、次のような経験を語っている。

早稲田大学で講演をおこなったあと、聴衆から質問をされた。

「ジャン・ポール・サルトルと、アーネスト・ホーブライトと、文学的価値はどう違うと思われますか？」

「ホーブライトの著書は読んだことがないし、名前さえ知りません」

とミッチェナーが答えると、日本人の聴衆はあっけにとられた様子だったという。

ホーブライトの小説はその後、英語でも出版された。『ライフ・マガジン』は、五ページにわたる記事の中で、「近年最悪の小説」と言い切った。

ホーブライトはこれに対し「非常に腹立たしい」と言って、付け加えた。

「それは嘘だ。私はもっとひどいのを書いている」

ホーブライトの小説が日本で大当たりした、最大の理由は明らかだ。洋書の輸入と翻訳に、GHQが制約を設けていたからにほかならない。

マッカーサーは、アメリカの本が正確に翻訳されているかどうか、占領軍本部がすべてチェックする、という規則を設けていた。宣伝に使われたり、アメリカの国益を害したりするのを避けるためである。この目的でマッカーサーは、〈CCD（民間検閲局）〉なるものを作り、日本の新聞や雑誌が、編集規範を破らないようチェックした。

というわけで、しばらくの間、ヘミングウェイやスタインベックなどの小説も含め、アメリカの小説は、たとえ強い要望があろうとも、日本に輸入されることはなかった。

漆原一郎《うるしばらいちろう》という、FCCJの長年のメンバーがいた。ロンドン在住の有名な木工アーティストの息子として、イギリスで生まれ、十七歳で日本に戻るとすぐに、ＣＣＤの出版検閲官の仕事に就いた。彼の仕事は、要所に印をつけ、英語に翻訳すること。

作品に飢えていた日本の出版社は、ホーブライトに連絡をとり、どんな小説でもいいから口述してほしい、と申し出た。そして、戦前のベストセラー、『風と共に去りぬ』の翻訳者に頼んで、日本語に訳させたのだ。かくして、サクセスストーリーは誕生した。

クラブのスター的存在は、ホーブライトだけではなかった。ＦＣＣＪの元会長、バートン・クレインもその一人。占領期間中、『ニューヨーク・タイムズ』の特派員だったクレインは、当時大ヒットしていた西洋の歌を、日本語で歌って、〝日本のビング・クロスビー〟として有名になっている。

日本のもう一つのベストセラーは、『ニッポン日記』。『トロント・スター』紙のマーク・ゲインが、占領期の一年目について書いたものだ。一九四八年に、アメリカの〈ウィリアム・スローン・アソシエーツ〉から出版されたが、日本語に翻訳されたとたん、丸一年間、ベストセラーのトップの座をキープした。

ＦＣＣＪのもう一人の有名人は、イアン・ムツ。報道記者であり、ドキュメンタリー映画作者でもある。日本の貴族とイギリス人の母とのあいだに生まれ、祖父は明治政府の大臣だった。日本を世界に紹介する戦後のニュース映画市場を、彼が席巻《せっけん》した。

一九五四年、クラブは新しいビルに引っ越した。東京丸の内の、有名な仲通り沿いのビルだ。

バーで毎日顔を合わせる常連には、この地域のもっともセレブなライターや、さまざまな人物――政治家、芸能人、皇族、アジアでもっとも活躍しているスパイなどがいた。

ダイニングルームでは連日のように、ジェイムズ・ミッチェナーが会見し、『南太平洋物語』『サヨナラ』など、彼の型破りの大ベストセラー以来、映画化された最新小説について、あつく語っていた。いずれも、アジア太平洋地域について、世界の見識を新たにするような、大きな影響力を持つ作品だ。

一九五五年にはミッチェナーが、ＦＣＣＪでランチをとりながら、のちの米国大使、エドウィン・ライシャワーに、のちに夫人となるジャーナリストの松方《まつかた》ハルを紹介している。大使に任命されるや、ライシャワーはジョン・Ｆ・ケネディに、ロバート・Ｆ・ケネディ司法長官を日本に派遣するよう力説した。高まりつつある反米感情を静めるためだ。

日本人の心をつかむことに、かつてないほどの成功をおさめたライシャワーの業績は、今日にいたるまで東京で語り草になっている。

一九六二年には、イアン・フレミングが『サンデー・タイムズ』の元同僚と共に、ＦＣＣＪに夜な夜な現れた。『００７は二度死ぬ』のリサーチのためだ。

ビジネスマンも、一流のスパイも、このクラブに行く必要に駆られた。それほどここには、ニュースや政界の取引情報が集中していたからだ。

その他、有名な存在として、『ＡＰ』のジョン・ロデリックがいた。彼は毛沢東と共に、中国大陸を横断したことで知られる。

フィリピンのマルコス一家の財政をレポートして、ピューリッツァ賞を得た、ルイス・シモンズがいた。

日本の政治を得意とする、『シカゴ・トリビューン』の記者、サム・ジェイムソンがいた。

作家であり、『タイム』と『ニューズウィーク』の特派員でもある、フランク・ギブニーもいた。ギブニーは『Five Gentlemen of Japan』の著者で、東京オリンピックの年の経済成長を伝えた。ＧＮＰが急上昇し、カメラ、テレビ、自動車をはじめとする、すぐれた製品をつぎつぎに製造し始めた日本の経済は、この頃から急成長を遂げていた。

一九六二年のハリウッド映画、『忘れえぬ慕情』（ローレンス・ハーヴェイ主演）では、ＦＣＣＪの場面が各所に出てくる。

一九八五年には、クラブの四十周年記念パーティがおこなわれ、当時の皇太子と美智子《みちこ》妃がダンスを披露した。


日本の政界、ビジネス界、芸能界、スポーツ界のリーダーたちが、ＦＣＣＪで数多くのスピーチをおこなったが、その中でもっとも記憶に残る人物の一人が、田中角栄だ。粗野な叩《たた》き上げのタイプ。いわば、リンドン・ジョンソン（アメリカ合衆国第三十六代大統領）の日本版と言える。

田中は一九七四年、総理大臣在任中に、ＦＣＣＪに登場。一九七四年十月、人気雑誌『文藝

春秋』によってすっぱ抜かれた、うさん臭い土地取引問題について、記者たちから厳しい質問攻めにあった。記事によると、田中はさまざまな土地を〝購入〟するにあたり、芸者の名前を使っていたという。田中はぷんぷん怒って、予定時間より早く会場を出ていってしまった。

彼を怒らせたのは、会場に集まった記者たちからの、敵意に満ちた質問だけではない。FCCJの副会長、ハンガリーのコミュニスト、ベラ・エリアスによる紹介も、冗談半分とはいえ、侮辱的な言い方に満ちていた。ある記者のグループが、総理官邸に謝罪の手紙を書いた方がいい、と判断したほどだ。

この出来事が象徴するように、外国特派員たちは、日本政府を相手にするとき、偉そうな説教がましい口調になることが多かった。一部の評論家たちは、それを不快に感じていた。東京に本拠地を置く、イギリス出身のベテラン金融ライターはこう語る。

「殊勝ぶった伝道師みたいな口調だったよ。ほかでは決してみられない態度さ」

このイベントに参加したゲスト・メンバーが、『毎日デイリーニュース』に英語で記事を書いている。

あの記者会見のあいだずっと、露骨な人種差別の空気が流れていた。はたしてアメリカやヨーロッパの首相や政界のトップが、田中のような扱いを受けただろうか？　田中は、アジア人だから、さらに厳密にいえば、日本人だからこそ、あのような扱いを受けたのだ。

いずれにせよ、田中は十一月末に辞任した。元愛人の芸者が、国会に引きずり出されたり、『文藝春秋』の記事に触発された自民党のライバルから、あれこれ詰問されたりするよりは、辞任を選んだようだ。

プレスのメンバー

一九七六年、有楽町《ゆうらくちょう》電気ビルにあった頃、ＦＣＣＪは、魅力的なジャーナリスト軍団に先導されていた。

ときまさに、日本の産業界が、低コスト、ハイクオリティの製品を輸出し始めていた。それをきっかけに、世界的な貿易戦争が勃発《ぼっぱつ》し、日本がバブル時代に突入。ハイライトとして、〈ソニー〉による〈コロンビア映画〉買収、三菱による〈ロックフェラー・センター〉買収という、ゆゆしき事態にまで発展していた。

ＦＣＣＪの精鋭ジャーナリストたちは、こうした日本の動きを、しっかりと報道したものだ。この時期の筆頭レポーターの中に、カレル・ヴァン・ウォルフレンがいた。革新的な『日本権力構造の謎』を著した、オランダ人作家である。日本の政府関係者は、誰もがこの本を熟読していた。ちなみにウォルフレンの趣味は、アメリカの日本への悪影響について毒づくことと、白ワインをしこたま飲むこと。

ピオ・デミリアも、クラブの名物ジャーナリストだった。イタリア人フォト・ジャーナリストで、映画製作も手掛ける『ＳＫＹ ＴＧ24』の記者だ。べっこう色の眼鏡をかけ、いつもニセのタバコをくわえている。新宿のヤクザの裏側など、日本に関する有名なドキュメンタリー映画を製作した。社会主義者だから、ＦＣＣＪのスタッフのために、組合を作ろうとしたこともある。

ブラッドリー・マーティンもいた。このがっしりした体格の大男は、才気あふれる社交家で、北朝鮮に関する古典的な著書、『北朝鮮「偉大な愛」の幻』と、北朝鮮を舞台とする小説『Nuclear Blues』の著者として知られる。ブラッドリーは、ウィスキー〈I.W.Harper〉の愛好家としても有名だ（「秋が最高のシーズン」だとか）。

熱心で饒舌《じょうぜつ》なロジャー・シュレフラーは、『ウォーズ・オートモーティヴ』の特派員で、ＦＣＣＪの非公式な歴史家だ。のちに〈日産〉のカルロス・ゴーンのケース（次章参照）を報道した、ピューリッツァ賞級の人物である。

モンズルル・ハックは、バングラデシュの日刊紙『プロトム・アロ』の名高い東京支社長。ＦＣＣＪの会長をつとめた人物は多いが、ハックは、発展途上国出身者としては初の会長だ。ハーヴァードで学んだ、スリランカの『ＩＰＳ（途上国問題の専門報道機関）』の女性特派員、スヴェンドリニ・カクチは、会長に二度選ばれている。

日本事情を世界に発信するはずの特派員軍団だが、日本語の読み書きはもちろんのこと、日本語を話せる人間は、決して多くはなかった。

その貴重な存在の一人が、ハンガリー生まれのアンドリュー・ホルバート。意見をはっきり述べる歯切れのいい、『AP』『The Independent』その他の特派員である。東京で長年仕事をしたベテランだ。『それでも私は日本人になりたい』という日本語の本を著して、大成功している。ホルバートは、クラブを代表して天皇に謁見したこともある。

ロバート・ネフ。宣教師の両親を持ち、日本で育てられた。『ビジネス・ウィーク』の編集を長く手掛けている。「新しいスーパーパワー日本は、世界平和への脅威だ」とみなす、ある意味で反日的なジャーナリスト一派を名指して、〝revisionist（修正主義者）〟という言葉を作り出したのは、このネフだ。

サム・ジェイムソン。『シカゴ・トリビューン』と『ロサンジェルス・タイムズ』の東京特派員を長年つとめた。

グレゴリー・クラーク。外交官から、『ジ・オーストラリアン』紙の東京支局長に転身し、日本語で書かれた有名な本を数冊出している。のちに大学の学長になった。

渡辺晴子《わたなべはるこ》。ミズーリ大学ジャーナリズム学科を卒業し、〈アジア新聞財団〉東京支局長に。

以上は、日本語が堪能《たんのう》なほんの一握り。彼らは例外だ。

ほかの特派員の大半は、通訳や秘書を通じて仕事をせざるを得なかった。記者はたいてい、東京に四年ほど滞在したあと、別の国に派遣されるから、無理もないのだ。『ニューヨーク・タイムズ』と『ワシントン・ポスト』は、二、三年ごとに局長を変えた。しかし、十年から二十年くらい東京に駐在しながら、ひと言もしゃべれない特派員もいた。彼らはどうやら、ガイドや通訳なしでは、クラブの外に出る勇気がなかったらしい。

『ミシマ』の著者として知られ、二〇二二年に死んだ、『ニューヨーク・タイムズ』の名物特派員、ヘンリー・スコット・ストークスでさえ、日本語は決して流ちょうではなかった。

とはいえ、こうした特派員たちは、書くことができた。二時間で千五百ワードの記事をすらすらと書き、パンチのあるタイトルを思いつき、みごとに締めくくることができた。まだｅ－メールがない時代に、完全に新しい三千ワードの記事を、閉め切り当日に、電話で口述で送った記者を、ぼくは知っている。数時間前に彼が提出した記事が、なんらかの理由で使えなくなったからだ。

そんな環境にいると、じつに勉強になる。一日の仕事が終わったあと、クラブの〈ザ・メイン・バー〉に座り、グローバルな重要トピックスについて、知的で情報に富んだ討論に耳を傾ける。夜が更け、アルコールが回るにつれて、議論はしばしば、酔っ払い同士の言い争いになったが。

ある意味、毎日、〝心のジム〟に通うようなものだった。気持ちが引き締まった。決して退屈はしなかった。

ＦＣＣＪの元会長で、『デイリー・テレグラフ』の記者、アル・カリソンが、『ＣＢＳ』のジョン・ハリスを、割れたビール瓶で殴ったことがある。そのため六か月間、クラブへの出入りを禁じられた。明らかにアルコールによるなんらかの幻覚症状から、カリソンはカウンターでビール瓶を割ってハリスを殴った。ハリスは頸《けい》静脈を切られ、大量に出血。救急車の到着が遅れたら、殺人現場と化すところだった。

ほかにも事件はいくつか起こっている。

小男のカリソンは、『ボルチモア・サン』紙の支局長、ブラッドリー・マーティンと喧嘩になり、床に投げつけられたことがある。身長百九十センチ、体重百九キロの巨漢と渡り合えば、そうなるのは当然だった。

マイク・サープは、プレスリーの『ブルー・スエード・シューズ』を歌いながら、テーブルの上でダンスをしているうちに、加瀬《かせ》英明《ひであき》と口論になった。加瀬は極右団体〈日本会議〉の重鎮で、南京《ナンキン》大虐殺を否定する、〝歴史修正主義者〟だ。

ロジャー・シュレフラーは、理事会と意見が合わずに激昂《げっこう》し、ロビーの壁に飾られている歴代会長の写真から、自分の写真を外し、テーブルの上に叩きつけた。

ＦＣＣＪは、ＷＷＥ（ワールド・レスリング・エンタテインメント、世界最大の米国プロレス団体）の様相を呈した晩もあれば、〈プレイボーイ・マンション（『プレイボーイ』創設者の邸宅。パーティの聖地）〉のような晩もあった。

賞を獲得したことのある著名なイタリア人ジャーナリストは、ある晩、クラブの十九階にあるビリヤード台の上で、若い女性といちゃついていた。たまたま入ってきたクラブの従業員に見つかったが、なすべき〝役目〟を続けた。面食らった従業員は、お辞儀をし、お邪魔しましたと謝って、大急ぎで出ていった。ジャーナリストは、四つん這《ば》いのままお辞儀を返し、役目を続行した。

別の古株は、クラブの女性メンバーの前で、ふざけてこんな歌を歌い、六か月の出入り禁止をくらっている。

「君のパンツの中で、ダンスして欲しいかい？」

彼女はその男をセクハラで訴えた。

外国特派員たちは、あるガイジン野球選手との思い出を忘れない。東京で試合が終わると、必ずと言っていいほど〈カントリー・アンド・ウェスタン・バー・チャップス〉のようなナイトスポットに現れた。一緒に酔っぱらって、日本の生活について文句を言い、雇い主の扱いの悪さを嘆く。そして、「いくら努力したって、日本人の島国根性は、どうしても理解できん！」と断言したものだ。

排他的記者クラブ

ＦＣＪの最大の不満は、アクセスの悪さだ。とくに、記者クラブのシステムに制約が多いこと。そのため、政府の記者会見に参加するのが難しく、日本の記者と比べると、二倍は手間がかかる。レジー・スミスやウォーレン・クロマティのような、アメリカ人スラッガーが、〈読売ジャイアンツ〉時代に、「ストライクゾーンが広すぎる」と文句を言ったのと、似ていなくもない。

日本の記者クラブは、独自のシステムを持っている。国の主要な機関が、独自の記者クラブを持ち、その機関の活動を配信するシステム。首相官邸の記者クラブ、外務省の記者クラブ、〈三菱重工〉の記者クラブ、といった具合だ。各記者クラブには、主要な日刊紙や日本のテレビ局の記者だけが出入りし、その機関についてのみ報道する。外国の報道機関は、通常は出入りを許されず、たとえ許されたとしても、あまり多くの記者クラブには出入りできない。

日本の報道界の日常的なニュースを、巧妙にコントロールできるシステムなのだ。

たとえば、さほど重要ではない分野だが、顕著な例は、〈読売ジャイアンツ〉の記者クラブ。ここに属する記者は、嘘だと承知の上で、観客数を水増しして報道した（たとえば、ホームグラウンド〈東京ドーム〉の、一試合の最大観客動員数を、読売側は五万六千人としているが、実際には、〈消防庁〉の数字によると、四万六千三百十四人しか入れない）。おそらく読売の記者クラブ側が、観客数を特定できたのだ。

これが一九八八年から二〇〇四年まで続き、ついに新しい税法のせいで、オーナーの〈読売新聞〉（世界一の新聞）が、真実を伝えざるを得なくなった。

似たようなことが、〈内閣担当記者クラブ〉の自主規制についても言える。高名な日本のベテラン・ジャーナリスト、田原総一朗《たはらそういちろう》はこれを、「日本のジャーナリズムのもっとも由々しき問題」と呼んだ。記者も編集者も、アクセスを失うのを恐れ、協力を余儀なくされている。〈日本赤十字〉や〈日本動物福祉協会〉などを巻き込む事件の報道を、大手メディアは自主規制してきた。組織の名誉総裁をつとめる皇室メンバーに遠慮したからだ。

悪しき自主規制の一例が、薬害エイズ事件。

一九八〇年代に、非加熱血液製剤を使用した、日本の血友病患者の約千四百人が、ＨＩＶに感染する事件が発生したときのこと。日本でもっとも有名な〝隠ぺい事件〟に発展し、政府はマスコミの報道を妨害した。結果、厚生省の担当課長は業務上過失致死罪に問われ、のちの総理大臣、厚生大臣の菅直人《かんなおと》は、全面的な謝罪を余儀なくされている。この問題に決然と取り組む役目は、雑誌に託された。その材料を雑誌に提供したのは、持ちネタを放出するすべがほかにない、記者クラブの記者たちだった。

歴史的に見て、日本の本当に重要な事件は、『週刊文春』『週刊朝日』などの週刊誌や、『文藝春秋』などの月刊誌から、表面化している。ちなみに、こうした雑誌は、記者クラブへの出入りが許されていない。

その意味で、もっとも有名なケースの一つは、『文藝春秋』による元総理大臣、田中角栄の金脈研究だろう。田中の言い分は明らかに怪しかったが、著名なジャーナリストは誰も、猫の首に鈴をつけようとはしなかった。そこでフリーランスの立花隆《たちばなたかし》に、お鉢が回った。この電撃報道のために、立花は有名になり、国会は調査を開始。やがて田中は、前述のとおり、辞任を余儀なくされた。

ＦＣＣＪは現代を通じて、主要ニュースの報道に、中心的役割を担っている。

何年もの間、数多くの政治批判家や亡命者が来日し、政府寄りの〈日本記者クラブ《JNPC》〉からは冷遇されても、ＦＣＣＪからは歓迎されてきた。

ダライ・ラマをはじめ、香港の活動家、台湾の著名な演説家などが、そのいい例だ。彼らが来日すると、日本記者クラブは彼らを歓迎するわけにはいかない。日本政府が、中国との関係悪化を心配するからだ。

〈オウム真理教〉という集団が現れた。一九九五年三月に、東京の地下鉄でサリン事件を起こした、破壊的カルト集団だ。彼らの最初の大きな記者会見は、一九九五年四月に、ＦＣＣＪでおこなわれ、マスコミに大きく取り上げられた。オウムのスポークスマン、上祐史浩《じょうゆうふみひろ》は、グループの特徴である淡青色のローブを着て現れ、流ちょうな英語でしゃべった。この様子は、日本の多くのテレビ局によって、ライヴ放映されている。

安倍政権最大のスキャンダル、〈森友《もりとも》学園〉問題もあった。安倍晋三首相（当時）と昭恵《あきえ》夫人がかかわる、うさんくさい不動産取引の契約書の偽造を、上から命じられた財務省の役人が、自殺に追い込まれた事件である。ところが、主犯と目される森友学園理事長、籠池泰典《かごいけやすのり》は、この企画に首相夫人の関与をほのめかしたにもかかわらず、日本記者クラブに招かれることはなかった。しかし、FCCJからは招かれ、この会見は数年で最大の〝呼び物〟となった。

安倍晋三内閣の総務相の態度についても、言及すべきだろう。高市早苗《たかいちさなえ》は二〇一六年に、「政治的に偏った報道をするメディアの電波を停止する」と言い放った。

たちまち、前出の田原総一朗ら、主要ジャーナリストたちが、抗議の声をあげている。国連特別報告者、デイヴィッド・ケイは、「世界第三位の経済大国で、メディアの独立性が脅かされている事態を、心から深く懸念する」と表明。月刊誌『FACTA』の報道によれば、安倍政権は、ケイを冷遇したばかりか、彼が日本にいる間、サポートしていた弁護士を監視したという。

二〇一四年、NHKの籾井勝人《もみいかつと》は、会長に就任したとたん、「政府を批判すべきではない」と発言した。政治的中立を守るべき報道機関であるにもかかわらずだ。

日本の主要メディアにとって、タブーは数多いが、〝拉致《らち》問題〟もその一つ。自民党の方針から、決して脱線してはならない報道テーマだ。

一九七〇年代から、北朝鮮の工作員が日本に侵入し、スパイたちに日本語を教えるインストラクターとして、日本の若者たちを拉致した。金正日《キムジョンイル》率いる北朝鮮政府は、二〇〇二年に拉致を認め、小泉純一郎内閣に、懐柔的な態度で謝罪した。これにより二〇〇二年に、東京とピョンヤンのあいだで、正式な声明文が取り交わされた。

とくに取りざたされているのは、横田《よこた》めぐみの運命だ。彼女は十三歳のときに、北日本の海岸で拉致された。北朝鮮側は、「めぐみはすでに死んでいる」と発表し、彼女ともう一人の拉致被害者の遺骨を、証拠として提出した。政府は、遺骨鑑定の専門家に依頼。それによると、「遺骨はめぐみのものではない」と断定された。しかし、その主張は、別のDNA鑑定士によって覆されている。「汚染された遺骨は鑑定不可能である」と。

ところが、ニュース特派員であり、長年FCCJのメンバーである、オーストラリア人の元外交官、グレゴリー・クラークは、最近の『アジア・タイムズ』で、次のように述べている。

「二〇〇二年の取り決めが実行に移されないように、右寄りの強力な政治勢力が、この問題を継続するよう、圧力をかけているらしい」

たとえば前出の田原総一朗は、『テレビ朝日』の番組でこう発言した。

「横田めぐみともう一人の拉致被害者が生きていないことは外務省もわかっている」

すると田原は、保守派に支援された拉致被害者家族から告訴され、誰の援護もないまま、謝罪を余儀なくされた。以来、彼はこの問題について沈黙を守っている。二〇二一年、野党議員の生方幸夫《うぶかたゆきお》が似たような発言をしたが、やはり謝罪を余儀なくされ、発言を撤回した。

クラークは付け加える。

こうした態度による犠牲者は、田原と生方だけではない。二〇一八年に、私もたまたまアメリカのブログで、「めぐみ問題は拉致事件について日本政府が嘘をついている例だ」と書いた。すると、右寄りの大手紙『産経新聞』がこれを取り上げ、一面で大々的に私とブログを叩き、反日分子と決めつけた。その後すぐに、〈三井物産〉海外取締役など、日本における私の役職やコネの多くは、カットされてしまった。

ＦＣＣＪのメンバーは、何年にもわたって似たようなプレッシャーを経験してきた。ベテラン・メンバーのメアリー・コーベットによれば、二〇〇五年、ＦＣＣＪに、ロシア映画『太陽』を上映するな、という脅迫電話がかかってきたという。イッセー尾形《おがた》や桃井《ももい》かおりなど、日本の有名俳優が出演している映画だが、天皇裕仁の人物像と、ダグラス・マッカーサー元帥と天皇との、歴史的な会談場面が描かれている。そのためほかの映画館は、右翼の暴力を恐れ、上映を自粛することもあったが、ＦＣＣＪは上映した。

ジョン・フランケンハイマー監督の『ブラック・サンデー』のケースとよく似ている。主人公が〈スーパーボウル（ナショナルフットボールリーグの優勝決定戦）〉の観客皆殺しをねらい、〈ブラック・セプテンバー（パレスチナの過激派組織）〉に協力要請するという映画だが、これも日本では公開を禁じられた。中東からの石油供給に支障をきたすことを、日本政府が恐れたからだ。

一九八八年から一九八九年までFCCJの会長をつとめた、アンドリュー・ホルバートは、極右勢力とのトラブルを経験している。

会長をつとめた一九八八年から八九年のあいだに、ぼくも右翼から脅迫されたことがある。だけど、当事者には明らかな脅迫なのに、巧みな表現で警察にはわかりにくく書かれていたから、手が出せなかった。

うちのメンバーの一人、ボブ・ワイマントが、天皇裕仁について記事を書いたんだ。天皇崩御の時期だった。ワイマントは、第二次世界大戦における天皇の役割について、批判的な意見を詳細に掘り起こした。これが日本の右翼の逆鱗《げきりん》に触れた。

日本の日刊紙が、ぼくにコメントを求めてきた。当然のことながら、外国人特派員の権利を擁護したよ。彼らには、彼らの読者が知りたい問題を、取り上げる権利があるさ（個人的には、ワイマントの記事には賛成できませんが、と言ったけどね）。その後、日本の名誉を独善的に守る、たくみな言葉遣いのメッセージが届いた。一通だけではなかった。

ホルバートに、荷物をまとめて日本を出た方がいい、と説得する声もあった。しかし、彼によれば、

「メッセージが極右グループから来ている以上、ぼくの航空券以上の情報が、握られているに

決まっているさ」

ホルバートはさらに、イギリス系インド人、サルマン・ラシュディの『悪魔の詩』（イスラムへの冒瀆として強い反発を受けた小説）を翻訳した日本人、五十嵐一《いがらしひとし》が、ＦＣＣＪで襲われた暗殺未遂事件を覚えている。

「この記者会見に居合わせて、暴漢がナイフを振り回す現場を目撃したよ。東京の警官が床に押さえつけて、武器を奪い取って、またたく間に部屋から引きずり出した」

ホルバートによれば、

「警察は、襲撃事件のあと、クラブの警護体制をさらに強化する、と約束してくれた。確かにパトロールを増やしたとは思う。しかしもちろん警察だって、民主主義社会において、ニュース組織のエントランスに、制服姿の警官がうろうろするのはよくない、と考えたはずさ」

結局、翻訳者の五十嵐一は、一九九一年、東京郊外にある大学の研究室で殺害された。ファトワー（イスラム法による裁断）に基づいて、処刑されたのは明らかだ。

二〇一二年十二月、『トウキョウ・バイス』の作者で、ジャーナリストのジェイク・エーデルスタインは、日本を批判する記事を書いたために、殺害予告を受けた。同時に、二〇一八年にＦＣＣＪが引っ越した丸の内の〈二重橋ビル〉も爆破する、という。警察は、電話で脅迫した人物を逆探知し、逮捕した。極右の国粋主義者の女だった。

ＦＣＣＪは警察に、感謝の意を伝え、クラブのスタッフとメンバーのために、安全対策を講じた。警察の迅速でみごとな対応に、以下のように感謝した。

外国人特派員や、その他のジャーナリストに、日本や海外の情報を広く伝えるため、そして報道の自由と、情報の自由な交換を守るため、そして、外国と日本のジャーナリストの、プロ同士、及び社会人同士としての友情、和、福利を促進するために、われわれは決して、テロや脅迫に屈することはないでしょう。

十二月十日から十一日の週末に、その女から英語と日本語で、合計六回、フロントの受付に電話がかかってきたという。そのうちの一つが、

「彼らの記事はくだらない。すぐ日本を出ていくか、朝鮮に行くべきです」

別の電話では、

「私は個人的に、ＦＣＣＪの活動に反対です。ＧＨＱのマッカーサーが設立した組織じゃありませんか」

さらに別の電話では、

「受付のスタッフは辞めるべきです。ＦＣＣＪは反日組織ですから」

警察が容疑者を特定できたのは、受付の留守電に、彼女の電話番号が残されていたからだ。彼女は尋問に対して、クラブを爆破するつもりはなかった、と語っている。

エーデルスタインは、脅迫についてこう語る。

社会問題を取り上げるか、もしくは問題の存在を認めるかしない限り、なにも変わりませんよ。私は日本を愛しているし、日本人の多くは勤勉で、正直で、礼儀正しい。だからといって、日本社会に問題がないわけではありません。子供の貧困、性的不平等、さまざまな差別――たとえばハンディキャップ、女性、外国人、とくに在日朝鮮人などへの差別、強力な組織犯罪、原子力の脅威、驚くべき法的不平等、自由報道の抑圧、性犯罪常習犯による女性暴行、過激な労働搾取、過労死、政治腐敗、等々。

問題を無視すれば、なにも改善されない。そう言われて腹が立つような人は、日本への真の愛情とは何なのか、考え直すべきです。

生き残りをかけて

バブル期が終わり、ＦＣＣＪは問題を抱えている。

中国の経済成長と反比例して、日本は色あせつつある。呼応して、デジタル・メディアが台頭し、二〇〇八年には株式市場が世界的に崩壊した。

こうした状況のせいで、死活問題に追い込まれているＦＣＣＪ特派員も少なくない。多くの報道機関が、東京支社の縮小や閉鎖を強いられている状況だ。その例が、『タイム』『ニューズウィーク』『USニュース』『ワールド・レポート』『シカゴ・トリビューン』『ロサンジェルス・タイムズ』、そして大手テレビ局の『CBS』『NBC』。

FCCJは、会費欲しさに、準会員を増やす傾向にある。クラブの経済基盤を強化するために、一九五〇年代に採用されたビジネス方式だ。準会員はおもに日本人ビジネスマンで、友人や仕事仲間を感心させるために、酒の飲める社交場としてクラブを利用している。クラブの理事の選考方法が変わったとたんに、そのポジションを射止める連中もいる。

ときには日本のイザカヤ（居酒屋）の様相を呈することもある。丸の内のサラリーマンが多く出入りしているからだ。なかには、〝ガールフレンド〟を連れてやってくる重役もいる。確かに、ある意味でここにはエキゾチックな雰囲気が残っている。二十階から眺めれば、一方に皇居と〈ザ・ペニンシュラ東京〉、もう一方に銀座の夜景という、世界一の絶景が楽しめることに変わりはない。

二〇一二年、クラブのベテラン外国人特派員、サム・ジェイムソンが、FCCJを告訴した。当時の理事が、長年クラブで働いた従業員三十二名を、コスト削減のために解雇したからだ。サムはこれを由々しき事態だと考えた。

「彼らは家族みたいなものじゃないか。首にするなんてとんでもない。許しがたいことだ」

カレル・ヴァン・ウォルフレンも、訴訟に加わった。ピオ・デミリアも、イギリスのジャーナリスト、アントニー・ロウレイも、著名な東京のビジネスマン、リック・ダイク、その他大勢が参加した。彼らは四年間、法廷で闘った。一か月に一度、一時間だけ裁判所に出廷するという、典型的な日本の裁判システムに従って。

日本政府は日本人に、アメリカ人のような訴訟好きになって欲しくないのだ。だから弁護士と、判事と、裁判所の部屋の数を、最小限にとどめている。たとえばアメリカには、弁護士が百二十万人以上いるが、日本には四万人程度しかいない。とはいえ、そのために日本の数少ない弁護士は、高額の弁護費用を請求する。

クラブが関係した訴訟は、これだけではなかった。

解雇された従業員のうち数人は、自分でも訴訟を起こした。これは、クラブの弁護士がどんどん金持ちになっていくことを意味している。クラブの弁護費用は、ある時期、五千万円を超えた。するとクラブの方針は、ますますとげとげしくなり、一触即発のムードになっていった。

ある理事会の最中に、シリアのジャーナリスト、カルドン・アザリは、当時会長でありスイスの饒舌なラジオ・レポーターだったジョルジュ・バウムガルトナーから、思いがけない批判を受けたとき、立ち上がって言った。

「よし、今からお前をぶっ殺す」

ジョルジュの命を守るため、ピオが仲裁に入らなければならなかった。

とくにひっ迫しているのは、契約問題だ。クラブは新しいビルに引っ越す契約を、〈三菱地所〉と結んだ。賃貸料は年に二千万円に値上がりし、引っ越し費用はおよそ一億円。

有楽町〈電気ビル〉が取り壊される、とクラブ事務局に連絡があって、引っ越しが決まったのだが、ただでさえ会員の減少が著しいクラブにとっては、頭が痛い。ますます経営が困難になる。ＦＣＣＪの影響力を弱めるための、財務省の画策の一部だ、という声がある。経済的に追い詰めることで、日本への服従を余儀なくさせるためだ、と。

これはほかの問題と呼応する。正規メンバーになった日本の記者たちは、ＦＣＣＪを、たとえば〈日本記者クラブ〉のような日本寄りの機関に、変えたがっているようだ。日本記者クラブは、はっきり言って、昔も今も政府や企業の従僕である。彼らはたちまち規則変更を提案し、総会で組織票によって通過させた。おかげで日本政府は、ＦＣＣＪのコントロールをしやすくなったのだ。これは今も昔も、海外ジャーナリストにとって、もちろん屈辱以外の何物でもない。

しかしながら、上記の理由によって、クラブの経営に携われる外国人特派員が、あまりいない。プリントからデジタルへ、ジャーナリズムが変化しているから、クラブはかつてのように、プロとしての特派員のニーズに、応《こた》えることができなくなった。記者たちは、記事を書き、関連写真を撮影し、自分の携帯電話で送ればそれで済む。

本書を書いている時点で、ＦＣＣＪは新しいロケーション、丸の内の〈二重橋ビル〉に移り、世界的に有名な仲通りを見下ろしている。壊滅的なパンデミックを乗り越え、いまだ健在だ。日本の総理大臣、岸田文雄や、アメリカ大使、ラーム・エマニュエルなどを招き、さまざまな記者会見をおこなっている。日本の有名なミュージシャンによる夜のコンサートも開催される。

まだまだ大きな価値がある場所だ。食べ物もあいかわらずうまい。

いつまで続くか、それが問題だ。

第六章　外国人ＣＥＯ

日本企業の経営に成功した外国人は、ほんのわずかしかいない。試みた外国人の大半は、言葉の障害ばかりでなく、日本と他国とを隔てる文化の壁が、あまりにも大きく分厚いことに気が付く。そして、仲間であるはずの日本人の重役や、日本人の部下たちは、心の底では、外国人が持ち込もうとしている西洋式改革の大半を、受け入れたくないと思っていることに気づいて、愕然《がくぜん》とする。

そのような歴史を目の当たりにすると、じつに気が滅入《めい》る。

外国人を社長にした最初の大手日本企業は、自動車メーカーの〈マツダ〉だ。マツダは五年のあいだに、三人の外国人社長を採用したが、いずれも経営は赤字に終わっている。

一番手は、ヘンリー・ウォレス。〈フォード〉グループのアジア太平洋地域の副社長で、一九九六年にマツダの社長に就任した（フォードはマツダ株式の三十％を所有し、一九九六年に経営権を獲得している）。身長百八十八センチのスコットランド人、ウォレスは、日本企業の社長となった初のガイジンだが、たったの一年しか続かなかった。

「フォードの重役は、日本人が後生大事にする年功序列制を、廃止してしまうのではないか。もしくは、マツダの納入業者やビジネス関係者のケイレツ（系列）を、解体してしまうのではないか」――そんな恐れは、払拭《ふっしょく》された。

ウォレスがたどたどしい日本語で話すコマーシャルは、人気となった。円安を背景に海外輸出が好調な中、マツダは国内で苦戦し、会計年度に八千万ドルの赤字をはじき出したが、一九九七年度は増収増益に転じた。

ところがウォレスはマツダを去った。彼の妻が、マツダの本拠地である広島の生活に、なじめなかったせいだ、と言われている。さらに、彼自身が言うように、このセリフにうんざりしたからだ、とか。

「あなたには、日本のビジネス方法はとうてい理解できない」

ウォレスの後釜《あとがま》は、ジェイムズ・E・ミラー。彼はわずか二年で、「個人的、健康上の理由により」、五十三歳の若さで、社長と取締役の座を降りた。

お次は、ハーヴァード大学出身のニューヨーカー、マーク・フィールズ、三十八歳。年功序列制度がはびこる日本の優良企業界で、もっとも若いCEOとなった（マツダの社員の平均年齢は四十二・四歳）。フィールズもやはり二年しか続かなかったが、若手社員の昇進を奨励して、日本人の大好きな年功序列制度に、メスを入れることに成功している。

二〇〇八年までには、このジョイント・ヴェンチャーはほぼ終焉《しゅうえん》を迎えた。二〇二一年刊の『Collision Course（衝突必至）』はのちに指摘している。

「フィールズとフォードは、マツダの土台固めに貢献した功績を、ほぼ認められずじまいだった」「ズーム・ズーム」という、大成功のキャッチフレーズを、生み出したにもかかわらずだ。

自動車産業以外のケースを紹介しよう。

『CBSイブニング・ニュース』の元重役プロデューサー、ハワード・ストリンガーは、一九九七年から二〇一二年という長きにわたって、〈ソニー〉の経営にあたった。彼は、ソニーに〈ウォークマン〉時代の栄光を取り戻させるべく、改革者としてやってきた。その過程で、数千人の解雇など、大々的な構造改革に踏み切っている。しかし、就任最終年の年末には、ソニーの株価は年初に比べ六十%も落ち込んだ。要因の一つとして、為替《かわせ》相場の変動と、二〇一一年の東日本大震災があった。ウォールストリートの崩壊が影響していたことは言うまでもない。

二十一世紀において、日本で重役をつとめた外国人の苦境を物語る、こうしたエピソードの中でも、きわめて注目に値するのは、〈オリンパス〉事件だ。

イギリス人のマイケル・ウッドフォードは、オリンパスのCEOに任命されたが、大規模な粉飾決算を暴いたあと、首になった。粉飾決算はその後、取締役会全体の解任を招き、数人の重役が逮捕されている。のちにウッドフォードは、裁判が結審したあと、和解金として一千万UKポンド（当時の為替レートで十二億四千五百万円）を手に入れた。

ウッドフォードは、イギリスのビジネスマン。〈ミルバンク大学商学部〉に通った後、二十一歳でイギリスの〈キーメッド〉に入社した。〈キーメッド〉は、日本の有名な光学機器製造会社〈オリンパス〉の、医療機器部門の一部である。

生まれつきの几帳面《きちょうめん》、仕事熱心で、何ごとにも正確を期するウッドフォードは、医療機器の営業マンとして出世し、二〇〇八年には、オリンパスの子会社である〈オリンパス・ヨーロッパ・ホールディング〉の代表取締役社長と、執行役員に就任した。

同年、ウッドフォードは、オリンパスが〈ジャイラス〉という、年商たった六十万ドルの無名な医療機器会社を、二十二億ドルで買収したことを知った。さらにオリンパスが、〈AXES〉と〈AXAM〉という、やはり無名の二つの企業に、仲介料として六億八千七百万ドル支払ったこともわかった。この数字は、普通のブローカーが要求する仲介料の数倍だ。

このような買収は、通常はウッドフォードの管理下にあるはずだが、当時のオリンパス会長、菊川剛《きくかわつよし》によっておこなわれていた。

菊川は慶應義塾大学出身で、アメリカ生活が長い。オリンパスの利益のために尽力し、会社の西洋化をはかり、八十一万画素のデジタルカメラという、高解像写真撮影製品の市場への参入に尽力した人物だ。

不可解な買収に驚いたウッドフォードは、オリンパスの本店に駆けつけ、辞任を表明。

ところが東京の菊川会長から、辞めないでほしい、と懇願された。その代わり、全ヨーロッパを統括する支社長と、オリンパス本社の取締役のポジションを約束する、という。ウッドフォードは承諾し、ロンドンに舞い戻った。
しばらくは、すべて順調だった

二〇一一年、ヨーロッパでの売り上げが劇的に伸び、ウッドフォードは本社社長へと昇格。菊川は会長とCEOを留任。かくしてウッドフォードは、ご指名を受けた初の外国人としてオリンパスを、外国人を頂点とする数少ない日本企業の一つへと変身させた。グローバルな新しいオリンパスの顔として、鳴り物入りで迎えられたことになる。

ところがあにはからんや、ウッドフォードの昇格は名ばかりだったことが、たちまち明らかになった。会社の実権は、東京の日本人重役連中が握ったままだったのだ。ウッドフォードの社長就任は、オリンパスの英語版ウェブサイトのみで伝えられ、もっとも重要な日本語版には、ひとことも記載されていなかった。

誰もがこう考えた。

——働き者のウッドフォードなら、ヨーロッパ支社のように、うまくコストカットできるはず。彼を社長に据えたのは、会社が直面しているやっかいな財務問題を扱うのに、彼なら丸め込みやすいと、重役たちが考えたからに違いない——。

確かに、ウッドフォードは日本語をまったく話せないし、実質的に会社の事情に疎い。痛烈な月刊経済情報誌『FACTA』の記事によれば、

「医療機器の責任者である副社長を含む、合計二十五人の有力候補者の中から、実質的にあまり責任のない、最下層の外国人常務取締役を社長に抜擢《ばってき》したわけである……どうりで噂の種になるわけだ」

一部のオブザーヴァーは、ウッドフォードは単なる表看板、と見ていた。「オリンパスは今流行《はや》りの〝国際化〟を実現している」と、世界のパートナーたちに印象付けるためだ。じつはその裏で、今まで通りのシナリオが進められていた。

オリンパスの首脳陣にとって、完全に当てが外れた。

二〇一一年、『ＦＡＣＴＡ』八月号に暴露記事が出たのを機に、ウッドフォードはたちまち、オリンパスが数年にわたって、莫大《ばくだい》な損失を隠し続けていることを察知した。帳簿を別の会社の帳簿へと移す、日本語の「トバシ（飛ばし）」と呼ばれる手法だ。不良債権の支払いを遅らせ、会社の株価暴落を避ける策略である。

オリンパス首脳陣は、先述の〈ジャイラス〉のように、価値の疑わしい無名の会社を、市場価格よりはるかに高値で買収し、タックス・ヘイブンであるケイマン諸島のブローカーに売却。ブローカーは取引の真相を隠ぺいした。彼らはこの策略のために、数々の覆面企業を利用していた。いずれも、ケイマン諸島のジョージタウンを本拠地とし、社員も同じ。不正行為は、九〇年代初めのバブル崩壊を機に始まった。

支払いにあたって、犯罪組織がかかわっていたことも判明。〝不正な金の流れ〟に関する公表可能な情報の中には、ある日本企業の名前が含まれていた。警察庁が保管している、ヤクザの「フロント企業」リストにある名前だ。捜査官は、オリンパスが手に入れたソフトウェア・メーカーの〈翼ネット〉が、日本最大の暴力団組織、〈山口組〉のフロント企業であることを突き止めている。ほかにも、複数の買収企業が、日本の地下組織につながっていた。しかし、当局は腰が重かった。

元最高裁判事による早急な調査と、日本の金融監督官たちによる、のちの尋問により、「これは損失隠しのための、ありふれた粉飾決算にすぎない」と結論付けられた。しかも、ヤクザとの関連はどこにもない、という彼らなりの〝実態〟が示された。

しかし、このケースについて書いた、〈日本戦略研究フォーラム〉の上席研究員、グラント・ニューシャムによれば、

日本の大企業がヤクザに翻弄《ほんろう》されている、などと認めるのは、当時の日本の当局や金融監督官にとって、あまりにも恥ずべきことだった。しかも、これを公に認めれば、東京証券取引所から、オリンパスを削除する必要に迫られ、海外市場からも追放されかねない。……というわけで、当局は腰が引けたのだ。……皮肉なことに、同じ年、オバマ政権が発表した。「このスキャンダルの裏には、大手ヤクザグループが関与している。山口組は世界的な犯罪組織であり、アメリカの国家安全への脅威である」と。そして、この組織の資

産を凍結するよう、命令を下した。アメリカ当局は、その資産がどこにあるのか、正確にはわからなかったのだが。

ニューシャムは続ける。

犯罪実行者は、刺青《いれずみ》の連中ではない。フロント企業の作り方と、国際的にファンドをシフトする方法を知っている、元〈野村証券〉の男たちのしわざである。

二〇一一年九月末、菊川はCEOを辞任し、ウッドフォードを後釜に据えようと画策した。そうすれば、燃え上がるスキャンダルから、世間の注目をそらすことができるだろう、と。しかしウッドフォードは、「飛ばし」と組織犯罪問題への回答を、あくまで求め続け、外部の会計監査会社に、調査を依頼した。

結果、彼は突然、社長とCEOを解任された。オリンパスのトップの座についてから、二週間足らずで首になったのだ。

菊川がもとの座におさまり、たちまちウッドフォードを、「権力を握ろうとした」として訴えた。ウッドフォードは即座に、自分の疑問を社外に持ち出した。取締役会のポジションは維持したままで。

というわけで、二〇一一年十一月十七日、『ニューヨーク・タイムズ』の発表にいたった。

「山口組がオリンパスの重役を脅迫し、社内に〝足場〟を確保。そして、会社の不名誉となる情報をバラすぞ、と脅して、金を巻き上げている」

（オリンパスの日本人重役のトップが、横浜のクラブで、山口組の一派である強力な後藤《ごとう》組の組長、後藤忠政《ただまさ》と共にギャンブルに興じ、かなりの借金を負ったことが、のちに発覚した。こういう事情に加え、ヤクザは「飛ばし」の知識があるから、極秘レポートによれば、〝Y組〟はオリンパスを脅迫し、年間二億ドル以上、巻き上げていたとされる。）

一週間後、ウッドフォードはＦＣＣＪで、大勢の聴衆を前に記者会見をおこない、オリンパスの粉飾決算について、知る限りのことを暴露。その後すみやかに日本を脱出した。彼の主張によれば、地下組織から脅され、死の危険にさらされていた、と言う。ロンドンに戻ってからは、防弾ガラス越しに仕事をし、警察の護衛も依頼した。しかし、実際に襲われることはなかったことから、脅迫はどの程度本当だったのかと、疑う声もあった。

十一月三十日前後に、ウッドフォードと菊川は、続けて役員会を辞任した。

オリンパスの経営陣や日本のマスコミの多くが、「外国人は日本を理解できない」とか、「外国人は誇大妄想、偏執的だ」などといくら抗弁しても、オリンパスのスキャンダルが、日本企業のイメージを揺るがしたことに変わりはない。

菊川もほかの重役も、前任者たちの顔をつぶさないようにしただけだ、と主張している。「日本のバブル崩壊を招き、日本の大衆に悲惨なダメージを与えた、破壊的な株価大暴落を前にして、先輩たちはじつに納得のいく行動をとった。そんな前任者たちのメンツをつぶさないためにやったのだ」と。

彼らは、オリンパスが委託した第三者委員会による調査結果を示し、社内事情をウッドフォードに伝える必要はなかった、と主張。ウッドフォードが就任する頃には、すでに粉飾決算は清算済みだった、として、逆にウッドフォードを攻撃した。彼が機密情報を漏洩《ろうえい》したために、オリンパスの株価がさらに下落した、と。

ウッドフォードは、調査員たちと話し、オリンパスの支配権をめぐって代理戦争を起こすために、警察に守られながらイギリスから舞い戻った。

しかし彼は、オリンパスの機関投資家（大量の資金を、株や債券で運用する大口投資家）たちから、完全に拒否された。「イギリス人の戦闘的態度」が気に入らないし、未公開株式によって会社の資本を増強するという、彼の計画にも納得がいかない、と。

結局このスキャンダルによって、オリンパスの取締役全員が退任し、菊川を含む旧経営陣ら七名が逮捕された。「飛ばし」を指南した元〈野村証券〉の二名は、最終的に懲役三年から四年。菊川を含む旧経営陣は、執行猶予。菊川と二人の重役は、株主代表訴訟（株主が会社を代表して、役員に対し、法的責任を追及する訴訟）で賠償金約六億ドル（約五百九十四億円）の支払いを命じられている。その当時日本の株主代確定した。

表訴訟史上、最高額だった。二〇二〇年十月二十二日、日本の最高裁判所で、この二審判決が確定した。

再びロンドン。

ウッドフォードは名誉棄損と不当解雇でオリンパスを告訴した。結局、示談による和解が成立し、一千万UKポンド（約十二億四千五百万円）もの大金を獲得。数々の賞も受賞した。FCCJ初の〈報道の自由の友賞〉、『フィナンシャル・タイムズ』の〈Boldness in Business Awards〉。『サンデー・タイムズ』『ザ・インデペンデント・アンド・ザ・サン』からも、似たような称賛を受けている。さらに、自分の経験を本にし、ベストセラーになった。タイトルは『Exposure（暴露）』。

とはいえ、オリンパスの社員たちは、それほど幸運ではなかった。スキャンダルのあと、オリンパスの株価は七十五％以上値下がりし、会社は二千七百人の従業員削減を、製造工場は四十％のコスト削減を強いられている。さらに、七百万ドルの罰金。数件の民事訴訟は、数十億円にのぼった。

日本のメディアのオブザーヴァーたちは、こんな疑問を隠さない。――もしもウッドフォードが、社長に抜擢されなければ、オリンパスはどうなっていただろうか？

ウッドフォードは、誰もが疑問に思う人事により、ごく低いランクから、じつは彼には適任でない、形ばかりのトップの座についた。そして、企業経営、人権、内部告発のコンサルタントという、第二のキャリアを身に付けてしまったのだ。

結局、東京を拠点とする経済アナリスト、ピーター・タスカが指摘するように、

オリンパスはちょうど債務を返済し終わったところで、内視鏡ビジネスで快進撃を始め、この業界で世界を席巻《せっけん》する勢いだった。

ウッドフォードは黙っているべきだったのだ。法律違反ではあるが、そのほうが当局をはじめ、誰もが幸せになっただろう。

『フィナンシャル・タイムズ』の印象的な記事の中で、タスカは述べている。

……百年の歴史を持つ会社の評判が、汚されることはなかったはずだ。四万人の従業員が、将来に不安を抱えることも、数十億ドルの市場価値が、崩落することもなかった。誰もが利益を被ったことだろう。オリンパスの内視鏡ビジネスに惹《ひ》きつけられた、海外投資家でさえ、その恩恵にあずかったに違いない。内視鏡は日本人にとっても、非常に役立つ物のはずだ。

タスカは西洋と日本の皮肉な違いを指摘する。――西洋のオブザーヴァーはウッドフォードを、『真昼の決闘』のゲイリー・クーパーのような、完全無欠の正義漢としてとらえているが、日本人は彼を、サムライ映画の中の、恩人を敵に売り渡す裏切り者の家来、とみなす傾向がある。日本人にとっては、「会社のためなら、どれだけ個人的リスクが高かろうと、驚くほど複雑なM&Aを考え出す」。それが映画のヒーローなのだ。

タスカは語る。

「損失隠し――典型的な日本のスキャンダルですよ。誰も儲《もう》からない。ウッドフォードにはとても歯が立たない話。ヤクザに狙われているなんて、誰も信じちゃいないね」

その後、ウッドフォードがFCCJに現れたとき、記者のアンドリュー・ホルバートがこの内部告発者に質問した。

「あなたの行動によって、経済的打撃をこうむったオリンパス社員や投資家に、あなたは責任を感じないんですか」

お前の行動は決して高潔ではない、と言わんばかりの指摘に、ウッドフォードはむっとした様子だった。

とはいえホルバートは、その後の長いインタビューでこう語っている。

ウッドフォードに同情はしますよ。嘘をつかれたんですからね。しかし私は、ほかの人のように彼をヒーローだとは思いません。膨大な数の従業員のことを考えてみてください。オリンパスの社員ばかりではない。供給業者も、下請けもいる。会社がつぶれたら、彼らの生活はお手上げなんです。日本では、労働市場はアメリカやイギリスより、はるかに流動性に欠ける。会社がつぶれたら、以前のようないい仕事にはありつけない。私に言わせれば、ウッドフォード・オリンパス事件は、金融界の超高給取りのケースのように、白黒で決着できるような問題ではないんです。

非常に狭義での〝受託者責任〟という意味では、ウッドフォードは正しいことをしました。しかし、大きな社会的観点から見れば、会社の帳簿をきれいにするために、数千人の人生を危険にさらしたことになる。

結局、どんな成果があがりました？　オリンパスの経営陣に対して、どんな罰が科されました？　執行猶予以上の刑を科されたのは、誰一人いないじゃありませんか。

こうも考えられます。オリンパスの元経営陣は、〝外国人タレント〟を、完全に非現実的な存在とみなしていた。彼らはウッドフォードを、販売と利益を生み出せる人間、ある種の新しいロボット、奇跡を生み出せるが質問はしない存在、とみなしていたのではないか。

彼らは、グローバルになるということは、一方通行ではなく〝両面通行〟であることを、理解していなかった。外国人を雇うなら、逆方向の考え方を考慮に入れる必要がある。

しかし、同じ勘違いが、ウッドフォード側にもあったんです。日本語も話せない人間が、外国の会社で働いて、しかも、その会社の価値観が自分と同じだなんて、よくも考えたもんだ。彼も自分の役割を、完全に機械的にとらえていたんですよ。ま、たとえて言えば、言葉のわからない恋人と、素晴らしい一夜を過ごしたあと、朝起きたら、朝食も、ランチも、夕飯も、とにかくなに一つ、相手と同じものを欲しがらないことに気が付く、みたいなものかな。

要するに、オリンパス・スキャンダルから得られた教訓は、非常に明らかだ。

銀行や保険会社の大きなネットワークを持つ日本では、株主の利益を守る文化が、あまりにも長いあいだ優勢だった。そのような文化は、グローバル化した経済にはそぐわない。〝コーポレート・ガバナンス（会社は経営者のものではなく、資本を投下している株主のもの、という考え方）〟を標榜《ひょうぼう》する日本のシステムは、基本的に会員制クラブに似ている。やっかいな外国人〝アウトサイダー〟に、中に入り込んでこられると、どう扱っていいのかわからないのだ。

もちろん、そもそもオリンパスが、帳簿の改ざんなどしていなければ、こんな問題は起こらなかっただろう。会社のイメージを損なったと、ウッドフォードを非難するのは、八つ当たりに過ぎない。不正という基本的な事実を、『ＦＡＣＴＡ』がすでに報道していたことを考えれば、なおさらだ。

企業の不正行為は、決して許されるものではない。オリンパスのような企業の不正が明るみに出れば出るほど、結局は企業全体の健全化につながるはずだ。もちろん、株が暴落し、会社がつぶれて、みんなが路頭に迷うことにならない限りは。

日産

現時点で、日本史上もっとも成功した外国人重役は、カルロス・ゴーンだろう。

この自動車業界の重鎮は、ブラジル生まれで、国籍はフランスとレバノン。二〇一八年に東京で逮捕されたが、それまで、ゴーンは沈没しかけていた日本の巨大自動車メーカー、〈日産自動車〉を、ドラマチックに立て直してみせた。さらに、〈ルノー〉も引き受け、世界トップレベルの自動車メーカー、二社の社長を同時に務めるという、史上初のスゴ技を披露した。

ゴーンは、名門〈エコール・ポリテクニーク（国立理工科学校）〉を卒業し、さらに世界トップのエンジニア・スクール、〈エコール・デ・ミンヌ・ド・パリ（パリ国立高等鉱業学校）〉を卒業したあと、一九七八年に、〈ミシュラン〉という巨大なタイヤメーカーに就職。自動車業界に初めて足を踏み入れた。

そこで、マスコミから「ユニークな多文化的経営チーム」と呼ばれるチームを結成し、ミシュランのブラジル支店の経営を好転させ、ＣＯＯ（最高執行責任者）に昇進。サウスカロライナのグリーンヴィルに着任し、ミシュラン北米支店のＣＥＯへ昇格したあと、〈ルノー〉に移籍した。
三年後、横浜に本拠地を置く自動車会社、〈日産〉に入社し、二〇〇一年にCEOを拝命。前述の〈マツダ〉のガイジン社長に続く、日本の自動車業界で四番目の外国人CEOとなった。

ゴーンが最初に日本の土を踏んだ時点で、日産は、ぱっとしない官僚的な経営のため、二百億ドルの借金にあえいでいた。ゴーンは救命措置として、ルノーから現金を調達。ルノーは日産株の四十三・三%を所有し、日産の最大株主となった。

さらにゴーンは、「日産リバイバル・プラン」を実行。これにより、従業員の十四%が削減され（大半は日本国内。退職者も含む）、日本の五つの工場が閉鎖された。終身雇用奨励の環境に育っている日本人重役にとっては、考えてもみない手段であり、とくに国内市場では実行に移す勇気もない決断だった。

ゴーンは、長年日本に続いている慣習を、一刀両断に切り捨てた。年功序列に基づく昇進を減らし、長年築き上げてきたケイレツ（系列）システムを破棄したのだ。ケイレツとは、日産の株を所有する部品供給会社の、入り組んだネットワークを意味する。

そして、会社の公用語を、日本語から英語に変えた。ゴーン自身は、日本語はできないが、四か国語をあやつる。ビジネス会議においては、「結果と実行」に重点を置き、「クロス・カルチュラル（異文化を超えた）」、および「クロス・ファンクショナル（役職や部門を超えた）」などグループ編成をしたことでも知られる。社員の意見には、熱心に耳を傾けた。

ゴーンは、魅力のないパワーエンジン車両を、ハイパワーエンジンという、非常に魅力的な車両に、改良することにも成功している。アメリカのような大手市場ばかりで営業する方針を改め、中国のような新市場に参入するなど、ビジネス方法の最適化にも尽力した。

ゴーンのもとで、わずか二、三年のうちに、日産は赤字から黒字へと転じた。二〇〇一年には、『タイム』誌の〈世界的影響力のあった人物〉に、ビル・ゲイツなどの著名人を上回ってランクイン。二〇〇五年には、ルノーの社長兼ＣＥＯに抜擢され、〈Fortune Global 500（フォーチュン誌が年一回編集・発行する世界上位五百社リスト）〉に載る二企業を、同時に経営する史上初の人物となった。

ゴーンはさらに、〈ルノー・日産アライアンス〉を電気自動車市場に導いて、〈日産リーフ〉を製造。これが世界のベストセラー電気自動車に。続いて、〈三菱自動車〉と〈フィアット・クライスラー・オートモービルズ〉を傘下に加えることも考えついた。

日本のマスコミによれば、ゴーンのあだ名は、「セブン‐イレブン」。早朝から深夜まで働くからだ。飛行距離は年間千五百マイル。『フォーブズ』はゴーンを、「自動車業界で最高の働き者」と名付けている。

二〇一一年三月十一日の東日本大震災と津波のあと、ゴーンは被災地に直行し、個人的に現地の日産工場のケアをして、すでに高まっていた評判を、さらに高めた。

三・一一東日本大震災は、マグニチュード九・〇。日本を襲った地震の中ではもっとも強く、世界的には、一九〇〇年に観測が始まって以来、四番目の記録だった。のちの発表によれば、日本の本島である本州の下の地殻が、地震の影響で、東に二十四メートル移動し、地球の形状軸が十数センチずれたという。

最初の揺れから一時間後に、津波が襲った。海面から四十メートルに到達した高波が、車や建物、漁船、残骸《ざんがい》などを運びながら、川を十キロ近くまでさかのぼり、高速道路などのインフラを破壊し、町全体を地上からさらっていった。

この大惨事によって、一万六千人近くの命が失われた。九十％以上は溺死《できし》。学童も数百人、含まれていた。死者の数が多すぎて、死体安置所と火葬場が足りなくなり、大量の穴を掘る必要に迫られた。二千五百二十三人が行方不明のまま、いまだに見つかっていない。負傷者も多数にのぼった。

四十万戸が損傷を受けた。破壊された福島の原子力発電所付近では、放射能流出の危険性から、八万人が立ち退きを強いられている。その多くは、数か月間、人が密集した狭苦しい避難所で暮らさざるを得なかった。場所によっては、水道がないばかりか、ほかの基本的な生活設備さえもない。かなり強い数百回の余震と、放射能汚染の危険性が、被災者の恐怖を、否《いや》が応でもかきたてた。

日本経済の約三分の一が、この災害によって影響を受けるほど、とんでもないスケールの破壊だった。誰にとっても、今まで見聞きした大災害が、小さく感じられた。千葉県の埋め立て地に建てられていた住宅やマンションが、被災中心地から数百キロ離れているにもかかわらず、液状化現象によって沈んだり、傾いたり。道路や鉄道線路、ダムなどが、構造的なダメージを被った。

しかし、この膨大な破壊のさなかに、ゴーンは被災地に姿を現した。汚染地域にある〈日産いわき工場〉を、フル稼働できるまでに復活させた一方で、被災者を励ますために、マスコミにもしばしば登場した。

日産でキャリアを積むあいだ、ゴーンは〈ビジネスパーソン・オヴ・ザ・イヤー〉賞を数回、〈ストラテジック・マネージメント・ソサエティ〉からも〈ライフタイム・アチーヴメント・アウォード〉を受賞している。この名誉ある賞をもらったのは、自動車業界では彼が初めてだ。『オブザーヴァー』は〈日産・ルノー〉を、自動車アライアンス（提携）としては史上最高の成功例、とみなしている。

二〇一六年十月、日産が三菱のコントロール権を握ると、ゴーンは三菱の代表取締役会長に就任。特記すべきは、彼が日産に加わった十七年後のその年、車の販売台数は五百七十万台に届いた。ゴーンが初めて足を踏み入れた一九九九年には、二百五十万台だったから、二倍以上に増やしたことになる。一九九〇年代の莫大《ばくだい》な損失と比べ、純利益は六十七億ドルに増大した。一九九九年には二百億ドルの借金だったが、銀行に百五十億ドルの貯蓄さえできた。さらに、きわめて優秀なトップ・マネージメント・チームを配備し、彼が雇った数千人の社員を監督させた。

なにもかも、驚くべき実績である。

二〇一七年四月、ゴーンはCEOを西川廣人《さいかわひろと》にゆずり、自らは引き続き日産の代表取締役会長を務めながら、引退を考え始めた。

タイヤが外れたのは、そのあとだ。

逮捕

二〇一八年十一月、羽田空港に到着したゴーンは、同じ飛行機に乗っていた東京地検特捜部によって、〈有価証券報告書の虚偽記載容疑〉で逮捕された。同日、遅れてアメリカから到着した、日産の代表取締役兼人事部長のグレッグ・ケリー、六十二歳も、〈ゴーン会長の役員報酬の過少記載を共謀した容疑〉で、逮捕された。

両者は、日産の緊急会議、という嘘の招喚により、日本に舞い戻ったところだった。彼らは、日産の二人の役員、元秘書室長の大沼敏明《おおぬまとしあき》とハリ・ナダ専務執行役員が提出した、内部告発に基づいて、勾留《こうりゅう》された。

大沼とナダは、〈司法取引〉という日本の新システムを利用したのだ。カルロス・ゴーンの報酬に関して、不正を疑われる行為にかかわりながらも、ゴーンとケリーを内部告発することで、東京地検から免責される、という取引である。実際、ナダはその取引の一環として、日本行きをしぶるケリーに、プライヴェート・ジェットを用意するから、すぐ日本に戻るよう、促している。ケリーが首の緊急手術を控えていたにもかかわらずだ。

問題となったのは、最終決定もされておらず法的に拘束力のない、ゴーンの退職後に関する書類を、日産が〈有価証券報告書〉に記載報告すべきかどうか、だった。ゴーンが日産との仕事の関係を続けるための書類で、ケリーが検討し、次にＣＥＯの西川廣人と、ほかの重役たちが目を通していた。書類は、法務部によって準備され、そのあとに役員会の承諾を得ることになっていた。

東京地検はその書類を、カルロス・ゴーンの〈役員退職慰労金〉の虚偽記載とみなしたのだ。この件は、二〇一〇事業年度に、フランスの商慣習と、日本の新しい規則である〈役員報酬開示義務〉によって、ゴーンの二千万ドルのサラリーが、一千万ドルにカットされたことに端を発する。二千万ドルは、〈フォード〉のＣＥＯの二千五百万ドルとは同レベルだが、〈トヨタ〉ＣＥＯだった豊田《とよだ》章男《あきお》の百万ドルに及ばない固定報酬と比べれば、けた外れに多い。

ゴーンとケリー逮捕のまさに同じ日、前述の日産ＣＥＯ西川は記者会見を開き、ゴーンを取締役から解任し、日産社員としてのあらゆる権利を剝奪《はくだつ》する、と発表。集まった報道陣にこう言い放った。

「このサプライズ人事は、ゴーンへの〈役員退職慰労金〉の〝過少報告〟を、日産が〝内部調査〟した結果であり、これは日本の二〇一〇年の〈金融商品取引法（あらゆる社員の退職金を、事前に投資家に開示しなければならない）〉に違反するからです」

西川は集まった報道陣に向かって、「ゴーンの行動にはたいへん失望し、いらだちと軽蔑《けいべつ》を覚える」と述べた。ゴーンはほかにも、会社の資金を個人投資に使うなど、不正に流用したという。

「断じて許される行為ではありません。解雇されるのは当然です」

と西川。

発表された報告書によれば、ゴーンがペーパーカンパニーを設立し、日産の資金で、ぜいたくな家を、リオデジャネイロ、パリ、アムステルダム、ベイルートに購入したことが、のちに判明したという。

ゴーンもケリーも、東京拘置所に収監された。

日本の法律によれば、検察は刑事訴訟を起こしていなくても、容疑者を拘置所で二十三日間勾留できるし、訴訟が決定すれば、さらに十日から二十日間、勾留を延長することができる。

かくして検察は、〈過少報告〉の容疑を、意図的に二つの罪に分けた。会計年度二〇一〇年から一四年についてと、二〇一五年から一七年について。

そして二〇一八年十二月二十一日に、ゴーンを再逮捕。今度は千六百万ドルを超える個人的損失を、日産の帳簿に移した容疑だ。これにより、〈保釈聴聞会〉に先駆けて、三週間の追加勾留が可能になったことになる。

ケリーはクリスマスの日に、保釈された。

しかしゴーンは、二〇一九年一月十一日に、新たに〈特別背任罪〉と、〈金融商品取引法違反〉という容疑で、追起訴。そして三か月後には、もう一つの罪状、日産子会社から中東オマーンの販売代理店に送金させ、そのうちの五百万ドルを、ゴーンの保有するペーパーカンパニーの預金口座に還流させた、〈会社法違反〉で逮捕されている。

『ブルームバーグ』のベテラン記者、リード・スティーヴンソンによれば、ゴーン元会長を金融犯罪容疑で失脚させた首謀者は、前述のナダだという。秘めた動機を持つほかの上席役員たちと、小さなグループを作り、徒党を組んで彼を追い落としにかかったのだ、と。

ハリ・ナダは、インド系マレーシア出身の弁護士で、スティーヴンソンによれば、「強いコロンとフレンチカフスを身に着け、〈マールボロ〉を喫煙する」ことで知られる。彼は、二〇一八年初めに提起された、日産とルノーの合併に、断固として反対していた。合併すれば、日産の独立性とアイデンティティが失われる、と信じたからだ。

ナダは、合併反対の運動について話し合うために、日産専務執行役員の川口均《かわぐちひとし》、監査役の今《いま》津《づ》英敏《ひでとし》と定期的に会っていた。会合の結果、二〇一八年四月と五月、ナダの指揮のもとに、詳細なシナリオがしたためられた。

――もしもゴーンが合併に反対したら（そしてフランス政府が彼を駆逐しようとしたら）、カルロス・ゴーンに日産の会長を続けさせる。

――第二プラン。もしゴーンが、フランス政府の意にしたがって、会社の合併に同意したら、ゴーンを放逐する。

結局ゴーンとケリーは、合併に賛成したので、会社転覆の方向に、賽《さい》は投げられた。

スティーヴンソンは、二〇二〇年八月二十八日に発表された長い記事の中で、次のように書いている。

ナダは、ＩＴスタッフの責任者やＣＥＯに無断で、日産のコンピュータ・システムとゴーンの会社のｅ-メールに、ハッキングの手配をした。会社の現、元ＩＴ担当によれば、数か月後、彼は検察官と連絡を取り始め、その検察官がのちに元会長を逮捕したという。

『テレビ東京』のレポーターはのちに、極秘資料を暴露した。ゴーン逮捕の二、三日前に、ナダが西川に送った極秘資料で、そこにはナダがどの程度関与していたのかが、克明に記されている。ゴーンの逮捕をどのように利用して、いかに彼を会社から追い出し、ルノーとの合併阻止を成し遂げるか、それだけに焦点が絞られていた。

検察は、「役員退職慰労金の過少報告」で逮捕したがっている。われわれとしては、「特別背任」を逮捕理由にもっていくべきだと思う。その方がマスコミのキャンペーンにも支えられ、カルロス・ゴーンの評判を、徹底的に地に落とすことができるだろう。とくに注意すべきはフランスの動向だ。

これはとくに重要だった。なぜなら、企業の〈特別背任〉は、収入の過少報告や虚偽開示よりも、深刻な罪とみなされるからだ。

二〇二一年一月のある朝、ナダがみすぼらしいヴェロアのパジャマ姿で、コーヒーとマールボロのタバコを手に、麻布の自宅付近の道路をぶらついているとき、『テレビ東京』のクルーが声をかけて、書類を見せた。

「これは極秘のe-メールじゃないか」ナダは明らかに愕然として言った。「どうやって手に入れたんだ?」

二〇一八年十一月十八日（ゴーンの逮捕の前日）に、西川に送った別のe-メール——草案のポイントを付け加えたもの——の中で、ナダは次のような趣旨を伝えている。

「日産の重役会としてはルノーに、『ゴーンの解任は、アライアンス（提携）の根本的な変更を意味する』と伝えるべきだ。そして、アライアンスのための新体制を模索しなければならない」

草案には、「ルノーによる吸収を避け、日産の独立性を確保すべきだ」という、日産の重役のとるべき姿勢が、はっきりと打ち出されていた。

ナダはのちに裁判で証言している。ゴーンが日産の役員報酬額を隠そうとしたのは、本当はどのくらい稼いだかわかったら、フランス政府が彼をルノーから追い出しかねない、と恐れたからだ、と。

この間ずっと、ゴーンは不正のすべてを強く否定し、じつは自分こそ、日産取締役たちの謀略にやられた犠牲者だ、と逆に訴えた。

「元同僚たちは、私が日産とルノーの合併を強行し、それによって日産が自主権を失うことを、何よりも恐れているのだ」

ケリーはケリーで、こう主張した。

「役員報酬については、私は法律にしたがって行動した。社外の法律事務所ばかりでなく、〈金融庁〉のアドヴァイスにも従った」

金融庁とは、銀行、有価証券、為替を監視する、日本政府の金融規制機関である。

結局、ゴーンは厳格な〈東京拘置所〉で、みじめな三か月半を過ごすことになった。

暖房もない小さな独房で眠らなければならない。トイレと洗面台だけはあるが、お湯は使えず、天井の明かりは二十四時間つけっぱなし。尋問されないときは、背中を壁につけたまま、背をまっすぐに立てて、黙って座っていなければならない。平日は三十分だけ、外で新鮮な空気を吸い込めるが、週末は許されない。時計を身に付けることも、家族と面会することもだめ。ゴーンはのちに、自らの経験を拷問になぞらえ、日本の法的システムを、「人質司法」と呼んでいる。

ゴーンの妻のキャロル・ゴーンは、『フォーブズ』とのインタビューでこう語った。

「日本はG7の一つだと思っていました。世界三番目の経済大国であり、とても文化的な国だと。でも、弁護士不在のまま尋問をしたり、証拠もないのに、好きなだけ勾留したりできるんですね」

彼女は付け加えた。

「民主主義が聞いてあきれるわ」

ゴーンは最終的には、百八日間の勾留のあと、三月六日に十億円（八百九十三万ドル）で保釈になった。ただし、厳密な条件付きだ。国外に出ることは許されず、二十四時間監視カメラのもとで、一か所に滞在しなければならない。インターネットも使えない。

釈放されるや否や、ゴーンは、この件について自分なりの説明をしたいので、FCCJで記者会見を開く、と表明。二〇一九年四月十一日に予定を組んだ。ところが、彼にとってショックなことに、一週間たたずに、まったく新しい容疑で、再び逮捕された。オマーン・ルートの取引における不正支出の容疑だ。

四日後、日産の株主総会は、ゴーンとケリーの取締役解任を決議。

同時期、ゴーンは、ルノーの取締役も、退任せざるを得なくなった。

ゴーンは四月末、五億円（千四百万ドル）で、二度目の保釈を得たが、妻とコンタクトをとることさえ禁じられた。検察は、彼女も共犯の疑いで、告発するつもりだったからだ。彼女は、アメリカ領ヴァージン諸島の会社の株主で、この会社は中東の日産販売代理店から、金を受け取っていた。彼女に言わせれば、日本の当局はある時点で、彼女の電話も、ラップトップも、日記も、ゴーンに毎日送っていた個人的手紙も、すべてチェックしていたという。

三月、ナンテールのフランス検察局は、ゴーンに対する独自の調査を開始した。

逆襲

ゴーンもケリーも、自分たちはハメられた、と主張した。——報酬をごまかした、という言いがかりは、企業クーデターから注意をそらすための、いわば〝撒《ま》き餌《え》〟だった、と。

役員退職慰労金に関する議論が、まさにそれだった。何かが実行に移されたわけでもなく、役員会にかけられることさえなかった。

ゴーンが自分用に買ったと咎《とが》められた不動産も、実際は日産の〈権限の委任《DOA》（業務目標達成のため、組織構成員に権限の一部を与えること）〉によって購入されたものであり、ゴーンが仕事目的で使うために用意されたことた。

は、社外の弁護士も認めている。検察側でさえ、最終的にこれを認めたほどだ。

大方の予想に反して、そして、ゴーンたちの解任にごく一部の株主が怒ったとはいえ、二〇一〇年のゴーンのサラリー五十％カットには、繊細なはずの日本人が、まったく感動しなかった。

二〇一四年、〈ソフトバンク〉のCEO、ニケシュ・アローラは、年収一億ドル（百六十五億円）を受け取った。アローラの報酬が開示されたとき、日本では誰も抗議の声をあげなかった。日本の〈公開会社〉における重役の中には、ゴーンよりはるかに多い報酬をもらっている者も少なくない。〈トヨタ〉の株を大量に所有する、前述の豊田章男でさえ、配当金として年に約一千万ドル稼いでいた。実際、豊田の純資産は、二〇〇九年の三億一千万ドルから十億ドル以上に膨れ上がった。

それに比べてゴーンの資産は、合計一億五千万ドルと推定される。話題にのぼらないだけだ。実際、日産は株主に対し、年に一度の株主総会に向けて、毎回質問状を提出するよう求めているが、カルロス・ゴーンの役員報酬について質問した株主は、〇・一％以下だった。

誰もがゴーンの業績を高く評価していたのだ。収益は上げたし、二〇一八年の日産の従業員数は、二〇〇〇年に比べてぐんと増加している。彼の在任中、数千人分の仕事が増えた。

ゴーンが年俸を半分に減らしたのは、フランス政府が、強欲な資本主義、重役のバカ高い報酬に、不快感を示していたからに過ぎない。〈役員報酬開示義務〉という新規則によって、ゴーンのサラリーが公開されれば、フランス政府は二千万ドルという金額に、賛成するはずがなかった。フランスはその気になれば、ゴーンを放逐する力もあった。

二〇一九年九月、〈アメリカ証券取引委員会《SEC》〉は、ゴーンとケリーと和解した。ゴーンの退職慰労金を、一億四千万ドル以上差し引いて、虚偽の報告をしたという主旨だ。この和解内容は、二〇一九年九月二十三日付で、ＳＥＣのファイルに、（日本政府提供の情報に基づいて）以下のように記された。

> 二〇〇九年から、二〇一八年十一月に東京で逮捕されるまで、ゴーンは、ケリー及び日産の部下たちの大いなる助けを借りて、報酬金額を九千万ドル以上、実際より少なく開示する策略を講じた。その分、ゴーンの退職手当を五千万ドル以上増やすことで、埋め合わせようという作戦である。
>
> ゴーンは毎年、自分の報酬総額をコントロールしていた。ある金額までは支払わせて公開し、それ以上は支払わせずに非公開。ゴーンと、ケリーを含む部下たちは、ゴーンの退職後の非公開報酬について、さまざまな支払い方法を編み出した。
>
> たとえば、極秘の契約を結んだ、とか、書類の日付を前倒しして、ゴーンの利息は日産の〈長期インセンティブ制度（長期の業績達成に対し追加報酬を支払う制度）〉によるものにする、とか、五千万ドル

以上の付加利益を絞り出すために、ゴーンの年金手当の計算方法を変える、など。

ケリーとゴーンの部下たちは、日産の最高財務責任者（ＣＦＯ）に嘘の情報を伝えた。そのため日産は、年金手当の増額など、間違った内容を公開している。ただし一億四千万ドルという非公開報酬と退職慰労金は、まったくゴーンに支払われていない。

似たような和解が、日産ともなされた。ケリーはケリーで、十万ドルの罰金を了承し、「今後五年間、罰金を支払うために公開企業の重役をつとめてはならない」という命令に従った。ゴーンは罰金百万ドルを払い、十年間の役員就任禁止に同意。日産は、制裁金として、千五百万ドルの支払いに応じている。

そして、ゴーンとケリー、どちらのケースもそうだが、表向きと内情は違っていた。三者のいずれも、アメリカ証券取引委員会《SEC》から、罪状認否を求められなかったのだ。おまけに、ＳＥＣは最終書類の中で、いわゆる非公開報酬契約はまったく実行されなかった、と記している。誰もが思うように、日本とアメリカの二か所の法廷で同時に争うより、金を支払ってしまったほうが、はるかに安上がりだし、消耗もしないからだろう。

特筆すべきは、ＳＥＣの書類が、すべて日本政府からの情報に基づいていること。しかもその情報は、もとはと言えば、前述の日産役員たちから提供されているし、反対尋問は一切なされていない。もう一つ特筆すべきは、ＳＥＣがこの声明の一部で、日本の検察に、情報提供を感謝している点だ。

『ニューヨーク・タイムズ』は、この合意によってゴーンのグローバル企業経営者としてのキャリアは事実上終わったと評した。二〇一九年、ルノー・日産・三菱自動車アライアンスは、フォルクスワーゲンとトヨタに次いで一千万台近い自動車を販売したという事実を鑑《かんが》みると、これはいささか皮肉なことだった。ゴーンはその年、ルノーと日産の両方の役職から追放されたアライアンスから千七百万ドルの給与を受け取っていた。

大脱走

裁判が二〇二〇年の終わりまで延期され、妻にも相変わらず面会を禁じられたゴーンは、二〇一九年十二月、日本を脱出する決心をした。

同月二十九日、自宅を出て、六本木の〈グランド・ハイアット・ホテル〉に向かい、尾行していた私服の男たちをまいて、建物に入った。数時間後、二人の男と共に、大阪行きの新幹線に乗車。二人の男は、ゴーンの妻のキャロルが、彼の逃亡を助けるために、およそ百三十万ドルで雇ったチームのメンバーだ。チームリーダーは、元米国陸軍〈グリーン・ベレー〉のマイケル・テイラー。その後、民間警備業者に転向していた彼は、ゴーンが追跡されずに日本を脱出できる方法を、編み出した。

〈関西空港〉近くのホテルで、ゴーンは、大きなオーディオ・スピーカー用の箱の中に、身を隠した。箱は大きすぎてX線検査装置に入らないから、関西空港の税関職員は、開けて中を確かめることなく、普通に通過させている。箱はその後、イスタンブール行きのプライヴェート・ジェットに積み込まれた。ゴーンはそこから、ベイルート行きのプライヴェート・ジェットへ移動。

ゴーンはその後、レバノンに居を定めた。レバノンは日本と、（容疑者の）引き渡し条約を結んでいない。

到着後すぐに、ゴーンは再び身の潔白を訴えるために、記者会見をおこなっている。たくさんの報道陣が集まり、世界中に報道された。ハリウッドの有力エージェント、マイケル・オーヴィッツを雇い、自叙伝の出版を担当させることにした。著者は、今や国際的な逃亡者となったゴーンだ。やがて映画化も予定している。

一方、フランス政府の要請を受けて、国際警察が「指名手配書」を発行。フランス政府はゴーンを、法的にフランス市民とみなすべきか否か検討しながら、脱税容疑で調査を進めていた。

二〇一二年、ゴーンは多国籍自動車製造アライアンスのトップになり、「中立のシンボル」としてオランダに移住したので、非居住者として扱ってほしい、と主張。しかし、法務大臣は要求を認めなかった。

レバノン政府はレバノン政府で、ゴーンの旅行を禁じ、パスポートを没収。独自の調査を進めている。

ゴーンの脱出を手伝ったテイラーと息子は、「保釈中の失踪《しっそう》を禁じる刑法はないから、日本で起訴されることはない」と、信じられない主張を展開。ゴーンをこっそりと税関を通過させ、国外逃亡させたのは、まぎれもない法律違反だが、それを完全に無視した言い分だ。二人はのちに、日本政府の要請により、アメリカで逮捕された。二〇二一年三月に、日本へ引き渡され、それぞれ、二年と一年八か月の実刑を言い渡されている。

イスタンブール空港で逃走計画に加わった四名は、有罪判決を受けた（上級審で差し戻され無罪となった）。

ゴーンの逃走は、大勢の巻き添えを生んだことになる。

前述のグレッグ・ケリーもその一人。検察が彼を逮捕したのは、ゴーンに対する不利な証言をさせるためだ、と想像する人間は多い。ケリーは今、日本に残され、一人で不快な状況に耐えている。

ケリーの公判は、二〇二〇年九月に始まり、一年以上続いた。

インサイド・マン

日産の社外で、ケリーという名前に聞き覚えがある人は、そう多くはないはずだ。

眼鏡をかけた物腰のやわらかな、この法廷弁護士は、シカゴ出身で、〈ロヨラ大学法学部〉卒。〈シカゴ・カブス〉の大ファンだ。インディアナ州インディアナポリスにある法律事務所、

〈バーンス・アンド・ソーンバーグ〉からリクルートされ、一九八八年に日産に入社。北米最大の組立工場、テネシーの〈日産スムルナ〉に、シニアマネージャーおよびアソシエイト法律顧問として配属された。

ケリーは一九九二年の訓練期間をこう回想する。

「初日に、目の前を通過する車一台一台に、間違ったネジを取り付けてしまってね。隣にいた工員が、私のミスを直しながら、自分の仕事もするはめになったよ」

ケリーはまたたく間に昇進し、二〇〇五年には、北米の日産人事部すべてを、取り仕切るようになった。日産が、カリフォルニアのガーディナからナシュヴィルに、アメリカ本社を移したときには、尻《しり》込みした重役の代わりに、個人的に数十人リクルートしている。

彼とエネルギッシュな妻ディーは、ナシュヴィルの郊外に住んで、二人の息子を育て、地元の〈監督教会〉に、規則的に通っていた。

やがてケリーの転勤により、日本へ。そして上席副社長として、ゴーンのCEO事務局の執務を担当することになる。

二〇一二年、ケリーは日産の取締役に昇進し、日産で、初のアメリカ人重役となった。日産は当時、九人の役員メンバーのうち、日本人以外を五人起用していた。二年後、ケリーは〈アライアンス人材マネージメント〉のトップを任される。

ケリーは日産をこよなく愛していた。ルノーと三菱との提携のおかげで、ますます大きく、ますます良質で、偉大な自動車メーカーに成長している、と信じていた。友人や仕事仲間はケリーを、知的で、きわめて高潔で、非常に仕事熱心な男、と評している。

人事部の責任者であり、ゴーン采配《さいはい》下の役員として、ケリーは、「ゴーンの右腕」とか、「インサイド・マン」とか、「CEO密告者」などと呼ばれることに、強い憤りを感じている。逮捕劇がマスコミに流れて以来、報道陣にそんなニックネームで呼ばれるからだ。

ボスとの関係を、「それほど密ではない」ようにしてきた。取締役ではあるが、日産のトップの運営委員会、執行委員会には属していない。ゴーンとは、月に平均二回ぐらいしか会っていない。

しかしケリーは、ゴーンを、今まで会った中でもっとも優秀な経営者、とみなしていた。

「あの人は、世界トップレベルの自動車会社、日産とルノーを、一人で同時に経営しているんですよ」

ケリーは驚きを隠せない。

「そんなことができる人間が、世の中にどれだけいますか？」

日産で数年働くあいだ、ケリーは定期的にゴーンの引退問題を取り上げてきた。

ゴーンが日産を辞めれば、ライバルの自動車会社がたちまち彼を引っ張り、グローバル・スタンダードの給料を払うだろう。ケリーは、西川と同様、そうなったら日産にとっては悲劇だ、と考えていた。何らかの資格を持つコンサルタントとして、彼をキープしておく必要がある、と。

二〇一五年には、ケリーは役員を辞めずに、毎日の経営業務から退いていた。ナシュヴィルやフロリダのサニベル・アイランドにある、自宅で過ごすことが増えている。

二〇一八年十一月、前述の日産役員、ハリ・ナダから、

「緊急役員会があるから、すぐに日本に戻ってほしい」

と説得されたとき、ケリーは最初、躊躇《ちゅうちょ》した。

「手足にしびれがあって、歩くこともままならないから、〈ヴァンダービルト大学〉の医療センターで、頸椎《けいつい》除圧手術を受けることになっている」

とケリーが説明。

するとナダは答えた。

「本人が直々にくる必要がある。会社の飛行機で迎えに行かせよう。感謝祭と手術に間に合うように、三日で家に帰すから」

ところが、飛行機が東京に着陸し、彼の乗ったヴァンが街の中心部に入ったとたん、警察車両に止められ、ケリーは逮捕された。そして〈東京拘置所〉の独房で、三十七日間、勾留され、床に敷いた硬いフトンで寝る羽目になる。

日産時代のカルロス・ゴーンのイメージが、いかに激しく変化したかを指摘する声は多い。最初のころ、日本人の多くが、ゴーンは〈ミスター・ビーン〉にそっくりだ、と思った。イギリスのコメディアン、ローワン・アトキンソンが、演じて有名になったキャラクターだ。二人は生まれてまもなく、生き別れになった兄弟に違いない、そんなジョークさえ飛び交った。しかし、やがてゴーンが成功に成功を重ねるうちに、日本でロックスターなみのオーラを放つようになる。彼のライフストーリーは、漫画のスーパーヒーローとして語られ、ほかの本でも取り上げられた。

東京を本拠地とする弁護士、スティーヴン・ギヴンズはこう語る。

「年を経るごとに、彼はみるみる進化して、成功を重ね、マスコミの取材対象になることが増えてきた。〝顔がおもしろいヘンな男〟から、日本人がイメージする〝男らしい男〟に変わっていった」

二〇一二年、ゴーンは、二十六年連れ添い、四人の子供の母親をつとめた妻、レバノン人のリタ・コルダヒと離婚した。そして二〇一六年に、スタイルのいいブロンドのレバノン系アメリカ人、ニューヨーカーのキャロル・ナハスと再婚。結婚式と新妻の五十歳の誕生祝いを兼ねて、〈ヴェルサイユ宮殿〉で、マリー・アントワネット風の豪勢なパーティを催した。新カップルは、二〇一七年〈カンヌ映画祭〉のレッド・カーペットの上で、写真撮影もされている。

これが引き金となり、誤報が広まった――ゴーンは日産の金を使って、東京、パリ、リオデジャネイロ、アムステルダム、ベイルートと、五軒のプライヴェートな家を購入したのだ、と。派手な出費は、たちまちオブザーヴァーたちの反感を招いた。「ゴーンは調子に乗りすぎだ」と。〈ゼネラル・モーターズ〉の気難しい元副会長、ロバート・ラッツは、『ＣＮＢＣ』にこうコメントしている。

「ゴーンの行動はすべて、自分を全能だと慢心している証拠だ」

こういう批判は、誇張しすぎかもしれない。

ゴーンが購入した不動産の年間維持費は、せいぜい五十万ドル程度だろう。日産の彼の年収一千万ドルと合わせても、千五十万ドルにしかならない。

〈フォード〉のＣＥＯ、アラン・ムラーリーの二〇一〇年から二〇一四年の年間報酬は、二千五百万ドルだし、〈フィアット・クライスラー〉のＣＥＯ、セルジオ・マルキオンネの二〇一〇年から二〇一六年の年間報酬は、三千五百万ドルだから、彼らと比べれば、ゴーンの報酬ははるかに低い。

検察も、日産の法律事務所〈レイサム・アンド・ワトキンス〉も、のちに認めているように、不動産購入については、なんの問題もないのだ。

しかし前にも述べたように、この事件には、単なる〝私利私欲〟や、徐々に膨らんだ〝ゴーンの自尊心〟以上のものが含まれていた。

ゴーンは、「日産がルノーや三菱と、さらに本格的な合併をしなければならない」という確信を、ますます深めていた。三社が、仕入れとリサーチのような、特別な役目をシェアするのみという、現在の合併条件に甘んじることなく、それ以上の方向に進めるべきだ、と。

ゴーンが対等合併を支持したことで、横浜日産の上級役員の一部は、腹を立てていた。合併しても、利益の大半は日産が生み出しているし、日産トップの日本人ブレインは、「日本の会社」というアイデンティティを失いたくない、と思っていたからだ。

(ハリ・ナダも、日本人ではないが、合併に反対だった。合併によって社内の自分の権力を失うことを恐れていた、と言われている。)

ゴーンの妻は、二〇二〇年一月三日の『フォーブズ』のインタビューで、不満を述べている。

「日本は、愛国主義とアンチ・ガイジン根性を捨てられないんだわ。日産の重役の一部が、ゴーンを追い落とし、合併を妨害するために、日本の〈経済産業省〉とツルんだのよ」

彼女は続ける。

「彼らはルノーと合併したくなかった。フランスとは一切かかわり合いたくないんだわ」

熟年外国人対日本人のせめぎ合い。異文化ヴェンチャーではおなじみの構図が、また顔を出し、不信感の種を蒔《ま》く。

鎌倉《かまくら》を本拠地とし、日本をテーマにする著名な作家、ダニエル・ミラーは指摘する。

こういう話には共通点がある。日本のビジネス界は、外国人のタレント（逸材）を輸入して、世界の最先端企業でありたいと願うのだ。そのプロセスとは、

（1）企業の情報収集部門を通じて、世界でなにやら〝新しいこと〟が進行している、と気づく。

（2）われわれ日本人は、どうすればその〝新しいこと〟を実行できるのか、もしくはわれわれの都合のいいように利用できるのか、わからない。

（3）その〝外国のマジック〟を実行できる〝マジシャン〟を輸入し、厳格な条件のもとに、われわれ日本人がやり方を学べるようにしよう。

日本の野球チームが、ホームラン量産のために、メジャーリーガーを輸入するのが、そのいい例だ。

そして、この壮大な期待が外れたとき、日本人は〝われら日本人の能力〟を再評価しはじめる。

逆に、もしも輸入したタレントが成功すれば、そのガイジンは大げさなほど褒めちぎられる（次章のヴァレンタインのケースを参照）。

するとガイジンは、日本人の忠告をすっかり忘れてしまう。「個人崇拝や、目の覚めるような契約金に惑わされて、自信過剰になるな。常に謙虚に、おのれの分をわきまえろ」

という日本人の忠告を。

安倍晋三元首相は（この大騒ぎのあいだ、比較的冷静さを失わなかった一人だ）、こう言った。

「この件は、日産の取締役会内部で処理する問題だ。裁判沙汰《ざた》にすべきではない」

保釈後、ケリーは妻のディーと、東京中心部の皇居に程近い、半蔵門《はんぞうもん》の小さなアパートに移った。電子レンジはあるが、調理台はない。ディーは学生ヴィザで、日本に滞在することを許された。真面目に日本語クラスに通って、当局が満足するだけの成績をとることが条件だ。

裁判に向けて、ケリーは弁護士事務所に毎日通い、何時間もかけて、膨大なデータの山から数千冊の資料に目を通し、合計十億ページ近くを読みあさった。

検察側からの規制があり、彼の弁護団は、検察から提供された電子資料（十一テラバイト。これは十億枚のドキュメントに等しい。アメリカ議会図書館は十テラバイト）を、インターネットを使って調べることは、禁止された。

電子データが大量にある場合、法律事務所は通常、インターネットのサーチ機能を使う。なぜなら、弁護士たちが協力し合ってデータ・サーチができるから、大量のデータ処理には効果的なのだ。

ディーは言う。

「サーチエンジンで全情報を見るとしても、弁護士百人がかりで百年はかかるわね」

ケリーの弁護団によれば、これはとくに大量の資料を要するケースではないという。関連性があるのは、百から二百枚程度の資料だ。弁護のために十億枚の資料を用意されたのは、ケリーの容疑を晴らす資料を隠すためだろう、と弁護団。とてつもなく大変な作業と機転なしでは、ケリーの弁護団が、「このケースは犯罪事件ではない」と立証する資料を見つけることは不可能なのだ。一部のページにはパスワードが必要で、すぐには使えない。これもまたハードルだ。

ケリーの裁判は、二〇二〇年九月から二〇二一年十月まで、一年続いた。その間、六十七以上の公判がおこなわれている。

検察によれば、ケリーは二〇一〇年から、ゴーンの報酬隠しに手を貸したという。

その年、日本は企業の公開規則を変え、年に一億円（九十四万二千五百ドル）を超える役員報酬は、企業が公開しなければならなくなった。彼らの主張によれば、ゴーンは日本とフランスの精査を避けようとした。両国とも、巨額の報酬を、道徳的に毛嫌いする傾向があるからだ。

公判の証人の中で注目されたのは、西川の証言だ。驚いたことに、彼はゴーンを「素晴らしいビジネス・リーダー」と絶賛している。そして、ゴーンの報酬についても、ゴーンやケリーの主張に同意した。同レベルのグローバルなCEOの報酬と比べると、ゴーンの報酬は確かに低い、と（ただし、日本の他企業のトップと比べれば多すぎる、とも言っている）。さらに、引退後の報酬は、単なるその埋め合わせのつもりだったし、ゴーンがライバル会社に引き抜かれないようにするためでもあった、と。

西川は、自分もケリーも、ゴーンが〝ほかに乗り換える〟ことを恐れていた、と言う。

「われわれは、ミスター・ゴーンにうちで仕事を続けてもらうのは難しい、と思っていました。彼は非常に才能のあるマネージャーですから」

西川によれば、

「退職後の取り決めは、〝将来の仕事〟にかかわるドラフト（草案）です。二〇一〇年以降、日本で〈高給役員報酬の公開〉が必須《ひっす》となったために、報酬カットが発生しましたが、それを埋め合わせるペイバックではありません」

彼はさらに認めている。

「この契約は、どんな場合でも関係者全員のサインと、役員会の承認がなければ、効力がない」

裁判に提出されたドラフトには、西川とケリーのサインはあったが、ゴーンのサインは見当たらず、日付も空欄だった。

別の日産役員が周到に保管していた、ゴーンの〝未払いサラリー〟に関するリストを、検察側が証拠として出してきたとき、ケリーの日本人弁護士、喜田村洋一《きたむらよういち》は、大量の資料の山からやっと見つけ出した、とっておきの資料で反撃した。

喜田村は容赦のない審問者として知られ、法廷でほかの人々が席についている間も、一日中立っている。

喜田村の資料は、次のような趣旨を示していた。

ケリーはそのリストのことは知らなかったこと。

役員報酬は開示なしに延期はできないと、ケリーがゴーンにはっきり忠告したこと。

日産ＣＥＯの西川もケリーもほかの連中も、ゴーンとの確約を取り付けようとしたに過ぎないこと。確約とは、「ゴーンが会長を辞めたあとも、日産との関係を継続し、引退後も日産のために貢献して、ほかのライバル社には決して移らないこと」。

退職金プランは、約十年がかりでおよそ一億ドルと見積もられるが、内外の弁護士によって念入りに精査されており、まだ完成されてもいなかったこと。

弁護団は、ゴーンが問題の金をまだ一銭も受け取っていない事実を、何度も何度も強調した。

彼は、自分がまだサインもしていないし、役員会にかけてもいない将来のボーナスのことで、逮捕されてしまったんです。日産の弁護団も、会計士たちも、すべてを精査しているはずですよね。誰だって疑問に思います。さあ、どこに問題があるんですか？　この逮捕劇、裁判沙汰に、いったいどんな意味があるんです？

『ウォーズ・オートモーティヴ』のベテラン特派員、ロジャー・シュレフラーは、『アジア・タイムズ』の記事の中で、こう指摘した。『アジア・タイムズ』は、日本の検察についてかなり厳しい論調で知られている。

ケリーは、告発されているような犯罪――ゴーンの報酬計画について、うその会計報告をした罪――を犯すはずがない。なぜならケリーは、ゴーンと同様、日本語を読むことも、書くことも、話すこともできないからだ。会計報告は日本語で提出されている。その前に、日産の役員会、会計士、社内会計監査、弁護士――全員、日本語が読めるし、書けるし、話せるメンバー――の精査と承認を得たうえで。

シュレフラーはこう結論づける。

東京の検察の主張どおりに、ことは運んでいなかった。この件に関して、最初から世間の誤解を招いている。ケリーの裁判は〝カンガルー・コート（インチキ裁判）〟だ。ゴーンの裁判にしても、もし彼が日本に残っていたとすれば、インチキ裁判になっていたことだろう。告発が秘密裏におこなわれた点だけでも、不公平この上ない。

確かに、すでに二〇一八年春の時点で、日産の役員が、合併を阻止するために、〈経済産業省〉に足を運んでいる。その経産省から、検察に行くようにアドヴァイスされた。結果として、ナダがケリーをだまして、日本に呼び戻したのだ。

この裁判は、アメリカの注意をひきつけた。「ケリーはハメられた」という声が多い。その一つが、元駐日アメリカ大使、ビル・ハガティ上院議員の主張だ。

「ケリーは悪名高き日本の〝人質司法（被疑者を長期間拘束して自白を強要する）〟の犠牲者だ」ロジャー・ウィッカー上院議員は、上院議場に上がって言った。

「この無意味な試練には、一つのメッセージが含まれています。『日本でビジネスをするなら、背後に気をつけろ。日本人の都合次第で、罠《わな》をしかけられるぞ』と」

十月の裁判が結審するやいなや、シュレフラーはケリーの公判を、「罰するための罪探し」と呼んだ。日本の憲法は、〝迅速な裁判〟を保証しているが、ケリーが巻き込まれた三年半は、決して〝迅速〟ではない。

判決は二〇二二年三月三日に、ようやく下された。

〈二〇一〇年から二〇一七年の会計年度における、ゴーンの報酬の未報告〉を含む、ケリーの八つの罪状のうち、七つは無罪となった。

判決によれば、ゴーンの報酬は未払いだし、役員会の承認もなかったが、厳密な意味では日本の「有価証券報告書開示義務」違反である。なぜなら、〝提案〟された上で、〝報告〟はされなかったのだから。ただし、その報酬として予定された八千五十万ドルの大半について、ケリーには責任がないという。

未払い収入の隠ぺいは、ゴーンと、日産役員の大沼の罪であると結論が出た。

大沼はゴーン報酬縮小案の経過を追い、いわゆる〝志賀《しが》―小枝《こえだ》計画〟の準備をサポートしていた。役員会の承認が得られたら、先送りしたゴーンの報酬を引退後に払う役目を、日産役員の志賀俊之《としゆき》と小枝至《いたる》が負う、という計画である。

もちろん大沼は、西川とケリーの知らないところで検察と取引し、証言することと引き換えに罪を逃れたのだ。ハリ・ナダと同様に。

ただし裁判所は、報酬を現金で支払うことを、ケリーが知っていた、と判定した。二〇一七年のゴーンの報酬は、これによって総額八百万ドル違ってくるが、これを監査役に隠した、巧みな法律違反である、と。裁判所は、前述の大沼の証言に基づいて、この判定を下した。大沼は、二〇一七年の取り決めについて、ケリーに伝えた、と証言している。これによって、ケリーは共犯とされてしまったのだ。

検察の顔を立てるためのプレゼントだと、多くの人間が思った。

下津《しもつ》健司《けんじ》裁判長は、ケリーに懲役六か月、執行猶予三年、を言い渡した。そして、自由にアメリカへ帰ってよろしい、と伝えた。検察は二年の実刑を求めていた。

ケリーは裁判所の判決に、茫然《ぼうぜん》とした。二〇一七年に彼が出席した、たったの十分の会合と、サインしたこともないし見たこともない書類が、争点になった、ということだろうか。

彼はさらに主張する。驚いたことに、下津裁判長の判決は、検察側の同じ証人、大沼の証言を、うのみにしている、と。裁判所は当初、無罪と引き換えの証言だから、大沼は全体的に信頼性に欠ける、信用できない、と言っていたはずだ。

とはいえ結局は、ケリーに対する日本の検察側の起訴内容の多くは、棄却された。ただし、やはり被告の立場だった日産は、有罪判決を受け、罰金二億円が言い渡された。

東京の弁護士、スティーヴン・ギヴンズは、裁判経過を観察して酷評している。

ケリーの起訴内容の八分の七が無罪と判明した時点で、裁判所はこの訴訟事件の薄っぺらさを知ったのだ。一つだけ有罪とは、説得力がなさすぎる。まるで、検察当局が赤っ恥をさらさないための指示書みたいではないか。

判決は、ミスター・ゴーンが二〇一八年終盤に逮捕された罪について、これを最初で最後の裁判とする、と結論付けた。

ゴーンはベイルートから、「自分もケリーも無罪であり、日本の検察が日産に加担して、〝宮廷革命〟による社外追放を図ったのだ」と訴えた。

「もしケリーが有罪なら、刑務所に入るべき日本人は大勢いる」とゴーン。先述のシュレフラーは付け加えた。

振り返ってみると、東京地裁は重大なミスをした。ゴーンがどれほどタフな人間か、甘く見積もっていたのだ。独房に百三十日間監禁され、一日に四時間、六時間、ときには八時間も尋問が続き、日本の恐ろしく寒い冬に、暖房もろくにない独房で、適当な服もないし、休憩もろくにとれない。それでも彼は〝自白〟しなかった。

同じことがケリーにも言える。

事件の結果、自動車業界はたいへんなダメージを被った。ゴーンの逮捕後、日産とルノーの株は大暴落。ゴーンの逮捕後の企業収益率は、ゴーンが日産に着任した当初と、大して変わらなくなった。日産の報告によれば、六十三億ドルの損失だ。ゴーン追放の二十八か月後の二〇二一年三月、日産の時価総額（市場における企業規模）は、逮捕前の半分しか取り戻せていない。さらに同企業は決算時点で、二千億円（十八億ドル）の経常損失と、約五千三百億円（約五十億ドル）の純損失を計上している。

ナダも大沼も日産に残った。ルノーとの合併で権力を失うことを恐れていたナダは、シニア・アドヴァイザーに降格した。自身の報酬隠しが明るみに出たからだ。ジャーナリスト数人が報道しているように、降格とは名ばかりで、ナダは相変わらず重役会に規則的に参加している。彼こそが、日産が最近発表したルノーとの決別の立役者である。日産ＣＥＯの西川は、報酬の分割スキャンダルへの非難が高まり、退任を余儀なくされた。起訴はされていないが。

ほかの外国人重役二名も、被害に巻き込まれた。ゴーン配下の〈ニッサン・ノース・アメリカ〉のホセ・ムニョスは、ボスの逮捕の直後に、日産を去り、〈ヒュンダイ・モーター〉のグローバルＣＯＯになった。やはりゴーン配下で日産の法務担当役員を務めたラヴァンダー・パシは、『ブルームバーグ』のレポートによれば、日産のゴーン調査の中で、利害対立をあおったあと、降格された。

レバノンで、ゴーンは大衆からヒーロー扱いされ、屋外広告板で大絶賛された。

しかし日本では、世間の評判は正反対だ。ほかの人間には真似できない方法で、法の網をかいくぐり、自分の資産を使える人間、とみなされている。東京の証券アナリスト、遠藤功治《えんどうこうじ》によれば、

「ゴーンの逃避行は、日本の大衆が受け入れるような判決はあり得ない、と思ったからですよ。日産・ルノーの合併は、以前よりずっと難しくなるはずです」

キャロル・ゴーンにとっては、夫に起こったことは、グローバリゼーションからの後退現象

だ。

「日本は〝ジャパン株式会社〟に戻っている。昔から、とても愛国主義的な国だと言われてきたけど、その通りね。歴史を見ても、何にも変わっていないわ」

ケリーは冷静だ。


私はこの素晴らしい会社、日産に、三十年以上務めてきたことを、誇りに思っています。名誉なことです。こんなことが起こって、とても残念です。彼らは外国人がオーナーになることを恐れたばっかりに、偉大な会社をダメにしてしまった。


日本の裁判は、西洋のオブザーヴァーたちにとって、異様だった。なぜなら、判決を下した後に、裁判長が驚くべきスピーチをしたからだ。

「大沼と共謀して、不法な報酬を手に入れる画策をしたことがわかった以上、カルロス・ゴーンは〝独裁者〟であり、〝私利私欲〟を丸出しにした〝犯罪者〟である」

ゴーンの日産での業績を考えれば、この評価はあまりにも酷《ひど》すぎる。

日産のような企業は、信じられないほど複雑だ。問題が発生したら、流れ作業の中で解決しなければならない。合わないパーツを、ロボットに取り付けるような苦労だ。同時に、中国で車を販売する方法を考えなければならない。自動車ビジネスを、広く、深く理解している特殊な人間にしか、適さない。ゴーンはまさにその特殊な人間だ。少なくとも、そうだった。彼は強欲だろうか？　おそらくそうだろう。しかし、ほかの超高給取りのＣＥＯと比べても、大差はない。しかも、彼は信じられないほどよく働く。アメリカの国務長官よりも、飛行マイル数が多い。あらゆる基準から見て、彼の報酬は安すぎる。

日本でもっとも長く首相をつとめた安倍晋三が、二〇一二年に就任したとき、こう公約した。

グローバルな資本主義エリートを、歓迎するような場所に、日本を変える。同時に、株主や海外の指導者に、もっと日本企業へ注意を向けさせ、日本のビジネス界にはびこっている、居心地は良いが効率の悪い〝株式持ち合い（取引関係にある会社の株を持ち合い、敵対的買収を防ぐこと。日本で高度成長期に広まった）〟を、開示するよう、日本企業を後押しする。

ゴーンは東京に初めて足を踏み入れたときに、後者をおもな目標とした。安倍が二〇二〇年九月に退任したとき、この可能性は激減した。

以来、ゴーン・レベルの外国人重役は、日本に進出すべきかどうか、考え直している。偶然かどうかわからないが、ケリーの判決の翌日、東京の検察庁は〈ＳＭＢＣ日興証券〉の四人の社員を、金融商品取引法違反（相場操縦）の容疑で逮捕した。その中に、五十一歳のアメリカ人、元エクイティ本部長のトレヴォー・ヒルも含まれていた。最高で懲役十年を受ける可能性がある。検察庁からリークされた一部資料を見て、複数の企業エキスパートが、「わけがわからん」と首を傾げる罪状だ。

例によって、裁判所が〝公正で迅速な裁判〟を保証したものの、公判データがまったく公開されないまま、一年以上経っている（二〇二三年五月初公判が開かれた）。


結局のところ、見つめなおすべき不快な事実がある。日本の法律は、時の権力者が社会をコントロールするのに、都合よくできているのだ。

ゴーンは、日本の自動車メーカーが、独特の〝アイデンティティ〟を失うような合併を進めて、〝社会の和を乱した〟から、〝望ましくない人物〟とみなされた。そのため当局が、日本社会の目指す方向に、法律を操作したのだ。

ウッドフォードの場合は、すでに述べた通り、法律に従った。しかし、多くの日本人によって〝望ましくない〟とみなされた。彼も〝社会の和を乱した〟からだ。

どちらのケースも、案の定、外国人を苦しめた（ウッドフォードは金を稼いだが）。マスコミはその間ずっと、単なる広報でしかなく、真のジャーナリズム的要素はほとんどなかった。『FACTA』と『週刊文春』を除けば。

不快な要素がもう一つ。上記のケースすべてが浮き彫りにする〝島国根性〟だ。日本のビジネス界を取材し続けている、横浜在住のジャーナリスト、メアリー・イイダは、FCCJのデイスカッションでこう言った。

日本のビジネス・リーダーの中に、日本市場以外の会社を導いて、世界的注目を浴びるような人材は、あまりいないのが現実です。戦争で疲弊したレバノン出身で、国際実績豊富なゴーンなら、どこへ行っても成功できるでしょう。ほかの国にも、国際的ビジネス・リーダーはいくらでもいます。でも、日本にはいない。〝日本株式会社〞がいくら繁栄していても、国外から日本人ＣＥＯを求める声は、ほとんどありません。どんなランクであろうと、グローバル市場で卓越した力を発揮できる日本人は、あまりいない。せいぜい、日本市場の内側だけです。

これもまた、再考を要する不快な事実だ。

第七章　ヴァレンタイン方式

日本野球の外国人監督は、この本のほかの登場人物と同様、まぎれもなくアウトサイダーだ。日本のプロ野球で監督を務めたアメリカ人は、ほんの一握りしかいない。アメリカ人監督起用は、一九三六年以降試みられてきたが、それ以降、ほとんどが不成功に終わっている。

一般的にアメリカ人監督は、野球に対する哲学が根本的に異なるために、うさん臭い存在とみなされる。たとえばトレーニング一つとってみても、日本人は武士道精神に基づいて、一年中厳しい練習を課す〝スパルタ方式〟が一般的だが、アメリカ人の場合は、それとは対照的に、比較的リラックスしたトレーニング方法が多い。あるセ・リーグ代表の発言は有名だ。

「アメリカ人監督は、日本には向かんよ。甘すぎるからね」

ハワイの日系二世、ウォーリー与那嶺《よなみね》は、〈読売ジャイアンツ〉の選手として殿堂入りした人物だ。オールスターに8回出場したこのスター選手は、引退後、監督の道に進み、一九七四年に、〈中日ドラゴンズ〉をセ・リーグ優勝に導いている。これは、読売ジャイアンツの10連覇を阻止する偉業だった。リベラル派は、彼の進歩的なアメリカ方式に拍手を送ったが、読売の川上哲治のような保守派監督は、認めようとしなかった。

川上と与那嶺は、五〇年代のチームメイトだが、クリーンナップの川上も、ほかの選手たちも、なかなか与那嶺と打ち解けようとはしなかった。天皇陛下に歯向かった国の家族出身であることを、なにかにつけて思い知らせた。

最初の二、三年、彼の名前は、選手名簿に「要《かなめ》」と記された（もちろん、これが本名だが、ウォーリーを名乗るようになってからは、決して使っていない）。チームに外国人がいるのは、かんばしくないからだ。

そんな冷淡な扱いは、ますますひどくなっていく。与那嶺が川上の記録を破り始めたからだ。川上は、選手を引退して監督になったとき、与那嶺を中日ドラゴンズへ放出した。

しかし、与那嶺はやがて、リヴェンジを果たすことになる。

〈広島カープ〉は一九七五年に、ジョー・ルーツを監督に起用した。ルーツは日本野球史上、初の〝白人監督〟だ。彼は与那嶺と違って、日本語をひと言も話せなかった。カープの代表はこう言ったとされる。

「ミスター・ルーツの起用は、私の人生最大のギャンブルです。もしうまくいかなかったら、切腹ものですよ」

ルーツは、シーズン開始後一か月もたなかった。

彼がアンパイアとひっきりなしに衝突するので、チームは辟易《へきえき》していた。ある日、状況は最悪になった。ルーツがアンパイアに抗議し、体当たりしたり小突いたりしたあと、退場を命じられた。しかしルーツは命令に従わず、十分間抗議。しかたなくカープの代表が、スタンドからフィールドに下りてきて、彼に退場するよう頼んだ。

ルーツにとって、これは許しがたい屈辱だ。試合後、彼は退団届を提出した。

「とにかく、俺が主導権を握っている感じが、まったくしなかったよ」

彼はのちに語っている。

「フロントが、門限を破った選手に罰金を科すとか、そのほかいろいろ決めたらしいが、俺はそのことを、レポーターから聞いて初めて知った。何がどうなっているのか、俺は完全に蚊帳《かや》の外って感じだった」

一部の人間に言わせれば、〝やかましい外国人監督〟は、広島のような街のファンにとって、うんざりなのだ。なにしろ広島は、アメリカ人の原爆投下によって、壊滅状態にされた街である。カープの選手だったゲイル・ホプキンスは、ルーツがじつはクビになったことを、のちに暴露している。

ホプキンスによれば、カープ首脳陣は、外国人がチームの中で目立つことを、嫌がっていたという。最初のころは、メンバー写真で外国人の白い顔を黒っぽく塗り、ほかの選手と違い過ぎないように細工したそうだ。

次に登場するアメリカ人は、元〈セントルイス・カーディナルス〉の内野手、ドン・ブラッシンゲーム（登録名ブレイザー）。一九七九年に、人気チーム〈阪神タイガース〉の監督に就任したが、スタメン選手の選択をめぐってトラブルになり、翌年のシーズン半ばに去っている。

大学出の国民的なスター・ルーキー（岡田彰布を指す）ではなく、ベテランのアメリカ人選手を起用したからだ。ブレイザーは、「ぶっ殺す」などの脅迫や嫌がらせメールに悩まされた。試合のあとに、彼の乗った車が、怒り狂ったファンに、ひっくり返されそうになったこともある。

しかし、アメリカ人、ボビー・ヴァレンタインのケースは、驚くべき高評価と、苦悩の多い低評価に満ちている。彼のダイナミックな采配《さいはい》は、東京の隣の、活気に欠ける千葉のファンに、衝撃を与え、日本野球の様相を一変させた。

その反面、彼は二度もクビになり、チーム首脳陣から、こう言われている。

「ヴァレンタインを雇ったのは、大きな間違いだった。組織のバランスを崩し、チームの和を、修復不能なまでに乱した」

日本で外国人重役になる危険性を、これほど如実に表す例はない。

ボビー・ヴァレンタインは一九五〇年に、コネチカットで生まれ、育った。アメリカの人気雑誌『スポーツ・イラストレイテッド』の調査で、二十世紀の米国史上もっとも優秀なコネチカット出身のハイスクール・アスリートの一人に選ばれている。

やがて〈南カリフォルニア大学〉に引き抜かれた。アメリカン・フットボール・コーチが〈オールアメリカン〉のランニングバック、O・J・シンプソンの後釜《あとがま》として、彼に期待を寄せたからだ。ところが彼は、トミー・ラソーダと会ったのを機に、退学してしまう。当時、

〈ロサンジェルス・ドジャース〉のマイナーリーグの監督だったラソーダは、プロ野球に転向するよう、彼を説得した。

ヴァレンタインはマイナーリーグの階段を駆け上がり、メジャーリーグへ昇格。しかし、入団時の約束をなかなか果たせず、一九七三年に〈カリフォルニア・エンジェルス〉にトレードされている。

アナハイムでの最初の年、金網フェンスに激突し、多くの複雑骨折に苦しんで、元には戻らなかった。非レギュラー内野手、外野手として、メジャーリーグで合計十年過ごしたあと、一九七九年に引退。

その後しばらくはマイナーリーグの監督を務めたが、一九八五年、万年弱小チームの〈テキサス・レンジャーズ〉を引き受けることに。一年後、チームを2位に導き、『ユナイテッド・プレス・インターナショナル』の〈マネージャー・オヴ・ザ・イヤー〉の次点に選ばれた。

若手を育てるコツを心得ていた彼は、メジャーリーグでもっとも知的で、洞察力のある、カリスマ的監督とみなされるようになった。

しかし同時に、人をいらだたせる、偉そうで、皮肉屋の側面があった。そのため彼の歴史は、一部の選手、フロントのお偉方、アンパイア、スポーツライターなどを相手に、衝突の連続だった。

彼の〝濃いキャラクター〟を示す証拠がある。わずか十二か月のあいだに、両極端の評価がなされた。

〈ニューヨーク・プレス・フォトグラファーズ・アソシエーション〉は、彼に〈今年のグッド・ガイ大賞〉を授与している。その一方、『ザ・スポーティング・ニュース』は、彼を表紙と特集記事に取り上げ、その中でこんな質問を投げかけた。「なぜ誰もがボビー・ヴァレンタインを嫌うのか？」

一九九二年に〈レンジャーズ〉をクビになったヴァレンタインは、〈メッツ〉のトップ・ファーム、トリプルA〈ノーフォーク・タイズ〉の監督を務めていた。広岡達朗から話をもちかけられたのは、その頃だ。

広岡は〈ヤクルトスワローズ〉と〈西武ライオンズ〉を率いた有名な元監督で、ちょうど〈千葉ロッテマリーンズ〉のGMを引き受けたばかり。広岡はヴァレンタインを説得した。日本に来て、一九九五年のシーズンに、ロッテの監督を務めてみないか、と。

ロッテマリーンズは、日本の工業地帯の中心地川崎から、千葉に引っ越したばかりだった。川崎では〈ロッテオリオンズ〉を名乗り、選手たちは、ガソリン臭い、大気汚染された、頭痛がするようなスタジアムでプレーしていた。パ・リーグの下位を低迷していたチームは、そこから千葉の幕張《まくはり》へ。今度は、清潔なオフィス・タワー、住宅街、展示場、コンサートホールなどが並ぶ、新興の街だ。

広岡は、最初はヴァレンタインを、「珍商品」としてチームに加えた。ファンの興味を引くためだ。その間、広岡は、組織の立て直しを図った。

ところが、ヴァレンタインの知らないところで、広岡はこのアメリカ人監督の首を、二年ですげ替える計画を練っていた。後釜として予定していたのは、ファーム監督の江尻亮《えじりあきら》。広岡は江尻を、それに向けて訓練していた。

〈マリンスタジアム〉は、近代的なコンクリート製で、サンフランシスコの〈キャンドルスティック・パーク〉並みに風は強いし、初春には、同じくらい暗く、凍えるほど寒い。それでも選手たちは、結構な成績をあげていた。

しかし、ヴァレンタインと、広岡が彼を助けるために雇ったコーチ陣のあいだで、衝突が絶えない。コーチたちは伝統的なやり方、武士道的なアプローチを好んだからだ。野球が最初に日本に導入された、十九世紀のやり方を。

たとえばスプリング・キャンプ。アメリカよりも数週間長く、夜明けから日暮れまでトレーニング三昧《ざんまい》だ。いわゆる〝根性〟トレーニングで、選手たちはへとへとになるまで守備練習をさせられ、ときには体罰を科される。反抗的な選手を、コーチが蹴《け》ったりひっぱたいたりすることも珍しくない。

ヴァレンタインは独自の練習法を採用した。キャンプの練習は、一日三時間だけ。ほかの日本のチームのように、九時間もやらせない。シーズン中は、試合前の練習は軽くする。試合のためにエネルギーをとっておくためだ。

試合前のミーティングは、数も長さも減らし、チーム全員に参加させる。日本の監督の大半が大好きな犠牲バントは、避ける。ミーティングは一般的に時間の無駄だし、犠牲バントは、アウトカウントを無駄に増やすだけだ。

ところが、シーズンの大半を通じて、必ずしもヴァレンタインの采配どおりになっていないことが判明した。ヴァレンタインの西洋方式に、納得がいかない日本人コーチたちは、広岡に相談し、ときにはヴァレンタインの指示に従わず、彼に知らせずに秘密練習をおこなっていた。

その年の九月、印象的な出来事が起こった。消耗する猛暑続きの最中に、長く厳しい遠征から戻ってきた選手たちに、ヴァレンタインは次の連戦に向けて、丸一日の休暇を与えた。オフのはずのその日、ヴァレンタインがスタジアムを訪れたとき、驚いたことに、チーム全員がフル練習に取り組んでいるではないか。GMの広岡自らが、指導に当たって。

ロッテはその年、2位で終わった。ここ数年で、チーム最高の成績だ。

トップクラスの選手数人が、「監督のおかげで、野球が楽しくなった」とヴァレンタインをほめた。オフレコで、「広岡GMや日本人コーチの武士道的やり方は、日本の近代野球には向かない」と断言する選手もいた。

自分は強い立場でチームを率いている、と勘違いしていたヴァレンタインは、重光《しげみつ》昭夫《あきお》オーナーに手紙を書いた。コーチ陣を変えた方がいい、と。

コーチはコーチで、ヴァレンタインをクビにしないなら、われわれは辞める、と広岡に直訴。そのうちの一人、日本の球界で尊敬されるベテランの江藤省三《えとうしょうぞう》は、こう言った。

「ヴァレンタイン監督は、伝統的な日本のやり方の、精神的価値を理解しようとしないし、彼を助けようとしている人たちに、あまり敬意を表しません」

江藤はヴァレンタインと過ごしたシーズンを、「人生最悪の年」とまで言い切った。

広岡GMは、江藤の味方をした。

重光昭夫オーナーへのシーズン終了後のレポートで、広岡は、両者の精神的隔たりが大きすぎる、と嘆いた。ヴァレンタインの〝作戦ミス〟によって、チームは15勝も損をした、とも伝えている。作戦ミスの中に、犠牲バント不採用が含まれていたのは、いうまでもない（しかし彼は、ヴァレンタインが下した英断によって、チームの勝利数が去年より14多かった事実を、どういうわけか計算に入れ損なったようだ）。

結局、重光は広岡に賛同し、ヴァレンタインをクビにせざるを得なくなった。

翌シーズン、ヴァレンタインの去ったあと、ロッテは再び低迷。今度は広岡とコーチ陣が、年末に退陣を余儀なくされている。

チームはその後、日本人監督を何人か採用したものの、リーグ最下位付近を抜け出せずにいた。

一方アメリカでは、一九九六年にヴァレンタインが監督を引き受けた〈ニューヨーク・メッツ〉が、数シーズン好成績をあげていた。二〇〇〇年には〈ナショナル・リーグ〉を生き残り、〈ワールド・シリーズ〉へ。5試合戦って、〈ヤンキース〉に惜敗している。

ところが二〇〇二年、ヴァレンタインは、メッツの首脳陣との軋轢《あつれき》のために、クビになった。ヴァレンタインを放出したのは間違いだった、と悔やんでいたロッテの重光は、「日本に戻って再びマリーンズの監督を務めてくれないか」と頼んでみることにした。年俸四百万ドルという、日本の監督にしては破格の報酬で。

ボビー・ヴァレンタインの禅

その間に、日本語の表現を借りれば、〝空気が変わった〟。

一九九〇年代の半ばから、野茂《のも》英雄《ひでお》を筆頭に、イチロー、松井秀喜など、日本の野球スターたちが、次々にメジャーリーグへ進出。おかげで、日本の球界にはびこっていたアンチ・アウトサイダー的な堅い空気も、緩み始めていた。連日のテレビ中継、テレビ番組が、より自由で、堅苦しくないアメリカ式のプレーを紹介するにつれ、日本のプロ野球にも、アメリカ方式を受け入れる、新風が吹きはじめた。

〈阪神タイガース〉の元スター選手、田淵《たぶち》幸一《こういち》は、二〇〇五年にこんな発言をして話題になっている。

「最近は、日本人もアメリカ野球を見る機会が増えて、ちゃんと理解するようになってきました。もう偏見はありませんね」

結果として、日本プロ野球は外国人監督への抵抗感を、見直しはじめたようだ。二〇〇三年、〈日本ハムファイターズ〉は新監督に、〈テキサス・レンジャーズ〉の元ファーム監督、トレイ・ヒルマンを指名。

続いて一年後の二〇〇四年、ヴァレンタインが〈千葉ロッテマリーンズ〉の監督に再度就任し、日本シリーズを制覇した初のアメリカ人監督になった。しかも、かなり説得力あるやり方で日本一になったので、オブザーヴァーの多くが、これで日本人のガイジン監督アレルギーは峠を越えた、と確信した。

ヴァレンタインは前回と同じく、果てしない練習や、日本のスポーツ界でおなじみの権威主義を嫌い、適度な休憩と、短くてきびきびした練習を実践した。選手全員に、年齢や経験に関係なく、はば広い機会を与えた。ロッテは十年近くシーズン優勝を果たしていないし、日本で低人気チームの一つだったから、今回は誰も結果に文句を言わなかった。

レギュラー・シーズンを2位で終えたあと、たっぷり休養をとったマリーンズは、プレーオフで大ブレークし、日本のディフェンディング・チャンピオン、〈西武ライオンズ〉と、大人気チーム、〈福岡ソフトバンクホークス〉を撃破。続いて、セ・リーグの宿敵〈阪神タイガース〉を、4戦全勝で破っている。しかも、スコア合計は33対4。日本シリーズ史上、もっとも一方的な試合だった。

おまけにヴァレンタインは、マリーンズのファンに特別なPR活動をしてみせた。二〇〇五年のメジャーリーグ・チャンピオン、〈シカゴ・ホワイトソックス〉に向かって、日本野球ファンの長年の夢である〝真のワールド・シリーズ〟を提案したのだ。わがチームは、世界のどのチームにも引けを取らない、と豪語して。もちろん、ホワイトソックスのオジー・ギレン監督からは、洟《はな》もひっかけられなかったが、一応、言うだけは言った。

ヴァレンタインは幅広い層から、実績を評価された。〈正力松太郎賞《しょうりきまつたろう》〉に選ばれ、若いビジネスマンに人気の『週刊ＳＰＡ！』の読者から、「理想的な上司」と評された。新聞の論説は、「日本の会社は社員を、ボビーのようなやり方で扱うべきだ」と論じ、「今までのように、厳しい管理や、週に六十～七十時間労働といったオーバーワークを、考え直すべきだ」といさめた。〈博報堂〉の調査によれば、マリーンズが日本シリーズを制覇した直後、ホテル、キャンディ、チューインガム、ファーストフード・レストラン、金融サーヴィスなど、世界的規模のコングロマリット（複合企業）である〈ロッテ〉は、国内メディアを通じて、三千万ドル以上のコマーシャル効果をあげたという。

重光昭夫オーナーは、有頂天だ。

「人生最高の日だ！」

マリーンズが千葉の街を凱旋《がいせん》パレードするあいだ、重光は声に出してそう言った。

彼はヴァレンタインに、四年で二千万ドルという破格の契約を提示。これによってヴァレンタインは、〈ニューヨーク・ヤンキース〉のジョー・トーレ監督に次いで、世界で二番目の高額契約監督となった。

重光はヴァレンタインの提案により、風の強い千葉幕張のマリンスタジアムに、メジャーリーグ・スタイルの各種施設をくわえる契約にサインした。スポーツ・バー、ぜいたくなボックス席、デラックスなスイート席、ピクニック・テーブル、ハイビジョン・スクリーン、等々。そして、ヴァレンタインや選手たちとフィールドで交流できる、さまざまな宣伝イベントを実施。

そのすべてによって、新しい魅力が加わり、観客数や収入は飛躍的にアップした。ロッテの再興計画は、頭の切れる若き事業本部長、荒木《あらき》重雄《しげお》の功績が大きかった。荒木は、ヴァレンタインが戻ってきたときに、ロッテに加わっていた。

荒木はインタビューでこう説明している。

千葉マリンスタジアムの位置する幕張は、主要路線から外れているので、なかなか行きづらい。だから、試合そのもの以外にも、いろんな娯楽施設を造る必要がありました。エンタテインメントやストリート・パフォーマーのために、正面ゲートの前にコンサート・ステージを造りました。ほかにも、あらゆるフードショップや土産物店、売店。これも役に立った。最初は、場内の売店から、売り上げの一部をもらうことがありませんでした。売店の権利は、スタジアムのものでしたけど。

試合が終わると、子供たちをフィールドに入れて、ベースランニングを体験させてやりました。好きな選手と記念写真を撮らせたり、親御さんたちも呼んで、一緒にポーズをとらせたり。

というわけで、二〇〇五年のシーズンには、数百人、数千人の子供たちが、ベースランニングの順番待ちの列に並びました。


チームの宣伝のために、ヴァレンタインほど一生懸命働いた監督は、ほかにいないと言えるだろう。彼は年間、十万回ほどサインに応じている。ロッテのファンに、数千枚の年賀状を出した。四月の入学シーズンには、千葉エリアの学校に、数百通の祝電も送った。

さらに、ファンを喜ばすイベントを、いろいろ考案して参加した。〈握手会の日〉や〈血圧測定の日〉等々。

インタビューの要請も数限りなくあった。大手メディアの記者であろうと、経営や指導スタイルについて論文を書きたいという大学院生であろうと、頼まれれば誰にでも応じた。

千葉市民との交流の必要性を、ヴァレンタインは何度も強調した。

「ほかのチームのコーチも監督も、試合に勝つことばかり考えて、ほかの努力はほとんどしないね」

ヴァレンタインはそう指摘する。

「選手たちは、コミュニティ（地域住民）やファンにもっと責任を持たないと。ただフィールドに出てプレーすればいい、ってもんじゃないさ」

彼の努力の甲斐《かい》あって、千葉ロッテマリーンズの観客動員数は、二〇〇四年に続き、二〇〇五年も百三十万人を超えた。ファン・サーヴィスの調査ではナンバーワンだ。

千葉に長く住むアイルランド出身の外国人、デクラン・オコネルは、熱烈なマリナーズ・ファンだが、その彼が、ボビー・ヴァレンタインが千葉に与えたインパクトを、こう語る。


ボビーが千葉の住人に与えた影響は、とくに二〇〇五年はものすごかったよ。当時ぼくは、千葉郊外の小さな町で働いていた。あの年の秋、街の人たちは文字通り有頂天だった。子供たちがみな、千葉ロッテマリーンズの帽子をかぶっている光景は、壮観だったよ。みんな興奮して地元チームの話をしている。当時の若い選手——西岡剛《にしおかつよし》や今江敏晃《いまえとしあき》は、素晴らしいお手本だった。

オコネルはさらに付け加える。

スポーツは、コミュニティにとって本当に重要だよ。住人の自分自身のイメージにも、地域へのプライドにも影響する。出身地のプライドさ。

ボビーは、千葉県民の生活を変えた、と言っても過言ではないね。千葉は昔、日本の中で決して魅力的な土地ではなかった。なんとなくダサいんだ。たとえば幕張みたいな新興地帯でも、妙に魂の抜けた感じがしていた。まして千葉の田舎となると、どことなく〝死んでいる〟感じさえあった。今や千葉ロッテマリーンズは、コミュニティの基盤になったよ。


ヴァレンタインの偉業は、日本ばかりでなく、北米の大手メディアの注目も集めた。『ワシントン・ポスト』『ニューヨーク・タイムズ』、ケーブルテレビの『HBO』で、彼の人物像が取り上げられ、ロッテという名前が、アメリカで健全なイメージとして広まった。

さらに彼は、ニューヨークの三人の映画監督によって、ドキュメンタリーの主人公にもなっている。タイトルは『ボビー・ヴァレンタインの禅』。二〇〇八年春に〈トライベッカ・フィルム・フェスティヴァル〉で初上映され、その後、スポーツ専門チャンネル『ESPN』で放映された。

ヴァレンタインは、『CBS』ニュースのインタビューでこう言った。

「日本滞在は私の宿命です」

しかし、のちに判明するように、日本滞在は彼の宿命ではなかった。

ボビー・ヴァレンタインの衰退と転落

ヴァレンタインは、二度目の首位を勝ち取ることはできなかった。二〇〇六年には4位、二〇〇七年には2ゲーム差で2位。その間、トレイ・ヒルマン率いる〈日本ハムファイターズ〉が、二年連続でパ・リーグの優勝旗を獲得し、二〇〇六年には日本シリーズも制覇している。

それでも、ロッテの観客数と収入は、大きく増えた。テキサス・レンジャーズとニューヨーク・メッツの元監督、ヴァレンタインは、成功の波に乗っていた。日本野球のコメンテイターの「ガイジン監督には絶対無理だ」という予想を、みごとに裏切りつつあった。

現に、千葉ロッテマリーンズの重光昭夫オーナーは、ヴァレンタインと生涯契約を結ぶことも、口に出し始めている。ヴァレンタインのサポーターたちは、日本の野球殿堂入りにふさわしい、と誇らしげだ。

ところが、彼の監督人生は、ここからガラガラと崩れ始める。

二〇〇八年は、四チームによる首位争いではあったが、マリーンズは4位で下位に終わった。世界トップクラスの高給取りの監督に、世間はこんな結果を求めているわけがない。しかも、二〇〇八年の間に、観客数は二・七%しか伸びなかった。これではコストが到底カヴァーできない。

というわけで、十二月、ヴァレンタインがアメリカから日本に戻ってきたところで、だしぬけに告げられた。二〇〇九年に契約が切れたら、更新はしない、と。

若く人当たりのいい社長の瀬戸山隆三《せとやまりゅうぞう》が、メディアに説明した。

　ロッテマリーンズは、千葉周辺のコミュニティに、前例のないほど活気を与えてきましたが、年間、三千万ドルから四千万ドルの赤字をはじき出しています。チケットの売り上げは確かに伸びたが、選手の年俸、スタジアムの改良など、出費も伸びている。新しいヴィデオ・ボードやＨＤＴＶ（ハイヴィジョンテレビ）放送機器だけでも、年間八百万ドル以上かかる。

同時に、テレビ放映料は相変わらずゼロに等しい。ローカルテレビ局は、マリーンズの一試合を中継するのに、いまだにわずか千五百ドルしか払ってくれない。もっと人気のある読売ジャイアンツの放映料と比べると、雀の涙だ。

野球チーム、マリーンズは、〈ロッテホールディングス〉の子会社で、姉妹会社である〈ロッテホテル〉と同様、二〇〇八年の世界金融危機以来、急激に財政難に苦しみ、救いようのない状態にあった。

重光は以前、ヴァレンタインの将来については、二〇〇九年のシリーズの結果次第で決める、と宣言していた。ヴァレンタインの契約が終了した時点で、チームの状態と、ファンの希望を考慮に入れたうえで、決める、と。

ところが、父親の重光武雄《たけお》会長が反対した。ロッテ帝国の八十五歳を超えた帝王、重光武雄は、チューインガムの小さな売店から身を起こし、単身でビジネスを築き上げた人物だ（当時、多くの在日朝鮮人が、靴磨き、夜の水商売、ヤクザ稼業などで生計を立てていた）。息子がヴァレンタインと結んだ二千万ドルの契約が、はなから気に入っていなかったロッテ会長は、一刀両断。そのような法外な値段で契約を延長することは、まかりならぬ、と。

さらに、オフシーズンの三者会談――父親、息子、球団代表――の中で、父親は、球団の赤字を、二十億円（二千万ドル）に抑えるよう命じた。

財政カットの使命は、瀬戸山社長に託された。瀬戸山は、この状況下でヴァレンタインの報酬は高すぎる、と思った。とくに、彼から見れば、ヴァレンタインは下り坂の人間だ。

しかも、瀬戸山に言わせれば、チームの近代化のために、ヴァレンタインがリストアップした人間の数を考えると、社長の計算では、ロッテは年間八百万ドルの出費を強いられている。

メディアが「ヴァレンタイン・ファミリー」と呼ぶグループの中には、前述の荒木重雄がいる。この〈日本ＩＢＭ〉の元社員は、ＩＴに精通しており、ビジネスの最新化のために採用された。

嘉数駿《かかずしゅん》もいる。ハーヴァード大出身の若者で、洗練された選手データベースを作った。

ラリー・ロッカもいる。このニューヨークの元スポーツライターは、〈レディーズ・ナイト〉〈サラリーマンズ・ナイト〉〈ディスコ・ナイト〉など、アメリカンスタイルのプロモーションを企画し、まんまと数百万ドル相当のロッテのコマーシャルをとりつけた。

瀬戸山は彼ら全員とほかの数人に、退任届を出して退職金を受け取るよう、頼んだ。

この電撃作戦について明記すべきは、いきなりクビ切りされた連中のうち、一人として、とくにヴァレンタインは、話し合いや今後の交渉をする機会を、一切与えられなかったことだ。解雇宣言は、迅速かつ最終の決定だった。

またたく間に、〝生涯監督〟から〝足手まとい〟へと格下げされ、茫然《ぼうぜん》としたヴァレンタインは、この悲惨な展開の説明を求めて、重光昭夫オーナーのところへ直行。しかし驚いたことに、オーナーはヴァレンタインの電話にも出ず、e-メールにも応《こた》えない。

ヴァレンタイン時代のマリーンズのように、アメリカ人監督が〝名物〟になったケースは、日本プロ野球のほかのチームに例はない。球場の入り口にあるテレビ・スクリーンには、ボビーがファンに挨拶《あいさつ》している映像が、繰り返し映し出される。球場内のコンコースには、高さ三メートルのボビーの壁画と金言が並んでいる。

「チームはファミリー。幸せなファミリーはチームを強くする」

フードでさえ、彼の名前を使用した。〈ボビー・ボックス・ランチ〉、ラベルに彼の写真入りの酒、彼の名前の付いたビール、ボビーのバブルガム、等々。スタジアムのメインゲート付近には、ボビーをまつる小さな神社があり、彼をかたどった紙人形が置いてある。そして球場に程近い通りの名前が、〈ボビー・ヴァレンタイン通り〉。

しかし今になって瀬戸山は、ヴァレンタインの功績を思い出させるものすべてを、消し去ろうとしている。神社、メインゲートのテレビ・スクリーン、壁画、ポスター、ビール、ハンバーガー、その他、ボビー・ヴァレンタイン・グッズは、徐々に姿を消していった。

ヴァレンタインのたくさんのサポーターは、いったいどうなっているのか、と首を傾げた。なぜこんなに速く、こんなに下まで落ちてしまったのだろう。

ロッテ応援団のメンバーも、さまざまなファン・グループも、この急展開に憤りを隠せない。彼らはマリーンズ監督時代のヴァレンタインと、特別な絆《きずな》で結ばれていた。ボビーは彼らに、応援する価値のあるチームを提供してきたばかりか、彼らをチームの重要な一員として扱ってきた。ほかの日本人監督は、外部の一般客とは一線を画す傾向があるが、ボビーは違う。

スタジアムの中でも、外でも、彼はいつでもサインに応じている。決起集会には、必ず出席する。ホームゲームの後は必ず、応援団の定位置であるライトスタンドに、選手たちを向かわせる。ファンと握手したり、感謝を表したりするために。

ロッテの応援団を「ナンバー26」と呼ぶことにしている。大声で熱心に応援する彼らは、チームの登録選手二十五名の番外選手にあたる、という意味だ。「ロッテのファンは世界一」と何度も公言している。

東京の眼科製品会社で働く、ロッテの応援団メンバー、安住和洋は、こう語る。

「何年もロッテの試合を観に行っています。外野席のチケットは、いつだってすぐ取れた。たいてい半分ぐらい空いていますから。ところがボビーがきてから、何もかも変わった。並ばないとチケットが買えない。彼はロッテを特別なものにしました。以前とは違って、ロッテをコミュニティの大事な一部分にしたんです。

ボビーは、球場の中でも外でも、千葉ロッテマリーンズの驚異的な成功監督ですよ。野球一般、とくにアメリカ野球の、偉大なる大使でもある。彼が実践している改革が実を結ぶには、少し時間がかかるのは明らかです。だからといって、彼を追い出すのはおかしい。経済的な問題を解決するには、ほかに方法があるはずだ」

スポーツマーケティング企業の重役、アサダ・ダイゴは、ホームゲームのときは、必ずと言っていいほど応援席に現れる。

「よくこんなひどいことができたもんだ！」

彼は声を荒らげた。

俺たちのチームは、〝真のワールド・シリーズ〟が戦えるくらい素晴らしい、と言ってくれた人だぞ。そんなこと言ってくれる人が、ほかにいるか？　マリーンズは、読売やソフトバンクのように、大型スター選手やフリーエージェントに、給料を払えるようなチームではないけど、ボビーは素晴らしい仕事をしてくれている。ボビー・ヴァレンタイン以上の監督はいないさ。日本野球に対する裏切りだ。これは日本社会の問題だよ。何かを変えようとすると、すぐ叩《たた》かれるんだ。

ロッテ組織の突然の変化によって、日本プロ野球史に残る、さらなる衝突のシーズンを迎えることになる。


二〇〇九年の開幕日から、ロッテの外野席ファンは、瀬戸山に宣戦布告。ヴァレンタイン放出の決定を下したロッテの首脳陣を、愚弄《ぐろう》する旗を掲げはじめた。

「瀬戸山を辞めさせたかったら、手を叩こう」

「許せない愚行だ」

「ロッテ首脳陣は死ね」

スタジアムの保安係は、とくに過激な旗を掲げるファンを退場させたが、すぐに別の旗がはためいた。

熱烈なマリーンズ・ファンの経営アドヴァイザー、ミッチ・ムラタは皮肉交じりに言う。

「この連中は、〈アルカイダ〉より組織がしっかりしているよ」

応援団は同時に、ヴァレンタインの復帰を要求する署名活動を始めた。

対抗措置として、瀬戸山と組織内の彼の味方は、ヴァレンタインの評判を落とすキャンペーンに着手。外国人選手から賄賂《わいろ》をもらっている、とか、地元のバーで外国人選手をリクルートしている、とか、ロッテの新しいユニフォームのデザインを、自分の息子にやらせて、売り上げロイヤルティをたっぷり懐に入れている、とか。

ロッテの女性社員たちにセクハラをしている、とまで言い出した。彼は日本人嫌いであり、人種差別主義者であり、「クソみたいな日本人のやり方」という英語表現をよく使っている。じつはヴァレンタインは極悪非道で、千葉ロッテマリーンズより、府中刑務所のユニフォームのほうがふさわしい、等々。

瀬戸山が二〇〇八年のシーズン半ばに雇った、新しい執行役員球団副代表、石川晃《いしかわあきら》は、ヴァレンタインの人生を、できる限り踏みにじりたいようだった。試合前と試合中のヴァレンタインの指示を、石川が取り消したと言われている。ヴァレンタインがアンパイアと口論になったときには、フィールドに下りてきて、アンパイアに味方したことも、二度あったという。

ヴァレンタインを貶《おとし》めようというフロントの陰謀の中で、もっとも好戦的で奇抜だったのは、丸顔の中年女性、米田容子《よねだようこ》の起用だ。二〇〇九年のシーズン初めに、重光昭夫によってフロントのナンバー3に抜擢《ばってき》され、マスコミ対応とＶＩＰスイート席をまかされた。シマウマのようなストライプのポリエステル製シャツや、ド派手なピンクのドレスなど、けばけばしいファッションを好み、藤色の名刺には、〈性格診断、カラー分析〉などをする〈占い師〉と書かれている。日本プロ野球史上まれにみる奇妙な首脳陣だ。

米田はシーズン初めから、話題の種を蒔《ま》いた。レポーターたちに、ジーンズの着用を禁じ、選手たちに話しかけるときは敬語を使え、と命じた。これは一部のオブザーヴァーの失笑を買った。彼らに言わせれば、レポーターの大半が、ほかに着るものがないし、選手たちにしても、使う機会がなかったバカ丁寧な日本語には馴染《なじ》めない。

高校野球の名門、〈ＰＬ学園〉の元チアリーダーで、〈ポカリスエット〉で有名な〈大塚製薬〉の社員だった米田は、大塚製薬の社長によって重光昭夫に紹介され、二〇〇六年にロッテのフロントの仕事を託された。

彼女と、内気な億万長者の息子との関係は、誰にも想像がつかない。彼によれば、ロマンティックな関係は一切ないらしい。記者会見での説明によれば、米田は彼の占いをした〝風変わりな人物〟だという。

ほかの誰もが驚いたように、瀬戸山も、米田のロッテ上層部への昇格に驚いた。にもかかわらず、彼女は仕事にまっしぐら。さっそく春季キャンプから野球記者たちに、ヴァレンタインの批判を書くよう、プレッシャーをかけた。あるときは、ヴァレンタインが投手起用を誤った、と書かせる始末。ヴァレンタインの長年の友で、コーチのフランク・ランペンを、ノックもまともにできない、と批判。

ＶＩＰスイート席の責任者の立場を利用し、ヴァレンタインの裕福なファンを切り捨てもした。マリーンズ戦のチケット代として、年間一万五千ドルも払っている、アメリカ企業の重役も、締め出された。米田に言わせれば、ＶＩＰルームのカーペットを台無しにしたからだ。

一方で、スター内野手、西岡剛など、厳選したマリーンズ選手の家族には、ご機嫌を取って特別に使用許可を出している。二千ドルのスイート席で、ヴィデオゲーム〈任天堂Ｗｉｉ〉に興じている姿が、目撃されたことさえある。

瀬戸山と部下は、一種の〝村八分〟をおこなった。気に入らない村人を遠ざけるための、日本に昔からある作戦だ。ヴァレンタインを遠ざけるには、最後のシーズンを、できるだけみじめな結果に終わらせること、しかも早めに彼を辞めさせることだった。そうすれば、彼のサラリーのうち、フロントの分を節約できる。もしもそれができなければ、ヴァレンタインのチーム運営を妨害すること。

瀬戸山がもっとも嫌ったのは、ロッテがもう一度日本シリーズを制覇し、ヴァレンタイン支持の大きなうねりがさらに大きくなって、球団がヴァレンタインと、新たな契約を結ばざるを得なくなることだ。

二〇〇九年のシーズン開始から一か月、ロッテの内紛は新段階に突入した。フロントで働いているヴァレンタイン支持者が、役員会の内容を詳細に教えてくれた。それによると瀬戸山は、協調性の仮面を脱ぎ、応援団からの苦情と、彼らが集めている陳情書を、すべて却下したという。

「ファンは鯉みたいなものだ。食べ物をやれば、なんでも食う」

彼はそういう言い方をしたらしい。

「ライト側外野席は、ヴァレンタイン・ファンだから、もし連中がわれわれのイメージを損なうようなら、本拠地の変更を考えるべきだ。これほどくだらないファンばかりなら、フランチャイズを変えてしまおう。どうせ千葉のファンは、バカばっかりだ」

瀬戸山は、でっちあげの情報だ、と主張したが、のちに事実であることが判明。彼の発言が明るみに出たことで、抗議の旗がますます増えた。そのうちの一つは、瀬戸山の行動はフロントにけしかけられたせいだ、とほのめかし、また別の旗は、瀬戸山のセクハラを主張した。ほかにも、瀬戸山が今後とるべき道を教示するものもあった。

しかし、もっとも記憶に残るのは、「ボビー、永遠に」という巨大な旗だ。外野席の半分を覆うほど大きく、三十列分ほどの高さもある。ある試合のあと、怒り狂ったヴァレンタイン・ファンが、スタジアムの外に集結し、瀬戸山との会見を要求。球団代表と部下たちは、怒ったファンが退散するまで、中に隠れざるを得なかった。

ヴァレンタイン自身は沈黙を守った。契約書の中に、チーム批判を禁じる条項があるからだ。破れば、クビかサラリーをカットされる。

しかしシーズン半ばには、応援団の陳情書の署名が十一万二千人に達していた。まず父である重光武雄に提出され、東京の〈ロッテ〉と、規則的に日本を訪れる韓国の〈ロッテ〉にも回覧された。しわくちゃの長老は、マリーンズの評判がガタ落ちになっている事態と、息子昭夫のやり方全般に怒り心頭で、ロッテの内情の独自調査を命令。

ヴァレンタインもサポーターたちも、この調査によって、瀬戸山と、石川と、米田が失脚することを期待した。年長の重光武雄が、彼らの素行の悪さを知れば、きっとそうなるに違いない、と。

実際、スタッフの多くがそうなることを期待していた。

ところがあにはからんや……

調査の最終結果によって——一般には公開されなかったが——、ヴァレンタインにかかわる噂は、真実ではないと判明。実際、インタビュアーの大半は、すべてではないにしろ、ヴァレンタインを支持した。

ところが結局、老オーナーは、いずれにせよアメリカ人監督は辞めるべきだ、と決断した。困っている息子をこれ以上放っておくわけにはいかない、と思ったか、ほかにどうすべきかわからなかったのだろう。数十年間、自分が所有していた野球チームについて、ほとんど何も知らないからだ。

　いずれにせよ、彼は口には出さなかった。あるロッテのインサイダーがいみじくも言ったように、報告がなされたら、あとは結論を出すしかない。

「片方は嘘つき」と彼は言う。「もう一方は天狗《てんぐ》。相性がいいわけがない」

「ミスター・ヴァレンタインの〝賞味期限〟は切れた」

　考えてみれば、ボビー・ヴァレンタインが千葉ロッテマリーンズに愛想をつかされた理由は、いくらでもある。年俸五百万ドル、という法外なサラリーだけの問題ではない。

たとえば、一部のオブザーヴァーが言うように、そろそろ〝ガイジン疲れ〟の時期なのかもしれない。結局、一人の監督が六年間もチームを率いるのは、長すぎるのだ。とくに、今までのところ、もっとも給料が高い監督であり、しかも外国人。おまけに、たくさんの外国人や、外国人のように振舞う（下品な言い方をすれば）〝ガイジン臭い〟日本人ばかりを取り巻きにしている。

　ヴァレンタインは、トレイ・ヒルマンと比較されて、うんざりし始めていた。ヒルマンはリーグ優勝を2回も果たし、二〇〇六年には日本シリーズを制覇して、ヴァレンタインをしのいでいる。しかも、自分の監督方法に、日本のやり方を一部導入して、この成功を得た。

ヒルマンは、『夕刊フジ』のインタビューに答えて、こう説明している。

最初、春季キャンプではアメリカ方式でやりました。三、四時間トレーニングして、帰る。しかし、ぼくのやり方では通用しないことがわかった。チームは勝てない。で、うちの選手やコーチに、意見を聞いてみた。すると彼らは真っ先に、もっと練習時間を長くしてほしい、と言うんです。キャンプのときのように、半日だけのトレーニングはやめてほしい、と。だからぼくは、自分の信じてきたやり方を捨てて、夕方五時まで練習させた。とくに守備練習をね。

もっとバントもやりたいと言う。日本特有の作戦だよね。これは、攻撃を重視して大量得点をねらう、ぼくの方針には反するさ。だけど、これにもオーケーを出しました。うちにはいい投手陣がそろっていたからね。

二〇〇六年のシーズンに、ヒルマン率いる〈ファイターズ〉は、犠牲バントの数で球団新記録を樹立。前年の三倍だ。そして外野手全員が〈ゴールデン・グラブ〉賞を獲得した。

二十歳でセンセーショナルなデビューを果たした、ダルビッシュ有《ゆう》を筆頭とする、堅牢《けんろう》な投手陣にも支えられ、〈札幌《さっぽろ》ドーム〉という広々としたホーム球場で、〈日本ハムファイターズ〉は四十四年ぶりの好成績をあげた。

シーズン終了後、NHKのニュースアナウンサーは、日本のやり方を理解したヒルマンを褒めたたえた。

「ヒルマンさんは、〝ベースボール〟から〝野球〟に切り替えた、初のアメリカ人監督ですよ」

ヒルマンは、二〇〇七年のシーズン終了後、〈カンザスシティ・ロイヤルズ〉の監督をつとめるために、日本を去っている。


当時の外国人監督は、ヒルマンとヴァレンタインだけではなかった。

社交的なマーティ・ブラウンは、〈広島カープ〉の監督として、不毛な三シーズンを過ごし、その後〈楽天ゴールデンイーグルス〉を率いて結果を出せず、結局、ヴィザの返却を余儀なくされている。

興奮しやすい好戦的なテリー・コリンズもいた。二〇〇七年に〈オリックスバファローズ〉を率いたが、フロントの妨害に抗議して、一年ちょっとで辞めている。

「変化を求めて俺を採用したくせに、あいつらは変化を拒否したんだ」

コリンズは、日本を脱出するなり、そう言った。

〈ロッテ〉と〈ヤクルトスワローズ〉の元スター選手、レオン・リーは、二〇〇三年に一年だけ監督をつとめたが、クビになった。

プエルトリコ出身のアレックス・ラミレスは、〈横浜ベイスターズ〉の監督を五年つとめ、二〇一七年にはリーグ戦を勝ち抜いたが、クライマックスシリーズに敗れた。二〇二〇年に退任させられている。

しかしほかの誰と比べても、ヴァレンタインほど、シェイクスピア並みのドラマを展開した監督はいない。

とはいえ、ヴァレンタインにとって致命傷となったのは、球団代表の瀬戸山隆三と、うまく共存できなかったことだろう。

福岡で〈ダイエーホークス〉の球団本部長だった瀬戸山は、重光に引き抜かれて、ロッテにやってきた。瀬戸山は最初、ヴァレンタインとその配下が、二〇〇五年のマリーンズの成功によって華々しい脚光を浴びているのを見て、自分が軽んじられている気がした。

お互いに気配りと理解を要する、デリケートな状況だったのだ。しかし、文化的な違いと、両者の人柄を考えれば、どちらも配慮が足りなかったと言える。

瀬戸山は〝サラリーマン〟。プロ野球でプレーした経験のまったくない、ただの重役だ。一九七七年に〈大阪市立大学〉を卒業したあと、巨大スーパーマーケット・チェーン〈ダイエー〉に入社。この小売コングロマリット（複合企業）は、地上げ屋、その他の地下組織と連携して、日本のバブル期に急速に拡大したと言われている。瀬戸山は、大阪のダイエー・スーパーの精肉部門から始めて、出世街道を駆け上がり、その間に、ダイエーのオーナーであり創業者である、中内㓛《なかうちいさお》の目に留まった。

一九八八年、ダイエーがパ・リーグの〈南海ホークス〉を買収したとき、瀬戸山は、チームを福岡へ移転させる役目を託された。

瀬戸山は、人好きのするフレンドリーでのんきな人物、と評されることが多い。あるNHKのプロデューサーに言わせれば、「ナイスなおじさん」タイプだ。手際のいいビジネス手腕は、日本プロ野球の誰からも尊敬されている。ホークスの福岡移転をまとめ上げた能力を買われ、当時の日本プロ野球コミッショナー、吉國一郎《よしくにいちろう》から、球団重役に引き上げられた。結果、〈福岡ドーム〉が建設され、隣接したショッピングモール〈ホークスタウン〉、さらにホテルも建設されている。そのすべてに必要な土地の買収を、瀬戸山が請け負ったことは言うまでもない。

ホークスは、九州に移転した当初の八年間は、負けが込んでいたが、観客動員数は一シーズンに平均二百万人。市場の小さいチームにしては、堂々たる数字である。さらにテレビの収益は、〈読売ジャイアンツ〉と〈阪神タイガース〉に次いで三番目だ。

とはいえ、瀬戸山は福岡市民から、それほど愛されたわけではない。チーム運営にともなうコストカットのやり方が、反感を買ったようだ。なかでも一九九五年に、人気野手山本和範《やまもとかずのり》を、コストカットのために手放したことに、ファンは怒った。

一九九六年、チームが最下位に転落したところで、瀬戸山はトークショーに現れた。続いて、〈ホークスを強くするには〉というディスカッションが始まると、パネリストの一人が皮肉を込めて言った。

「その目標を達成するには、瀬戸山さんが大阪に戻るのが一番じゃないですかね」

瀬戸山の在任中、ホークスは新監督を迎え、徐々に事態を好転させていった。監督だった根本陸夫が、球団代表に昇格し、後釜として前述のスラッガー、王貞治が監督の座におさまったのだ。

瀬戸山の腹心、スカウトマンの石川晃——選手としてはあまりぱっとしなかったホークスの元選手——が、優秀な若いアマチュア選手を、次々にリクルートすると、彼らがスター選手に成長し、球団を〝球界の発電所〟へと変貌《へんぼう》させた。

大人気となった選手たちと、ホークスがまんまと契約にこぎつけたのは、日本野球機構《NPB》が規定している年俸の上限、一億円を超える〝袖《そで》の下〟を、こっそり手渡したからだと言われている。

そのような支払い方は、確かに問題があるが、ドラフト制の改正によって、優秀な選手がチームの選択権を制約されるまで、こうした行為は普通におこなわれていた。アマチュアの監督たちも、選手がプロ球団を選択するにあたって、学校への寄付金を要求した。

一九九七年、裏金による税金逃れをした数人に、税務署からクレームがついたとき、瀬戸山は責任を取って辞任。その後呼び戻されてからは、しばらく在籍し、ホークスの二度の日本一と、三度のリーグ優勝の功績を享受している。

二〇〇三年、瀬戸山は再び辞任。今回は内部抗争に負けて、完全に辞職した。

しかし二〇〇四年、〈ダイエー〉の中内オーナーの推薦により、〈ロッテ〉に招かれた。中内は、重光武雄と長年の付き合いだ。重光は、日本の在日韓国人グループと、堅牢なビジネス関係を築き上げてきた人物。中内と重光は、一九七〇年代と八〇年代に、韓国でジョイント・ビジネス・ヴェンチャーを展開させている。

じつはこの二人は、ロッテとダイエーの合併を企てていた。十二球団から八球団に縮小しようという、日本野球機構《NPB》の計画の一環だった。二〇〇四年三月、彼らはその調査を、瀬戸山に依頼。

選手ストライキのせいもあって、縮小計画は不発に終わった。しかし瀬戸山は、新たに着任したヴァレンタインの賛同を得て、そのままロッテのフロントに留《とど》まった。

二〇〇四年秋からは、ゼネラル《G》・マネージャー《M》に就任。残念ながらそこでは、彼の仕事はあまりなかった。ヴァレンタインが事実上、自らＧＭをつとめたからだ。

チームのことをよく知らない瀬戸山は、どんなイベントでも、ヴァレンタインのプランに、黙って認印を押すだけの立場に追いやられていた。ＧＭとは名ばかりだった。

おまけに瀬戸山は、英語がしゃべれない。インターネットやｅ‐メールの使い方もわからない。ヴァレンタインと、企画広報部長の荒木重雄が、一日中駆使しているツールだ。

瀬戸山は古いタイプの人間だから、部下たちと長いディスカッションをし、なにかにつけて時間をかける。じっくり考えて結論を出す。一方のヴァレンタインと荒木は、やるべきことをすぐに思いつき、話し合いもそこそこに、大雑把な内容を上司に伝え、許可を得たとたんに走り出す。

千葉市長から前述の〈千葉マリンスタジアム〉の営業権を手に入れる手はずを整えたのは、ヴァレンタインだった。本来なら、球団代表の仕事である。

なんとも気まずい空気だった。球団代表は、チーム監督の上司のはずだが、ロッテでは上下が逆転していた。

ロッテ組織内で、毒のある中傷が広まっていたが、そんなのはお構いなし。ヴァレンタイン軍団のあいだで、瀬戸山の無能さを指摘する声が聞かれるようになる。

「彼が何をやっているのか、さっぱりわからない」

「瀬戸山はいいやつだが、世界一頭がいいとは言えないな」

二〇〇六年、軽い衝突があった。ヴァレンタインが公式の場で、奇妙な謝罪を強いられたときだ。NPBの球団代表たちが、もうやらない、と誓ったにもかかわらず、人気アマチュア選手をリクルートする際、相変わらず裏金を渡し続けていることを、彼が非難したからだ。

この発言は、NPBの他球団から、激しい抗議を招いたので、ヴァレンタインは重光から、記者団の前で謝罪するよう命じられた。

ヴァレンタインは、仙台で試合前の会見に現れ、こう言った。横には瀬戸山が突っ立っている。

「私の発言は、正確な情報に基づいていなかった。もし、誰かに不快な思いをさせたのなら、謝ります」

日刊スポーツ紙は、ロッテ球団社長がヴァレンタインの横で深々とお辞儀している、コミカルな写真を掲載した。ヴァレンタイン自身はお辞儀せず、頭をツンと上げ、腕を組んで、顔には反抗的な表情を浮かべている。

（二〇〇七年三月、〈西武ライオンズ〉の首脳陣が、高校野球のスター選手に、ほかのプロ球団とサインしないよう、まだ裏金を渡していたことを認めたとき、ヴァレンタインの嫌疑は晴れた。）

二〇〇六年のワールド《W》・ベースボール《B》・クラシック《C》の日本代表チームに、ロッテはベスト・ピッチャー四人を含むトップ選手七人を出す、と瀬戸山が言い出したとき、ヴァレンタインは不快感を隠せなかった。

チームの優秀選手をそんなに大勢持っていかれては、春季キャンプで二〇〇六年のシーズンに向けた準備が十分にできない、とヴァレンタインは主張した。確かにその年のロッテは、1位と16・5ゲーム差の下位に終わっている。

瀬戸山の強みは、金庫の鍵《かぎ》を握っていることだ。瀬戸山が球団代表になって以来、ロッテ首脳陣は口癖のように、年間三千万ドルから四千万ドルの出費は多すぎる、と文句を言い、瀬戸山に財政カットを求め続けてきた。

結果として瀬戸山がとった財政削減の対象は、いわゆる〝ファイトマネー〟（各試合でもっといい働きをした選手に、贈られる現金）だった。ヴァレンタインと部下には、チームの新しいインドア練習場を建てるために金が必要、と説明したという。プロジェクトに着手する気配はまったくなかったが。

昔からヴァレンタインは、困っている友人や知り合いに金を貸し、チャリティに寄付してきたので、自腹を切ってファイトマネーを工面し、財政削減に協力した。

彼はさらに、給与が同じく減らされているスタッフにも、財政援助してやった。

ヴァレンタインは予想していた――自分が目にする組織内のさまざまな改革が実を結び、マリーンズが収益を上げ始めるのも、時間の問題だろう。あと二、三年赤字が続いたとしても、やがては好転するに違いない。今はほとんどゼロに等しいメディア収入も、上がっていくはずだ、と。

ヴァレンタインと荒木は、パ・リーグ球団全体を含むｉＰｏｄ配信プログラムを立ち上げた。しかし彼の願いは、メジャーリーグのように、日本プロ野球全体で、テレビ放映権と財政をシェアするシステムを作ることだった。

しかし日本には、ダントツで大儲《おおもう》けしている二つの球団がある。セ・リーグの読売ジャイアンツと阪神タイガースだ。彼らは自分たちの儲けをシェアしたがらず、セ・リーグのほかの四球団も、その二チームとの対戦で得られる収益を、手放したがらなかった。

ヴァレンタインは、ロッテに残るためには、かなりの給料カットも辞さないつもりだ。それくらい、ファンや選手たちに愛情を覚えている。しかし、前に述べた通り、彼は契約更新について、交渉する機会をまったく与えられなかった。当時、瀬戸山がその決定権をにぎっていたからだ。

この件に関しては、おそらくヴァレンタインにも責任があるだろう。

たとえば、『スポーツ・イラストレイテッド』二〇〇七年十一月号の、クリス・バラードによる記事。タイトルは〈ボビー・Vのスーパー・ハッピーなひと時〉。これによると、瀬戸山の仕事を、ファーム監督の古賀《こが》英彦《ひでひこ》にやらせたらどうか、とヴァレンタインが提案したことになっている。見方次第では、ヴァレンタインが上司の重役をバカにした、と解釈できなくもない。

ヴァレンタインに言わせれば、とんだ誤解だ。瀬戸山が球団社長になったからには、空きが出たＧＭのポストを、古賀に提供したらどうか、と言ったにすぎないらしい。彼は関係修復のために、〈Bobby's Way〉というブログの中で謝罪して、「瀬戸山さんはチームのためによく貢献している」とほめた。

しかし、この事件は問題を提起している――そもそもＧＭというポストに誰かを指名する権利が、なぜ球団社長ではなくヴァレンタインにあるのか。

二〇〇八年四月、ドキュメンタリー『ボビー・ヴァレンタインの禅』が上映された。もとはと言えば、現役オーナーの重光昭夫と瀬戸山に焦点を当てながら、二〇〇七年のシーズンを通じて、千葉ロッテマリーンズを記録した映画になるはずだった。しかしふたを開けてみれば、ボビー・ヴァレンタインが、いかにロッテ・ファンから愛されているかを示す賛歌となっていた。

八十六分に及ぶ映画の最後まで、球団社長であり、しかも映画に登場させてほしいと頼んだ瀬戸山の姿は、影も形もない。気まずい空気が、また増した。

二〇〇八年のシーズン前半、マリーンズが勝率5割と低迷していた時期に、瀬戸山はチャンス到来、と判断。チームを再生させる必要がある、と宣言して、石川晃の投入を提案した。石川はダイエー時代の彼の片腕だ。

ヴァレンタインはそのアイデアに気乗りがしなかった。シーズン半ばに誰かを雇うのは、賛成できない。チームの混乱を招く、と答えた。石川という人物をよく知らない。もちろん、前述のダイエー・スキャンダルだけは知っているが。決定する前に彼と面接したい、と言った。

採用面接、という対応にむっとした石川は、仕事を断った。瀬戸山もむっとした。また自分の権限を横取りされた、と思った。

七月二十日、状況はクライマックスを迎える。酒を飲みかわしながらのディナー・ミーティング。ヴァレンタイン、瀬戸山、ハーヴァード大卒の嘉数駿と荒木が同席していた。瀬戸山はいきなり、自分は辞める、と言い出した。

「ロッテはとんでもない組織だ。私は〈オリックスバファローズ〉に行く。魅力的なオファーをもらった」

彼はさらに、こう付け加えた。

「ヴァレンタイン、君も辞めることを考えた方がいい」

ヴァレンタインは答えた。

「私はロッテを愛しています。辞める理由はありません」

「ロッテがよくないと思うなら、辞めるべきだ」

と瀬戸山。

「私は君とは違う。われわれを改善するつもりのない人間なら、排除しても私はやっていける。われわれは君なしでもやっていけるんだ」

さらなるやり取りが交わされた。酔いが回るにつれて、声高の言い争いになった。

瀬戸山はその後一か月、フロントに顔を出さなかった。

猫に九生あり

必ずしも意志の強いタイプではない重光昭夫は、泣く泣く瀬戸山を手放した。

瀬戸山の履歴書に惚《ほ》れ込んでいた。もともとそれが理由で千葉に招いたのだ。ダイエーの創始者でオーナーの中内（二〇〇五年九月に逝去）にまつわる因縁もあった。中内は、在日韓国人が集まった神戸のヤミ市からビジネスを始めている。これは大事だった。韓国と民族的マイノリティのビジネスの絆が、ロッテとダイエー、どちらの組織にも浸透している。広く喧伝《けんでん》されているわけではないが、千葉マリンスタジアムのドラマの主人公は、在日韓国人だ。この事実も、最初からヴァレンタインに話しておくべきだったのかもしれない。

同時に、重光昭夫はヴァレンタインに対する評価も、改め始めていた。ヴァレンタインには一生監督の仕事を続けてもらいたい、と言ったことは確かだが、親しい人間にはこう漏らしている——あれは軽い気持ちで言っただけだ。その場の雰囲気の発言であって、必ずしも確約ではない、と。

報道によれば重光昭夫は、ヴァレンタインのその後の自慢話——アメリカのメディアに監督のポジションを指して「生涯ステータス」と発言するなど——を、快く思っていなかった。ヴァレンタインの「上から目線」「うぬぼれた態度」に、不快感を覚えていたという。

七月のディナーでの衝突事件について、瀬戸山から説明を受けた重光は、こう言ったとされる。

「野球の監督が、球団社長に向かって、お前は必要ない、などと言うケースは、聞いたことがない。前代未聞だ」

結局、瀬戸山は九月にチームに戻ってきた。ヴァレンタインとの関係は、着実に悪化していた。マスコミには秘密にされてきた内部抗争が、ヴァレンタインがレポーターにこう言ったときに、世間に知れ渡ったからだ。

「誰かが私を追い出そうとしている」

この発言によって瀬戸山は、ヴァレンタインを追い出そうとしていることを、公に否定せざるを得なくなった。重光は、ヴァレンタインがチームの醜い裏側を公にしたことに、激怒した。『産経新聞』によれば、ヴァレンタインの運命にとどめを刺したのは、この発言だという。ロッテがプレーオフに出損なったことも、災いした。

この日刊紙でロッテの記事を担当した記者によると、

「ヴァレンタインが内輪もめを暴露しなければ、球団は、彼の契約を更新しない、とは言わなかっただろう」

ヴァレンタインはシーズン終了後、アメリカに帰国。しかし十二月に石川から、緊急会議があるからすぐ日本に戻るように、との連絡があった。

戻ったとたん、ヴァレンタインは冷ややかに告げられた。

「二〇〇九年があなたの最後の年になる」

ヴァレンタインは重光に訴えようとした。しかし〝ジュニア〟（重光昭夫はヴァレンタイン軍団のあいだで、ひそかに軽蔑《けいべつ》的にそう呼ばれていた）は、聞く耳を持たなかった。ヴァレンタインからの電話にも出ない。ヴァレンタインのｅ－メールは、返事の代わりに瀬戸山のオフィスに回された。

『産経新聞』の記者に、ヴァレンタインはため息をつく。

「重光が〝永久契約〟と言ったとき、お前は猫みたいにしぶとい（〝猫に九生あり〟のことわざ）という意味だったのさ」

最終的な調査報告書が出たとき、ヴァレンタイン解雇の決定を下したのは、父親の重光武雄だったことが、のちに判明した。

もちろん、こうなった責任の一端は、息子、重光昭夫にもある。周囲への影響を考えずに、ヴァレンタインとあまりにも大きな契約を結んでしまったからだ。そのため瀬戸山に、明らかに身の丈に合わない仕事のかじ取りを、押し付けることになった。

とはいえ、ヴァレンタインにも責任はある。日本では、弱いボスや能力不足の上司を、面目を立てるために、社員が〝よいしょ〟して、栄光を分かち合う伝統がある。〝神輿《みこし》をかつぐ〟という表現があるほどだ。ヴァレンタインはそのことに気づくべきだった。

元社員に言わせれば、

「昭夫は非常に賢いとは言えないが、ボビーは非常に賢い。賢過ぎる。自分でもわかっているのさ。俺はこの中で一番賢い、といつも証明しないと気が済まない。ロッテ内のハーモニーにとって、いいわけがない。そこが問題だった」

この話と、本書に出てくるほかのエピソードに、教訓があるとすれば、日本ではそう簡単に変化は望めない、ということだ。古いやり方を新しいやり方に変えるのは、たやすいことではない。今のご時世、順番を守り、よくよく注意を払うことが肝要なのだ。

二〇〇九年のシーズン、ロッテは1位に18・5ゲーム水をあけられて締めくくった。雨のそぼ降る中で、最後のホームゲームがおこなわれたあと、ヴァレンタインはたどたどしい日本語で、涙ながらにファンの前でスピーチを読み上げ、感動的なサヨナラを告げている。ファンと選手たちを称《たた》え、協力をありがとう、と感謝するヴァレンタインの姿は、忘れがたいほど上品だった。

その前におこなわれたインタビューで、彼はこう語った。

「私の夢は、日本野球というビジネスが、フィールドの内でも外でも、世界の大きなリーグと、同レベルで闘えるようになること。そして、いわゆるメジャーリーグがアジアを席巻《せっけん》するのを、食い止められるようになることです。しかし、道のりはまだ遠い気がする。日本にはリーダーシップが欠けています」

同じインタビューで、彼は日本文化の〝秘密主義〟を指摘している。

「自分たちが知っていることを、自分たち以外の人間には教えようとしない。アウトサイダーはアウトサイダーのままでいてほしいらしい」

ヴァレンタインのベンチ・コーチ、西村徳文《にしむらのりふみ》が、ロッテの次期監督に就任した。

彼は即座に、選手たちの「気持ちを理解するため」、一人ひとりとの対話を大切にする、と誓った。前任監督が日本語をうまく話せなかったことを、辛辣《しんらつ》に批判するかのような口ぶりだ。さらに、「チームの和を取り戻す」と約束した。またもや元監督への当てこすりともとれる。

西村新監督は、二〇一〇年のチーム・スローガンを、「和」と決めた。さらに、オフシーズンの秋季キャンプを、大々的におこなうことを命じている。秋季キャンプは、ロッテにとって七年ぶり。ポストシーズンには選手を休ませるという、ヴァレンタイン方針への当てつけだ。この方針はもちろん、日本プロ野球の他球団でも、まったく採用されていない。

元チーム首脳のラリー・ロッカは、ヴァレンタインの方針について、一般的な感想をこう総括する。

「今まで日本に来て、いろいろ変えて失敗したガイジンがほかにもいるけど、うちの場合は違うと思っていた。だけど、結局はほかと同じだったね」

ちなみに、『ボビー・ヴァレンタインの禅』は、日本ではまったく公開されなかった。

後記

デイゲームのあいだスタジアムのロビーの隅に、ディスプレーされていた〈ボビー・ヴァレンタイン神社〉は、消えた。破壊されたのでは、という疑いがある。

おまけに、ヴァレンタインが日本を去ったあと、瀬戸山のスタッフが市役所を訪れ、最寄りのベイタウンにある〈ヴァレンタイン通り〉という名前を返上したい、と申し出た。しかしベイタウンの近くに住むヴァレンタイン・ファンが怒り、たちまち立ち上がって、名前を残してほしい、と陳情。さらにヴァレンタインを記念するショーケースの設置も提案した。市役所の担当者は同意して、ヴァレンタインの名前の永久保存を約束している。

ヴァレンタインはディスプレー用に、古いユニフォームとほかの記念品を提供した。

二〇一一年、ロッテは並のチームに後退し、観客数は減った。東北の地震と津波の影響もあるだろう。結果的に、瀬戸山は退任を余儀なくされ、石川、米田もあとに続いた。

重光昭夫は、刑務所行きになった。韓国名、辛東彬《シンドンビン》で知られる重光は、二〇一八年、朴槿恵《パククネ》元大統領が関与する財団への贈賄罪で、二年六か月の実刑判決を言い渡された。控訴裁判所はのちに執行猶予四年とし、最高裁で確定したが、特赦として事実上刑の執行が免除された。

第八章　ビットコイン犯罪

在日外国人の人口は、二〇一九年に二百九十三万人に達した。そのうち東京在住は五十九万七千人。いずれも史上最多を記録している。二〇二〇年から二〇二一年にかけて、コロナウィルスによるパンデミックで、一時的に減少はしたが。

その頃には、新宿に住む八人に一人は、外国人になっていた。急成長の経済スーパーパワー、中国からの大量移民によって、首都東京に在住の外国人は、三倍に膨れ上がった。二〇二〇年一月一日の時点で、二十万人以上の中国人移民が、東京に住んでいる。かつてもっとも多かった在日韓国・朝鮮人を合わせた数の、今や二倍である。

その結果、東京在住の外国人のうち、アメリカ人の占める割合は、一九八五年と比べて半減した。アメリカ人の数は約二万人だが、アメリカ大使館によれば、ツーリストや、在留カードなしに滞在している者を交ぜれば、十万人はいると言う(少なくとも、コロナが流行する以前は)。

フランス人はおよそ六千人、イギリス人も六千人。

二十一世紀の東京はいくつかの点で、ほかの大都市から後れを取っている。一番の要因は圧倒的な労働力不足。政府は、減少傾向の著しい出生数をなんとかしようと、悪戦苦闘している。原因は、狭苦しい家、長い通勤時間、近くに家族のサポートがないこと、高齢化。

徐々に費用が嵩《かさ》んでいるとはいえ、国の保険制度が充実しているために、平均寿命は女性で八十七歳と、世界でもトップクラスだ。東京では、若者の数が減っているために、仕事の空席は求人数の約二倍を占める。

政府はこの問題を解決するために、需要の高い、特定のスキルを持つ外国人の入国制限を、さらに緩和している。なによりこれによって、東南アジア人四万人が、〈セブン‐イレブン〉〈ローソン〉などのコンビニで働くために、入国することになった。

こうした流入に、ツーリストを歓迎する政府の方針も加わって、二〇一二年には八百万人を少し超える程度だった外国人ヴィジターの数は、二〇一六年には、二千四百万人以上に膨れ上がった。その四分の一以上が中国本土からの観光客だ。

この計画は、二〇二〇年オリンピックのスタート時点までに、四千万人達成を目指していた。しかし、プログラムも、オリンピックの試合そのものも、〝新型コロナウィルス感染症〟（日本ではこう呼ばれている。ほかの国では〝Ｃｏｖｉｄ‐19〟と呼ばれているが）の発生によって、妨害されてしまった。

移民の増加には、好ましい側面がある。政府の調査によれば、二十一世紀の日本人は、それ以前の日本人と比べて、ガイジンを受け入れる傾向が高まった。一九八八年に、政府主導による〈日本人の国民性調査〉は、こんな定期調査を始めた。

「あなたの子供が『外国人と結婚したい』と言ったら、賛成しますか、反対しますか」

初回の調査では、「賛成する」と答えたのは、二十九％しかいなかった。しかし二〇一三年の調査では、五十六％が「そのような結婚に賛成する」と答えている。

とはいえ、大半の日本人は、移住者が大量に増えることには反対だ。まず指摘するのは、外国人が日本のやり方に適応できないこと。たとえば、日本にはきちんと決められたゴミの収集方法がある。細かく八つに分別されていて、ゴミの袋に自分の名前を明記しなければならない地域が少なくない。ほかにも、重要な社会的エチケットがある。

極め付きは、嘆かわしい事実。外国人を国が受け入れれば受け入れるほど、違法薬物がはびこることだ。


北朝鮮は、かつて覚醒剤《かくせいざい》（メタンフェタミン、俗称スピード、クリスタル等）とフェンタニルの大手供給国だったが、二〇二〇年を過ぎたころから、中国とメキシコが主流となり、警察によれば、東京にはかつてないほどコカインが増えているという。

たとえば二〇一九年十一月、警察は神戸で、船のコンテナから四百キログラムという驚異的な量のコカインを押収した。当時、日本史上初の量で、末端価格は七千五百万ドル以上と言われた。厚生労働省の麻薬取締部によれば、当時没収された最大の密輸品だった。

ところが二〇二〇年四月に、あっという間に記録が更新された。横浜の税関が、七百キロのコカイン、末端価格にしておよそ一億三千万ドル相当を押収したからだ。

近年、日本のコカイン使用は、二十一世紀の幕開け当時と比べて、急増している。

財務省は、日本が今や世界の違法薬物の〝大手市場〟になっている、と発表。覚醒剤の市場価格が他国よりも高いことを指摘した。六本木警察は麻薬対策として、路上職務質問を始めている。

ヴァンクーヴァー出身のぼくの友人弁護士によれば、警官の四人グループが早朝の職務質問をおこなう現場を、立ち止まって眺めていたら、彼自身も身体検査をされたという。警官のリーダーに、「怪しい行動」とみなされたからだ。

元米軍特殊部隊員のアレン浩樹《ひろき》はこう語る。

コカインは昔から、東京のリッチな若者に好まれてきた。メス（シャブ）が労働者向きなのに対して、これはもっと魅惑的。リッチな若者というのは、高級なスポーツカーを買える四十歳以下の連中をさす。警察はこういう連中には手を出さない。法律システムは、金のあるやつに味方するようにできているからね。彼らはときどき芸能人を捕まえるけど、そういう連中は、じつはそれほど金持ちではない。

違法薬物国際取引のアクティヴな活動家といえば、もちろんヤクザだ。組織犯罪処罰法によって、地下組織軍団は、銀行口座、事務所、およびまともなビジネス経路へのアクセスが制限され、ヤクザの社会的地位は七十五％以上落ちたが、彼らによる金融詐欺やマネーロンダリング犯罪の数は、急激に増加している。言うまでもなく、ギャンブル、売春など、地下社会の伝統的な収入源は、衰えを知らない。〈関東連合〉など、暴走族あがりのいわゆる〝半グレ〟たちが、今では〝キツい仕事〟の大半をまかされている。

ＣＩＡは昔ほど頼りにならない。かつて〈自民党〉に、月百万ドル寄付していたこの組織は、日本で共産主義の脅威が衰退し、ヴェトナム戦争が拡大して、日米貿易摩擦が激化するにつれ、徐々に援助の手を引っ込めていった（ただし特記すべきは、大物ヤクザが二〇〇一年、〈ＵＣＬＡメディカル・センター〉で肝臓移植の順番に割り込むためにヴィザを獲得しようとしたとき、在日アメリカ大使館とＦＢＩが手を貸した事実だ）。

今日本で、中国やメキシコのギャングからの麻薬侵入を防ぐために活躍しているのは、アメリカの〈麻薬取締局《DEA》〉だ。

警察の公式レポートによれば、新傾向の犯罪者の筆頭は、エドワード・ジェイムズ・モンタギュー・レイドという、四十代前半のイギリス人。おしゃれな南麻布界隈《かいわい》に住み、一時期、〈野村証券〉の為替《かわせ》部門と、〈ソニー・コーポレーション〉の投資家情報部門で働いていた。街では派手な存在として知られ、〈ランボルギーニ〉を乗り回している。

警視庁は、彼が六本木の夜の遊び場で、コカインその他のドラッグを使用しているのではないかと疑い、二〇一七年九月の朝、捜査員が彼のアパートを急襲。二百三十九グラムのコカインと、九十二グラムの覚醒剤を発見し、彼を逮捕した。末端価格は二千万円ほど。所有していた量からして、販売目的だったことは明らかなので、十年の懲役を食らっている。

レイドは、六本木のクラブに出入りする四十から五十人の顧客に、麻薬を売っていたと、警察は見ている。取引には、ビットコインを使ったらしい。

　彼の友人によれば、レイドはうつ病に苦しみ、ドラッグにはまったという。その結果、組織犯罪者の餌《え》食《じき》になり、その人物から脅迫されて、麻薬密売人になった。

　外国人男性の犯罪者は、たいてい東京郊外の〈府中刑務所〉に送られる。しかし裁判所は、レイドをそこに送ればヤクザから襲われる可能性がある、と危《き》惧《ぐ》し、彼の安全のために、〈福岡刑務所〉に送った。


　日本の麻薬取締法は、昔も今も、恐ろしく厳しい。麻薬を使用しただけで、かなりの罪に問われる。アメリカの一部の州では、公にマリファナを吸えば罪になるが、ほかの州では、単なる非行扱いで、警察はあまり取り上げない。しかし日本では、マリファナを所持するだけで刑務所行きか、それプラス国外追放になる。要するに、麻薬は我慢ならないもの、罰すべきものとして、根絶しようという方針だ。

　日本の拘置所は、相変わらず非常に不快な場所である。収監されれば、週に二回しかシャワーを浴びられず、照明は一晩中つけっぱなし。冬ともなれば、収監者は、もっとブランケットが欲しい、暖かい服が欲しい、と訴え続けることになる。罰の一環である寒さを、耐え忍ばなければならない。

　〈国連特別報告者（国連から任命された、特定の国における人権状況について調査報告する専門家）〉は、そのような扱いを「基本的人権の侵害」と呼び、拷問とさえとらえている。しかし彼らの訴えはほとんど効果がなく、状況は改善されていない。

日本の有罪判決率は九十五%を超えている。しかも判決内容は、非常に厳しく徹底している。初犯はたいてい、一―二年。反省の色が見られれば、執行猶予。再犯の場合は、実刑二年、もしくはそれ以上。二十五歳の男性カナダ人は、二〇一六年、初の来日時に、人に頼まれてコカインをスーツケースいっぱい持ち込み、横浜刑務所に十四年放り込まれた。

世論調査によれば、麻薬使用は、国民から厳しく非難される。日本人は麻薬使用を、個人のモラルの問題ととらえているからだ。不幸な環境の結果、とみなされる西洋とは、対照的だと言える。

レイドやほかの連中にとって幸運なことに、日本政府は二十一世紀の初めごろから、外国人受刑者に対する政策を、一部変更するようになった。

二〇〇三年、日本は、ヨーロッパとアメリカと共に、〈受刑者移送条約〉に調印した。更生した有罪判決者を援助する目的で作られた国際法だ。これにより、彼らは祖国で刑に服することが可能になった。関連する国内法は、二〇〇三年六月から施行されている。

法務省によれば、その後十六年間で、日本は四百二十三人の外国人受刑者を、祖国に送還した。筆頭はイギリス人で、六十一名。次はアメリカ人五十四名。オランダ人五十一名。カナダ人四十四名。韓国人四十三名。

ちなみに日本はといえば、十名の日本人の国際犯罪者を帰還させている。アメリカから五名。タイから三名。韓国から二名。

上記のエド・レイドは、二〇二一年十二月に、イギリスの〈ワンズワース刑務所〉に送還された。

祖国に帰れない（もしくは帰りたがらない）受刑者については、日本の刑務所は必要に応じて、食事と、特別なベッドと、通訳を提供するようになっている。

日本最大の外国人犯罪者収容所である東京の〈府中刑務所〉には、二〇二一年時点で、外国人は三百三十二人以上収監されている。受刑者総数の二十%だ。外国人受刑者は三階建ての建物に収容され、各部屋には、フトンではなくベッドが設置されている。規則は、さまざまな言語で説明される。ヴェジタリアン用の食事もある。イスラム教信者には、ラマダンのあいだ昼間は食事が禁じられているから、夜に食事が出される。

とはいえ前述のとおり、日本の当局には彼らなりの制約があるから、塀の中の一日は、軍隊風の厳格な規律で明け暮れる。

ビットコイン・キング

東京の犯罪システムに、足跡を残したガイジンがもう一人。フランス人のマルク・カルプレスだ。カルプレスは、東京を拠点とするビットコイン取引所、〈マウントゴックス社（Mt.

Gox)〉を経営していた。彼によれば、世界のビットコイン取引の八十%を請け負っていた時期もあるという。

しかし、カルプレスの会社は、二〇一四年に倒産した。八十五万ビットコイン――当時の価値で推定四百八十億円相当――が、デジタルヴォールト（機密データ保管庫）から消えてしまったからだ。これに怒った投資家たちが、たちまち暗号通貨の安全性を問う事態に発展した。自分の暗号通貨が消滅したことに抗議するため、はるばるスコットランドから乗り込んできた人物もいた。

カルプレスは二〇一五年、警視庁サイバー犯罪課の捜査により、三十歳で逮捕された。〈マウントゴックス社〉の口座の預り金、合計三億四千百万円を横領し、電子データを改ざんして、クライアントにダメージを与えた疑いだ。その金を自分の口座に移し、贅沢三昧《ぜいたくざんまい》の生活をするために使った、とされた。

カルプレス自身は、大掛かりなハッキングの犠牲になった、と主張したが、裁判を待つあいだ、拘置所で十一か月過ごし、連日数時間に及ぶ尋問を受けた。

暗号通貨は一般人にとって、比較的新しい金銭取引なので、彼の事件は世界的に注目を浴びた。裁判のあいだ、証言に立った警察官は、カルプレス自身がコインを盗んだ、と信じて調査を開始したこと、そのため彼の自白を望んでいることを認めた。警察はさらに、ハッカー捜しを中止した、とも証言している。

二〇一九年三月十五日、カルプレスは東京地裁において、一つの訴因で有罪判決を受けた。

その訴因とは、彼が二〇一三年二月から九月にかけて、ダラスのビットコイン取引所の口座に、およそ三千三百五十万ドル相当を送金したこと。しかも、自身の個人的コンピューターを使い、会社の帳簿を改ざんして、不正を隠ぺいしたこと。

判決内容を読み上げる中で、裁判官はカルプレスが、顧客の信頼を大きく裏切ったことを指摘した。

しかし特筆すべきは、カルプレスがほかの二つの訴因については、有罪判決を受けなかった事実だ。彼が下された懲役二年六か月（検察は十年を求刑）の判決に、裁判官は執行猶予をつけるべきだと判断した。問題を起こさなければ、刑務所に入らなくてもいい、という意味である。

これは、グレッグ・ケリーの裁判と同様、起訴後の有罪判決率が九十九％の国、日本で善戦した結果だと言える。

カルプレスは上訴した。彼の弁護団は、

「暗号通貨は、当時の日本でほとんど管理できていなかった。したがって検察側は、暗号通貨が実際にどのように流通しているかを、理解していない」と主張し、

「カルプレスは大掛かりなサイバー犯罪の犠牲者であり、顧客を守ろうとしたに過ぎない」と訴えた。

カルプレス本人は、

「二〇一四年にマウントゴックス社が倒産したとき、消失したクライアントのファンドを、自分は絶対にネコババしていない」

と断言している。

しかし、彼の訴えは通らず、地裁判決は、二〇二〇年に日本の高等裁判所で支持された。

自身のオンライン上の別名「マジカル・タックス」として知られるマルク・カルプレスは、〝典型的なガイジン・タイプ〟(そんなのがあればの話だが)ではない。

フランスのディジョンで育ち、『PHYS・ORG』誌の経歴によれば、最終学歴はパリの〈リセ・ルイ・アルマン〉。

母親が二〇一七年のドキュメンタリーで語ったところによれば、

「息子はコンピューターの天才で、学校ではほとんど友達がいませんでした。ITや量子物理学について、あの子と対等に会話できる友人が、見つからなかったのでしょう。息子が唯一興味を持ったのは、コンピューター・サイエンスでした」

カルプレスの本当のファーストネームはマルク。やがてフランスのテレビ局に採用され、終日、コンピューター・スクリーンの前で過ごした。体はほとんど動かさず、コンピューターの前でひたすらスナックをほおばっているうちに、この天才マニアの体はみるみる膨れ上がった。

プロの世界に入ると、たちまち彼は、フランス企業〈リナックス・シベルジュウール〉にうまくなじめないことを知った。

やがて会社はデータに異常を発見し、「自動データ処理システムへの不正アクセス」と「データの不正改ざん」の容疑で、二〇一〇年にカルプレスを当局に訴えた。カルプレスはフランスで、欠席裁判の末、執行猶予一年を告げられている。

カルプレスは日本のアニメとヴィデオゲームにも強い関心を持ち、何度か日本を訪れたあと、二〇〇九年に移住し、ビットコインへの興味を深めていった。

二〇一一年には、暗号通貨取引所、〈マウントゴックス社（Mt. Gox）〉を買収。Magic: The Gathering Online eXchange の意味だ。

『私はビットコインに魂を売った』と題する、カルプレスに関する本の共著者、ジェイク・エーデルスタインはこう語る。


このプラットフォームはもともと、〈マジック・ザ・ギャザリング〉という人気カードゲームで、カードをトレードするためのものだった。〈ポケモン〉にどこか似ているこのシステムは、暗号通貨を扱うためではなかったから、欠点がたくさんあった。マルクが会社を買収した時点で、すでにかなりのビットコインが紛失していた。

にもかかわらずビットコインは、〈シルクロード・ウェブサイト〉という、いわば闇サイトで、麻薬や不法商品を買うのに好都合の通貨だと判明。とたんに、人気が急上昇。顧客ベースも急拡大した。マウントゴックス社は驚くほど急成長し、ある時点で、「わが社は全世界のビットコイン取引の八十%を支配している」と豪語した。

カルプレスは成功を享受した。月一万千ドルの豪勢なアパートに住み、ベッドは数万ドルのキングサイズ。日本人女性と結婚し、子供ももうけた。

ところが二〇一四年、すべてがガラガラと崩れ落ちた。マウントゴックス社が、カルプレスの主張によると「大規模なハッキングによって」、推定八十五万ビットコイン（当時の貨幣価値で約五億ドル相当）を失ったからだ。

マウントゴックス社は倒産し、破産による保護を申請。検察当局は、データ改ざんと、顧客の口座から約三百万ドル盗んだ疑いで、カルプレスを追及した。

カルプレスは逮捕、再逮捕を幾度か繰り返し、日本の拘置所で合計一年ほど過ごすハメになった。日本の法律では、これが可能なのだ。毎日数時間の尋問を受け、デブだった体は、かなりの体重を失った。保釈になって、最初の審問に現れた彼は、すらりと格好よくなっていた。

続く倒産の審問では、マウントゴックス社は、ビットコイン一個につき四百八十三米ドル相当を、債権者に返金するよう命じられた（合計すると、四百五十億六千万円、米ドルで四億ドル）。

幸運なことにカルプレスは、会社に残っていた二十万ビットコインを、管財人に預けていた。その価値が、彼の勾留《こうりゅう》期間中にうなぎ上り。おかげで債権者たちは、破産で失ったよりも高い金額を、手に入れたことになる。

二〇一七年ごろには、管財人によって、約五万ビットコインが六億米ドルで売り出されたが、残りのビットコインは、今の価値で六十億米ドルを超えている。それが二〇二三年に出回り始めているはずだ。


結局のところ、カルプレスが不当に狙われた、と考えられる根拠がたくさんありそうだ。スウェーデンのエンジニア、キム・ニルソンは、マウントゴックス社の倒産でかなりのビットコインを失った一人だが、カルプレスが東京拘置所に入っているあいだに、アメリカの連邦当局と情報を交換し始めた。

アメリカ国税庁の対策本部は、「マウントゴックス社が外部の何者かにハッキングされたことは確かである」と結論づけた。「二〇一一年から二〇一三年後半までのあいだに、何者かが六十万以上のビットコインを横取りしたようだ」と。

アメリカ国税庁の特別捜査員、ティグラン・〝ブロックチェーン・ウィザード（ブロックチェーン技術の達人）〟・ガンバリヤンは、ハッカーを逮捕するため、マウントゴックス社のデータをシェアしてほしいと、日本の警察庁と警視庁に、協力を求めた。

断られた。

カルプレスの支持者は、こう分析している——東京の警察は、もしも真犯人が見つかったら、カルプレスに自白させようとした彼らの行為が、いかに残酷で間違っていたかを証明されてしまう、と恐れているに違いない、と。

しかし、先のエーデルスタインは、マウントゴックス社のデータベースのコピーを、サンフランシスコのFBIに、調査資料として持ち込んだ。結果、アメリカ当局は、盗まれた大量のビットコインの行き先を突き止めた。

アレクサンダー・ヴィニクという、ロシア人のビットコイン取引業者だ。

二〇一七年七月二十五日、アメリカ当局の要請で、ギリシャでヴィニクを拘束。

彼はマネーロンダリング二十一件と、マウントゴックス社の件を含む、ほかの数件の罪状で告訴された。アメリカは、詐欺とハッキング容疑で、ヴィニクの引き渡しを要求。フランスもロシアも、引き渡しを要求した。

一年以上たった二〇一八年十一月、ヴィニクはギリシャで、勾留の引き延ばしに抗議して、三か月のハンガーストライキに突入。一月、彼はようやくフランスに送還され、裁判にかけられて、マネーロンダリングの有罪判決により、懲役五年を言い渡された。

二〇二〇年六月、ニュージーランド警察は、同国内のヴィニクの会社〈ＷＭＥキャピタル・マネージメント社〉から、九千万ドルを差し押さえた、と報告している。

一方カルプレスは、二〇二二年春に新会社〈ＵＮＧＯＸ〉を立ち上げた。技術、情報開示性、人事制度、適法性などの重要分野にメスを入れる、暗号通貨取引所の評価や、その関連企業の評価を提供する会社だ。

第九章　タクシー男爵

朝鮮は一九一〇年から一九四五年まで、日本の植民地だった。これまで見てきたとおり、日本史上もっとも影響力のある、最大の非日本人民族は、朝鮮民族である。

〝アウトサイダー〟の象徴ともいうべき彼らは、一世紀以上にわたって、日本人による偏狭で不当な扱いに苦しめられた。虐待の例を一つ挙げると、六十七万人以上の朝鮮人が、第二次世界大戦のさなかに、日本政府によって、強制労働に動員されたと推測される。全朝鮮人労働者のうち約二十%は、北海道や北方領土の炭鉱や建設現場に送られた。やがて日本が敗戦すると、ソ連の支配下になったサハリン島に、そのうちの数万人が取り残された。

戦後、日本に住んだ朝鮮人の多くは、日本の一流大学や一流企業から差別され、出世の道が限られていた。最終的には〝底辺の仕事〟、いわゆる3K（きつい、汚い、危険）の職種――パチンコ、建築現場、焼き肉屋など――に就く者や、地下犯罪組織に入る者も多かった。日本人の家主が、在日韓国・朝鮮人に家を貸したがらない事実も、彼らの苦労に拍車をかけた。結果的に、在日韓国・朝鮮人の多くは日本人の名前を名乗り、出生を隠すことを余儀なくされている。

イジメは数知れず、多岐にわたった。

日本政府は本国送還を奨励した。一九五九年に始まり、一九八四年まで続いたそのプログラムによって、社会主義パラダイスへ行けるのだ、と説得された九万三千三百四十人が、北朝鮮に渡っている。

　ところが、北朝鮮への移住者を、飢餓、投獄、拷問という、過酷な状況が待っていた。彼らは思った——本国送還プログラムは、日本政府が在日朝鮮人を追い出すための、画策だったに違いない、と。日本政府の上層部の中に、在日朝鮮人は共産主義支持者かトラブルメーカーだ、と信じている者がいたからだ。

　終戦直後の日本では、朝鮮人への反感が強く、日本人と朝鮮人の結婚はまれだった。しかし偏見は徐々に少なくなり、その後は多くの在日韓国・朝鮮人が日本人と結婚している。一九八五年、日本政府は、親の片方が日本人の場合、子供が日本国籍を選べるよう、法律を改正した。その子供は二十歳に達するまでに、韓国籍か日本国籍のどちらかを選ばなければならない。

　韓国・朝鮮人の一部は、スポーツや芸能界で、めざましいキャリアを達成している。

　韓国人の両親を持つ金田正一は、４００勝投手という、日本のプロ野球史上最高のピッチャーになった。力道山《りきどうざん》は、プロレス界のスターとして、戦後のテレビ産業を飛躍的に盛り上げた。孫正義は、一九八一年に〈ソフトバンク〉を創業している。

　しかし、日本でもっとも有名な成功者は、青木《あおき》定雄《さだお》だろう。戦中の朝鮮人移民で、悲惨な貧困から立ち上がり、京都から始めたタクシー事業を革命的に盛り上げ、九〇年代半ばには、東京にまで進出している。彼の〈ＭＫタクシー〉は、最高のサーヴィスをモットーに、売り上げで他社を圧倒した。

青木は、日本政府を相手に訴訟を起こして勝訴した画期的な人物である。息子の政明《まさあき》も、賞をもらうほどの商才で、父親と同じくらい名を知られ、〈ハーヴァード・ビジネス・スクール〉が彼についてのクラスを設けたほど、評価が高い。一方で、たびたび拘置所に放り込まれるほど、ワイルドなライフスタイルでも知られている。「まあちゃん」の愛称で呼ばれる彼は、まるで、シェイクスピアの戯曲か、タブロイド紙『ナショナル・エンクワイアラー』から抜け出たかのようなキャラクターだ。

青木定雄は一九二八年、朝鮮半島南部の釜山《プサン》の外側にある小さな村で、兪奉植《ユボンシク》として生まれた。きょうだいは五人。両親は道路沿いでホテルを経営していた。一九四三年、十五歳のときに両親から、兄と暮らすようにと、日本の京都に送られた。一九四五年八月、ラジオで裕仁天皇のスピーチを聴いたのは、その京都にいたときだ。

裕仁天皇は、「降伏」という言葉を使わなかったが、日本国民に対し、これからアメリカ人が日本に進駐してくるにあたって、「耐えがたきを耐え」るように、と伝えた。

一九四六年、定雄は京都の〈立命館大学〉法学部に入学し、ロージーという名のドイツ人女性が経営する寮に入った。彼の人生において、この女性が重要な役割を果たすことになる。

〈京都大学〉の教授を夫に持つロージーは、ドイツ語、英語、スペイン語など、複数の言語を話す言語学者で、家庭教師でもあった。なにより彼女の寮の経営方針が、定雄にとって初のビジネス・レッスンになったと言える。

彼女は毎月のガス消費量を決め、下宿人にエネルギー節約を命じた。定雄が一階の電気をつけっぱなしで、二階の寝室に行くと、ロージーは彼を呼び戻し、スイッチを自分で消させる。やがて彼は、ダブルチェックが習慣になった。階段を上り、ベッドにもぐり込む前に、起き上がって、下におりて、再確認した。

これだけではない。定雄や寮の仲間が、夜中に小腹が減って、キッチンから朝食ロールを失敬すると、翌朝にはもらえない。彼女はパンの数を注意深く数えている。実際ロージーは、その犯人が店に行って、代わりを買ってくることも許さなかった。

「きちんと計画を立てることが大事なのよ」

彼女はそう言った。徹夜で勉強して腹が空《す》く、とわかっていたら、事前に自分の分をちゃんと買っておきなさい、と。

定雄は、ビジネスにおいて重要なレッスンを、ロージーから学んだ。〝持久戦になる可能性〟を、常に頭に置いておくべきだ、と。

ロージーはさらに、定雄のズボンの折り返しやポケットから、糸くずを取り除くことも忘れない。毎日、清潔なハンカチを渡してくれる。新しい服を買わず、古い服を繕いなさい、と教え、デパートやほかの買い物をしたときの包装紙を、再利用した。

京都の戦後の生活は、ほかの街よりいくぶん快適だった。文化遺産が多い歴史的な街なので、戦争中、連合軍の爆撃を免れたからだ。そのため、一九四五年から五二年までの占領時代に、アメリカ人に対する悪口はあまり聞かれず、戦後の病気も、東京や大阪や広島より少なかった。被爆地広島では、住民は放射線障害に苦しみ、強い反米感情が渦巻いていた。

そうは言っても、いたるところにむき出しの下水道があるし、水洗トイレはほとんどないし、井戸水の二十五％は飲料水に適さないし、水道水も危ない。天然痘、コレラ、赤痢、チフス、ジフテリア、しょう紅熱は、普通に蔓延《まんえん》し、京都のほぼ全員が、サナダムシにやられていた。おまけに、ＶＤ（性病）が流行し、売春婦が街のいたるところにうろついている。京都は連合軍政府によって統治されており、しばらくのあいだ、軍の警察は〝それらしき女〟を路上で逮捕した。

とはいえ、アメリカ人が食料や医療品を提供したせいで、状況は徐々に改善されていった。平均寿命は、男性は一九四七年には五十歳だったが、一九五三年には六十二歳になり、女性は五十四歳から六十六歳に延びた。

一九五二年、定雄はガソリンと石油の会社〈永井《ながい》商店〉に就職。

隣人の韓国人が嫁を探してくれた。大阪で織物工場を経営する韓国人の娘だ。名前は金本文《かねもとふみ》子《こ》（韓国名：金貞順《キムジュンスン》）。定雄と〝オミアイ（結婚を目的に男女が顔合わせすること）〟したときは、二十三歳だった。それまで、家という箱の中からほとんど外に出なかった（日本語でそのような若い娘を、〝ハコイリムスメ〟と言う）ので、喫茶店に入ったことさえなかった。

定雄は、人には好んでこう言っていた。

「差別を受けたことは一度もない。自分は日本人だと思って育ってきた。朝鮮は日本の一部なのだから」

実際、彼が韓国語を話すのは、ほかの言葉が話せない父親に対してだけだ、と言う。

しかし新妻の文子は、正反対だった。子供のころは、兵庫県の農場の、老朽化した道具小屋に住み、近隣から「チョーセン人！」などの侮辱的な言葉や嘲笑《ちょうしょう》を、よく浴びせられたのを覚えている。学校では、韓国人という理由だけで、やってもいない盗みやその他の犯罪を、なすり付けられた。

新しい夫は、完全な〝仕事人間〟だった。結婚式の当日も、大半を燃料の配達に時間を費やし、式場に作業着姿で現れて、参列者に深々とお辞儀をして謝った。

その夜、韓国の風習に従って、文子が父親に伴われ、定雄が住む会社の二階に行ってみると、そこには誰もいなかった。定雄は外で働いて留守。定雄はこの頃には、経済的に十分裕福になっていたが、部屋の中は、文子に言わせれば、まるで幽霊屋敷だ。部屋の真ん中には、鉄製のパイプ・ベッド。コーナーにはトランクが一つ。別のコーナーには売上伝票が山積みになっている。それだけだ。

文子と父親はショックを受けた。定雄の弟の秀雄《ひでお》と、三人の従業員が、二階のほかの部屋に住んでいた。

女は働くべきではない、というのが定雄の信念で、新妻は彼の仕事に、口出しを許されなかった。家の切り盛りに十分なだけの金を与えられ、「自分の道を歩め、俺は俺の道を行く」と言われた。

一九五七年、夫婦は子供に恵まれた。娘で、妊娠八か月で生まれたが、脳に障害があった。文子が階段から転落したためだと思われた。

定雄は毎朝五時に起き、自分の〝タンクローリー〟を運転して神戸に行き、ガソリンを満タンにする。夜中まで仕事三昧《ざんまい》。現に、あまりにも働きづめなので、夜中に頭から布団に倒れこみ、起き上がれなくなったこともある。

あるとき、妻がひどい熱を出し、夫を起こすことさえできなくなった。結局、夫の弟に助けを求めることになる。弟の秀雄が医者に往診を頼み、彼女のケアをさせた。その間、定雄はまったく気づきもしなかったという。

文子に言わせれば、妙な話だ。定雄は、顧客がドアをドンドン叩《たた》いたり、電話で呼び出したりすれば、たとえ真夜中でも目を覚ます。ところが、妻が医者を要するときには、目を覚ましもしない。

確かに定雄は、車がガス欠になったと聞けば、真夜中でも自転車で駆けつける。しかし自分の妻に何があろうと、気づかないし、動かない。

定雄の評判はどんどん上がった。午前三時に車が壊れ、運転手が警察を呼べば、警察は、永井石油の青木に電話をかけなさい、とアドヴァイスし、電話番号を教えた。京都には当時、ガソリンスタンドはほとんどなく、運転手はタクシーを使ってでも、ガソリン容器を手に、永井石油に向かったものだ。みんな知っていた。ドアをノックさえすれば、青木が起きてきて助けてくれる、と。

一九五七年、永井商店は倒産した。しかし定雄は会社を買い取り、無料で車に油をさすなどのサーヴィスを提供して、顧客を取り戻した。六〇年、タクシー会社の事業免許を要請し、受理された。

最初は〈ミナミタクシー〉と名付けられたこの会社は、やがて全国的に有名な〈MKタクシー〉へと成長していく。

当時の日本のタクシーは、客への対応が悪くて有名だった。車は薄汚く、運転手が道に不案内なことも多い。京都のタクシー会社は、改善する気などなかった。この業界は、政府に完全に統括されていたからだ。料金はもちろんのこと、台数を増やす必要があれば、地元の大手タクシー会社に、政府が通達する。新しいタクシーの運転手を決めるのも、政府だ。

初めてタクシーのライセンス、全部で十台分を手に入れたとき、青木定雄は、すべてを変え始めた。

彼のタクシーは、常に塵《ちり》一つない状態に保つこと。運転手はいつも礼儀正しくすること。無作法で有名だったこの業界では、異例のことだった。運転手はたいてい口を利かないか、ただボソッと何か言うだけ。青木はさらに、自社の運転手たちに地図の見方を教え、京都のどの地点からでも、目的地までのベストルートを行く訓練をした。これもまた、この業界では異例だ。それまでは、運転手が遠回りすることで有名だった。

運転手たちは、客に四つのセリフを言うよう、義務付けられた。

「ご乗車ありがとうございます。私の名前は×××です。お客様を目的地まで安全にお連れいたします」

「お客様の目的地は×××でよろしいですか?」

「お忘れ物がないか、どうぞご確認ください」

「MKタクシーをご利用くださいまして、ありがとうございました」

女性客が深夜にタクシーを降りたときは、暗闇の中、道がわかりやすいように、ライトで照らしてやること。突然雨が降り出したときは、客に傘をかざすこと。青木によれば、客がタクシーに乗ることで、多少古臭いにしても、さわやかでセンチメンタルな気分を味わえるようにすべきなのだ。

タクシーが乗車拒否するのが普通の時代だった。とくに深夜、終電に乗り遅れた客は、タクシーに頼る。すると運転手は、メーターの数倍の料金を請求したり、長距離の客だけを乗せたりしたものだ。しかし、青木のタクシーは違う。誰でも、正規の料金で乗せてくれる。だから人々は、ＭＫタクシーをとても気に入った。

青木は、これも当時異例なことだが、大卒を運転手に採用し、英語の勉強を奨励した。タクシーの運転手が英語を話せれば、外国人の京都観光客が喜ぶことは言うまでもない。必然的に、ＭＫは通常料金のタクシーサーヴィスと同様、個人ツアーも請け負った。

収益が上がるにつれ、街のメインステーションに、客の待合ラウンジを設け、ドライヴァーに、日本のファッション界の大御所、森英恵《もりはなえ》デザインのユニフォームを着せた。従業員のサラリーは平均以上。従業員宿舎も提供し、自尊心と自信をつけるために、夜学も奨励した。

一九六五年までには、二人の息子に恵まれ、次女も生まれた。最初のビルを建てて、本社とそこで、ＭＫタクシーと永井石油の両方を運営した。永井石油は、彼が引き継いでから、経営が順調になっていた。

全国のトップクラスの学校から、社員を募り始めた。株式の発行も、彼の商法の一環だ。

永井石油の新入社員は、厳格なトレーニングを課される。会社の寮に住まなければならない。朝六時に起床。建物内を清掃し、朝食後、午前八時三十分にはガソリンスタンドに出勤する。

それから新しい顧客を探しに、セールス活動に出かける。彼らはいつも、バックポケットにボロきれを持ち運び、家々の前に駐車している車を見つけたら、きれいに磨く。

「永井石油のサーヴィスです」

家から出てきたオーナーがびっくりして、いったい何をしているのかと聞くと、彼らはそう言う。オーナーはたいてい、お茶でもいかが、と招き入れてくれる。すると彼らは、ガソリンスタンドのフリーサーヴィス・チケットを手渡す。彼らはこのプロセスを、何度も何度も、毎日毎日繰り返し、ビジネスを成長させていった。

「学習、反省、練習」

寮の壁には、こんな標語がかかっている。

青木はいつも、ビジネスの世界はいかに競争が激しいかを強調する。優位に立つためには、MKは一円、二円を争わなければならない。客は、自分が好ましいと思う相手から、いつ、何を、どこで買おうと決めるのだ、と彼は説く。だからこそ、人間関係がビジネスにはもっとも重要なのだ、と。

一九六九年には、青木は四十六軒の家から成る社宅を建設し、やがては持ち家にできるように、社員に住宅ローンを提供。彼の社員は、業界最高のサラリーをもらっているので、持ち家を手に入れることができた。

青木は、社員をビジネスに参加させるべきだと信じている。彼らを雇用するために、どれだけ資金が必要かを、理解させるためだ。社員はみな、大きな家族の一員だと、青木は信じている。

「制服を着たままコミュニケーションをとるべきだ」

彼はよくそう言っている。

「夕食を一緒に食べ、バーやナイトクラブで一緒に飲むことで、大切な絆《きずな》が生まれる」

あるときは、社員との夜の会合で夢中になりすぎて、寮に泊まらざるを得なくなった。またあるときは、社員を突然、家に連れ帰って、文子に大変な思いをさせた。余分の食事を急に用意しなければならないからだ。

大晦日《おおみそか》には、会社の寮に出かけて、キッチンスタッフを手伝い、寮の社員全員のお節料理を作った。

彼の会社に入るということは、一日二十四時間、週に七日、社員でいることだと、青木は信じている。

一九七〇年二月、青木は、ドライヴァーの生活の安定をはかる目的で、彼らの妻たちのために、〈婦人会〉を立ち上げた。同社はさらに、家庭内教育プログラムを設定。毎月、外部のエキスパートや、教授、講演者を招き、生活のあらゆる面について、全社員のためにレクチャーさせた。

その趣旨は、ドライヴァーの自尊心を高めること。タクシー運転手は社会的地位が低く、尊敬に値しない、という通念を打破する目的だ。当時、タクシードライヴァーの社会的地位はまだ低く、妻は、「夫の職業はタクシー運転手です」と言うのをためらった。

十二月、青木は社員のために社内報を発行。さらに、〈大阪万博〉に孤児たちを連れて行く方針を実行した。

一九七〇年の終わりには、青木は京都中でもっとも収益のよいタクシー会社となっていた。この成功を契機に、翌年、タクシー規制当局が難癖をつけはじめた。

青木は自社のドライヴァーに、出勤時間節約のため、自宅にタクシーを停めさせてやりたいと思った。その許可を、当局に申請したのがきっかけだ。当時、商用車両と非商用車両の区別をする規制が厳しかったので、このような些細《ささい》な問題でも、解決に一年かかった。しかし、いったん許可が下りると、効率は上がり、ＭＫの事故率は下がった。

一九七二年四月、青木は「みんなのためのタクシー」をモットーに、障害者でも、病人でも、産気づいた妊婦でも、絶対に乗車拒否しない方針を打ち出した。さらに、深夜から朝六時まで営業する、初の深夜タクシーを開設。社章として「ハートマーク」を採用した。

青木が自分の富を楽しみ始めたのも、この頃だ。新品のアメリカ車、〈リンカーン・コンチネンタル〉を買い、家族を連れて一週間のヴァケーションに出かけた。三百キロ離れた箱根《はこね》まで、家族を乗せてドライブし、さらに百キロ運転して東京へ。宿泊先は〈帝国ホテル〉だ。一九七三年には、次男の政明を、初めての映画、当時京都の〈スカラ座〉で上映されていた『ゴッドファーザー』に連れて行った。

小学生だった政明は、日本人の学校で、韓国人差別に不満を抱いていた。韓国人を侮辱するような陰口をたたくクラスメイトと、しばしば殴り合いになった。京都の親北（北朝鮮支持）朝鮮学校に通う三人のいとこは、日本人を袋叩きにするのが好きだ。若い政明は、この反抗的な態度に感動し、自分もアイデンティティを大切にしよう、と決意。ほかの家族にも、家族登記の名前を韓国人名に変え、韓国籍にするよう、説得した。

とはいえ、これは結局、体裁に過ぎなかった。日本に住む韓国・朝鮮人はたいてい、日常生活では日本人名で通す。そして、可能な限り日本人のふりをする。そのほうがなにかと便利だし、居心地がいいからだ。

〈桂《かつら》タクシー〉と合併したあと、青木の会社は一九七七年、正式に社名を〈エムケイ株式会社〉に変え、ほかのビジネスへと進出しはじめる。

しかし一九八一年、政府当局との新たな苦々しい関係に突入。値段をもっと安くすれば、乗客はもっと増える、という論理のもとに、タクシー料金値下げを提案したのがきっかけだ。ときまさに、京都のほかのタクシー会社四十二社が結束し、さらなる料金値上げを申請したところだった。青木は、値上げすればタクシーは敬遠され、都会の輸送市場からはじかれてしまう、と感じた。関西エリアでは、バス、電車、地下鉄の網状システムが発達し、自家用車が急激に増えている。

大阪の〈運輸省（現国土交通省）〉の役人は、不快感を示し、東京の塩川正十郎《しおかわまさじゅうろう》運輸大臣と相談したあと、青木の提案を拒否した。

「タクシー産業は、一つの地域では統一料金でなければならない」

強気の政治家で知られる、のちの財務大臣、塩川正十郎はそう言った。

「ほかと足並みをそろえてから、値上げ申請することになっている」

当局との長い闘争が始まった。

青木は大阪の金子《かねこ》という若い弁護士を雇って、政府を訴えた。政府が、上記のタクシー会社の料金値上げを許せば、京都およびほかの五大都市のタクシーが、便乗して値上げに踏み切るだろう。

青木は、京都の運賃だけでも当分据え置きにして、やがては値下げしたいと思っていた。金子弁護士は、タクシー業界についてはまったく無知だ。おまけに、日本政府を相手取って訴訟を起こした例は、今までに皆無。勝算はゼロだと、全員が思っていた。

しかし金子は、青木のエネルギーと情熱に感銘を受け、弁護を引き受けて、訴訟準備に入った。

これが塩川の逆鱗《げきりん》に触れた。

運輸省での青木との会見で、塩川運輸大臣は激昂《げっこう》し、叫んだ。

「あんたを潰《つぶ》す、ぶっ壊してやる！」

会合に父親と同席していた、当時ティーンエイジャーだった次男の政明は、言った。

「あいつの口元をぶん殴ってやりたかったよ」

青木は、当時横行していた〝袖《そで》の下〟を無視した。韓国人を軽蔑《けいべつ》する右翼の乱暴者から、彼の健康をおびやかす脅迫状が殺到。極右の街宣車が、青木の自宅前の通りを閉鎖し、大音量でがなりたてる。

「朝鮮人は帰れ！　日本からとっとと出ていけ！」

これが昼夜となく、繰り返された。

「恐ろしい日々だったよ」

政明はのちに回想している。

ようやく大阪地裁が判決を下したのは、四年後の一九八五年一月三十一日。

「MKの正当な料金値下げ案を、政府が拒否したのは不当である。法的根拠がまったくない」

という裁定だった。

この勝訴は大ニュースとなった。各紙が一面で取り上げ、NHKのイブニング・ニュースで、真っ先に報じられた。アナウンサーはこう言った。

「一つの地域で、統一料金。誰もが同じタクシー料金を払うというシステムが、私たち全員の常識でした。しかし本日の大阪の判決は、すべてを覆しました！」

日本の全権をにぎる官僚を相手取り、訴訟を起こして勝訴した画期的なケースとして、社会全体に大きなインパクトを与えた。

青木自身も、あまりにも驚いたので、夕刊紙の記者たちがコメントを求めてきたとき、何も言う言葉がなかった。勝てるとは思いもしなかったのだ。

金子弁護士は言う。


あの裁判で奇妙だったのは、タクシー会社の重役も、タクシー組合の役員も、政府高官も、全員が政府側の証言に立ったことです。本当に不思議なことに、消費者のために闘ったのは、青木氏しかいなかった。裁判所の判事でさえ、これは異例だ、と思っていた。裁判官はこう言いました。「一つの地域で、統一料金という発想自体がおかしい」と。


政府は控訴する姿勢を示した。しかし同時に、政府側弁護士は青木に、〝和解〟を求めてきた。料金値下げを、少し遅らせて実施してはどうか、という譲歩案である。政府が和解を求めたのは、役人が控訴審で敗訴すれば、面目が丸つぶれになるからだ。

金子弁護士は、青木にこの譲歩案を受け入れてもらいたくなかった。完璧《かんぺき》な勝利を求めているからだ。

しかし青木は、勝利を深追いしたくなかった。相手の失敗を何度も取り上げて、優越感に浸るのは嫌なので、弁護士の願いを聞き入れなかった。

金子は怒って、二度と青木の弁護を引き受けなくなった。

というわけで、高裁は和解を裁定したが、政府に対し、こう命じている。

「MKタクシーが、タクシー業界を活性化し、乗客のための便宜向上に貢献している事実を、政府は認めるべきである」

この言葉だけでも、黄金の価値がある。


数年後の一九九四年に、MKタクシーはようやくすべてを整理し、独自の料金を設定することができた。その頃でさえ、ライバル社からの嫌がらせが続いていた。

MKタクシーがトラックに激突されたり、MKタクシーの運転席目がけて、パチンコの玉が窓から投げ込まれたり。MKタクシー・ステーションで、乗り込もうとした乗客が、京都のヤクザに脅されたこともある。MKビルの正面玄関ドアに、糞便《ふんべん》を投げ込まれたこともある。他社のタクシー運転手が、非番の日に酔っぱらって、単なる嫌がらせのために、MKタクシーのトランクによじ登ったこともある。

MKが韓国人経営の会社であることが、ライバル社の怒りをさらに増幅させた。

この間に青木が、北朝鮮を二度訪問し、観光を促進するために中古車を寄付したことが、極右の怒りをなおさらかきたてた。ＭＫの会社に、脅迫電話や脅迫状が殺到。

「死ね！　バカ野郎！」

「朝鮮野郎！」

「子供を殺すぞ」

「自殺しろ！」

このような状況にもかかわらず、他社の業績低下を尻目《しりめ》に、ＭＫは業績を十％上げた。ＭＫタクシーは、日本で二番目の大都市、大阪や神戸にも進出。名古屋の役人が、伝統的なタクシー会社と連携し、二百二十万人の街で、割安料金の営業を拒否したとき、青木は裁判所に訴え、無料タクシーの営業許可を得た。市側が折れて、ＭＫの独自料金操業を許すまで続けた。

青木定雄はその後、ビジネスの成功者として、あらゆる賞を受賞することになる。

政明は父親を、ホーチミンになぞらえる。現代史上、もっとも偉大なアジア人といわれるヴェトナムの革命家だ。ホーチミンは、毛沢東のために舞台を整え、二大勢力、フランスとアメリカを打ち破った。

「おやじは、たった一人で日本のタクシー産業を変えた、叩き上げの億万長者だよ」

二〇二一年のインタビューで、政明は語った。

「しかも、膨大な差別にもかかわらず、やってのけた。いわば先駆者、白馬の騎士、サム・ウォルトン（ウォルマートの創業者）。弱者の味方。日本の庶民のヒーローだ」

青木定雄は、MKタクシー大阪支社を、長男信明《のぶあき》に、名古屋支社を末の息子義明《よしあき》に任せた。しかし次男の政明は、ファミリー・ビジネスに関与したがらなかった。

彼は多くの点で、三人の息子のうち、もっとも父親に似ている。背が高く、ルックスもいいから、ガールフレンドには事欠かない。優等生タイプではないが、冒険好きで、歯に衣《きぬ》着せず物を言う。

政明はMKタクシーに残らず、海外に出る決心をした。バックパックでヨーロッパを回り、アムステルダムで出会った二人のイタリア娘と恋に落ちた。その後、アメリカへ。

そこにはあらゆる経験が待っていた。マドンナ、マイケル・ジャクソン、プリンス、その他、世界的スターの国。誰もが行きたがる国だ。兄の信明は、朝鮮人流にビジネスを始めるだろう。自分は家族から独立して、自分のアイデンティティを見つけよう。

しかし結局のところ、日本で一九八〇年代のバブルが崩壊し、MKタクシーが破産寸前に追い込まれたとき、帰国して会社を救ったのは、この次男、政明だった。やがて彼は、世界最大の都市のタクシー市場を席巻《せっけん》した男として、世間に知られるようになる。日本のUber的システムを開拓し、〈ビジネスマン・オヴ・ザ・イヤー〉を含むあらゆる賞を総なめにしたのも、この人物だ。

彼はやがて、東京のタクシー業界で「アンファン・テリブル（おそるべき子供たちの意。コクトーの小説の題名から、無邪気さと残忍性とで大人を恐れさせる子供のこと）」として知られるようになる。

息子

青木政明は手始めに、〈南カリフォルニア大学〉に入学した。一九八七年、二十一歳。そこでは、残念なことに、日本で経験した差別とは、異なるタイプの差別を受けることになる。純粋な白人の学生が、アジア人全般に対して示す、軽蔑的な態度だ。

「日本での差別よりひどかったよ」

はっきり物を言う政明が、二〇二一年のインタビューの中で言った。

> 白人の女の子に話しかけようとすると、フンと無視される。英語が下手くそだと、なおさらさ。今は変わったよ。アジア人がリッチになったからね。だけど当時は、ひどいものだった。白人の女は、俺に触りもしなかった。だから二世の女の子とデートするしかなかった。

やがてカリフォルニアで、アメリカ製のゴルフクラブを日本に輸出して、数倍の値段で売り、ビジネスマンとして成功した。自身も、スクラッチ・ゴルファー（ハンディキャップゼロのゴルファー）として、ペブルビーチでよくプレーしたものだ。

「ニューポート・ビーチに住んでいたころは――」

彼は回想する。

「金は儲《もう》かるし、最高のときを過ごしていたよ。だけどある日、『ウォールストリート・ジャーナル』を見て驚いた。一面におやじの顔が載っているじゃないか！　日本の新しいタイプの起業家を取り上げた記事でね。おやじはその筆頭だった。ほんとにカッコよかった！　その概要が紹介されている。俺は考え直し始めた。ファミリー・ビジネスを助けるのも、もしかしたらおもしろいかもな、とね。

　おやじは八〇年代の半ばから終わりにかけて、琵琶《びわ》湖付近のゴルフクラブを買い取ってビジネスを手掛け、一財産築いていた。おやじから言われていたんだ、日本に帰ってきてゴルフ・ビジネスを引き継いでくれないか、とね。俺はゴルフが大好きさ。マジで好きなんだ。素晴らしいアイデアだと思ったよ。

　俺は二十七歳だった。おまけに、当時のアメリカはひどい状態だった。一九八〇年代後半から九〇年代初めにかけて、インフレが深刻化していた。一九八〇年代の金利は一時期十％と、異常に高くてね。ボール・ヴォルカー議長率いる米連邦準備制度理事会によれば、十五～十六％。これでは、住宅金利は二十％になってしまう。いわゆる『貯蓄貸付（S&L）危機』によって、たくさんの人たちが金を失った。チャールズ・キーティング（チャールズ・ボウデン著『Trust Me』の主人公。S&Lの大金を盗み、正当な使途に回して刑務所行きになった正義の男）が刑務所行きになるような国なのさ。だから俺は一九九一年に、アメリカのビジネスを引き払って、日本に帰った。

絶妙のタイミングだった。

日本は、世界史上例を見ないバブル景気に沸き立っていた。

一九八五年のプラザ合意で、先進五か国（G５）の首脳が、日本の輸出過剰に歯止めをかけるため、円の価値を意図的に引き上げたのがきっかけだ。当時の日本は、自動車、テレビ、カメラなどを大量に輸出していた。

一年半で、日本円の価値は、世界のメジャー通貨の倍になった。資産規模で世界トップ10の銀行は、すべて日本の銀行。金は各所にあふれかえっていた。日本政府が国内需要を刺激すると、株価は三倍に跳ね上がった。日本企業は、〈ペブルビーチ・カンパニー〉〈ロックフェラー・センター〉〈コロンビア映画〉など、アメリカの象徴ともいえる企業や資産を、次々に買収。東京人はランチだけのために札幌に飛び、ハワイで週末を過ごし、金粉をまぶした寿司《すし》をほおばった。高価な〈ルイヴィトン〉や〈グッチ〉のバッグが、飛ぶように売れていく。

おかしな時代だった。強欲。劣悪。ディスコでは、若い女たちが服を脱ぎ棄て、下着のような格好でステージで踊り狂った。

青木が日本に戻る頃には、このバブルはすでにはじけていた。しかし世間がそれに気づくには、二年ほどかかった。

一九八九年十二月二十九日、〈日経225株価(日経平均株価)〉は、終値で三万八千九百十五円という、史上最高値を記録。その後〈日銀〉は、過熱気味の経済を抑えるために、一九九〇年には最大六%まで、金利を引き上げ始める。大蔵省は、住宅ローンおよび土地売買のための貸出総量規制をおこなった。これにより、日経平均株価は下がり始めた。

このあたりから、〈日経225〉はジェットコースターのように、恐怖の下降線をたどり、一九九二年十二月には、平均株価が六十%近く落ちることになる。十年後には、八千五百七十九円にまで下落。それに応じて、東京の地価(住宅地、商業地、産業地)も急落した。

一方、円は相変わらず高く、一九九五年五月時点で、一米ドル八十三円。二〇一一年十月には、同七十五円と最高値を更新。

日本の株価も、東京の地価も、日本人の心も、目の眩《くら》むような絶頂期を、もはや完全に取り戻すことはできなくなった。遅鈍で不活発な時代がやってきた。いわゆる日本の「失われた十年」である。これがやがては「失われた三十年」になっていく。

当時のニュースといえば、長年続いたビジネスが倒産し、その社員が路頭に迷う、という悲劇ばかり。

東京のマンションを買うのに、百万ドルのローンを組んだ人々が、仕事にあぶれ、借金を払えなくなった。住んでいたマンションを売り払い、安いところに移っても、解決にはならない。ピーク時と比べると、不動産価値が八十％も下がっているからだ。

銀行は安易な住宅ローンを提供し続けた。一家の収入では返済しきれないほどの大金を。そのツケは、家族や、「保証人」を引き受けた友人、仕事関係者などに回った。

「パラシュートなしのスカイダイヴィングみたいだった」

そのころビジネスに加わった政明が語る。

おやじのビジネスは、一九九〇年代の経済破綻《はたん》の波に飲み込まれて、かなり四苦八苦していた。うちはかなり金持ちだったよ。二十億ドルぐらい資産があった時期もある。しかし株価と不動産市場の暴落は、たいへんな痛手だった。

例を挙げると、政明の父親は、京都の駅前に土地を持っていた。バブル絶頂期には、一億六千万ドルぐらいの価値があった。最高のロケーションだからだ。しかしバブルがはじけると、五―六年で一千万ドルまで下がってしまった。その損失によって、父親のビジネスは破壊的なダメージを受けた。京都、大阪、神戸の彼のタクシー会社を、破産から食い止めるためには、銀行から七億ドル借りざるを得なかった。

日本に戻った政明は、ＭＫで今までとは違う仕事に就いた。一時期はタクシー運転手さえ引き受けた。父親はＭＫ哲学を、息子に叩きこんだ。経済状況の割には、なにもかもが順調だった。

大手自動車メーカー〈日産〉のショールームにいる受付嬢に出会うまでは。

ここから、順調どころではなくなった。

〝アウトサイダー〟が、まったく新しい意味を持つようになる。

日産の受付嬢

ＭＫタクシーは日産から車を仕入れているので、政明は京都の日産事務所を、頻繁に訪れていた。受付嬢と知り合ったのは、そのときだ。何度かデートを重ね、ロマンスが花開いた。

「彼女は申し分のない子だった」

政明は回想する。

美人だったよ。完全にノックアウトさ。何をやっても素敵なんだ。おおらかで、決してカッとならない。かわいらしい。誰にでも好かれる。俺は当時、四人のガールフレンドと付き合っていた。女には困らなかった。わかるだろ、いい車に乗っているし、金もある。ＭＫタクシーの社長の息子だぜ。女の子はそういうのが好きなのさ。だから彼女にデートを申し込んだ。ステーキハウスに連れて行った。そしたら、めちゃくちゃ彼女を好きになった。彼女も俺を愛してくれたよ。六か月くらい付き合ったな。彼女はいつも俺の後ろを歩く。そこがまたよかった。

結婚したいと思った。彼女もそう思った。そこで彼は、両親に会わせるために、自宅に連れて行った。結婚のための正式な顔合わせだ。お茶が出された。

何もかも順調だった。その女性が話の成り行きで、自分が日本人であること、純粋な日本人である事実を、口にするまでは。

一九六一年に生まれた二番目の姉、京美《きよみ》が、日本人男性とはデートも許されなかったことを、政明は知っていた。おやじは用心深くなっているだけで、やがては打ち解けるだろう、と高をくくっていた。

「日本人はお客様だ」父親はいつもそう言っていた。

「われわれは彼らを教え諭さなければならない」と。

ところがこのときは、「日本人」と聞いただけで、父親は怒りを爆発させ、ランプを部屋の向こうへ投げつけた。

「なんだと！」

父親は叫んだ。

「日本人と結婚したい、だと？　お前、いったいどうしたんだ？」

母親は泣き出した。

恐ろしい光景だった。両親は、彼女が家の中にいることさえ、我慢できなかった。

「出ていけ！」

二人とも叫んだ。

日産の受付嬢は、屈辱感で泣き出した。しかし、ひどい恐怖心も感じた。

「おやじがあんなに怒るのを、初めて見たよ」

政明は回想する。


ショックだった。おやじが日本人に対して、あんなに激しい憎しみを抱いているなんて、あの日まで知らなかったよ。日本人に敬意を払えと、いつも俺たちに言っていたんだ。彼らはうちのビジネスのお客様だから、ちゃんと接しなければいけないぞ、とね。いつもそう言っていた。だからあの態度には、マジでびっくりした。

おやじが激怒するのを見るのは、初めてだった。あのとき、本当にわかったんだ。おやじとおふくろが、どんなに日本人からひどい扱いを受けてきたかをね。日本人から差別を受けたことはない、とおやじはよく言っていた。おじさんもそう言っていた。だけど、あれは単なる建前だと思う。あの日、本音が出たんだな。

悲しいことに、政明と日産ガールとの関係は終わった。

両親か、愛する女性か、辛《つら》い選択を迫られたのだ。

別れるしかなかった。

「両親の願いに背けば、ファミリー・ビジネスからシャットアウトされただろう。だから終わりにした。二度と彼女には話しかけなかった。彼女も、俺が日産ショールームに行っても、口を利かなくなったよ」

一九九七年：MKタクシー東京

一九九七年、政明は父親から、新たに開設した東京のMKタクシーの運営を任された。MKは長い間、日本最大の都市、東京への進出を許されなかったが、一族は日本政府に交渉を続け、ついにタクシー八十四台の営業権を勝ち取った。

政明は三十二歳のとき、東京支社を設立するために、首都へ引っ越した。

経済は低迷中。いわゆる「失われた十年」の時代だ。地価と住宅価格は、ひどいデフレ状態。株式市場は悲惨で、一九九七年には、日本の四大証券会社の一つとして、長い歴史を持つ〈山一証券〉の元会長が、違法取引を認めたあと、会社は倒産し、社長が涙ながらに謝罪する事態に。さらに同年、〈北海道拓殖銀行〉が、山のような不良債権の処理問題から、資金繰りに行き詰まり、破綻した。

青木ファミリーにとっても、最悪の時代だった。ＭＫ京都本社は、七億ドルの借金を負った。東京支社は、二重の意味で重荷を負うことになった。

青木政明は、たったの二十万ドルで、東京のビジネスをスタートさせた。場所を借り、日産から車を借り、四十代、五十代の運転手を雇った。年配の労働者を雇えば、日本政府から助成金が出るからだ。失業率十％の時代だから、運転手確保には苦労しなかった。

日本のマスコミは、一年間、熱心に青木を追いかけた。

〈ＭＫタクシー東京〉が操業を開始した当時、東京のタクシーは世界一、清潔でモダンだった。ドライヴァーは白い手袋をはめ、乗客用のドアは自動で開閉する。

ＭＫタクシーをひと味違うものにするために、青木は自社の車をすべて真っ黒に塗装させた。そのほうが、タクシーというより、リムジンに似ているからだ。さらに、自動ドアをやめ、ドライヴァーを訓練して、運転席から降り、客のためにいちいちドアを開け閉めするようにさせた。こうした工夫のせいで、ＭＫは客にとって、タクシー会社というより、運転手付きハイヤーの様相を帯びた。

「われわれがやりたかったのは、これなんだ」

政明は言う。

うちのタクシーを道で拾うときの料金は、客に呼ばれて配車するときの六分の一。この派遣サーヴィスは、うちのお得意さんが利用していて、会合の場所に送ったり、一日の終わりには、郊外の家に送り届けたりする。うちにとってはすごくいい仕事で、会社全体と契約している。タクシーに乗るというより、リムジンに乗る感覚だな。配車の場合、うちは料金の九十％増しをもらっている。他社は二十％。

MK東京のヴェンチャーを、最初から取材している『日本テレビ』の菊池《きくち》正史《まさし》記者は、長いインタビューの中で、彼らの成功をこんな風にまとめている。

MKはタクシー業界に革命を起こした。MKの素晴らしいところは、ドライヴァーがとても丁寧なことだ。『いらっしゃいませ』『ありがとうございます』を必ず言う。お釣りは両手で渡す。〈クラウン〉〈セドリック〉など、高級車を使っている。MKは運転手を徹底的に訓練する。料金は安いし、サーヴィスがとてもいい。今までの東京のタクシーは、値段が高く、サーヴィスが比較的悪いから、MKとは大違いである。それまでは、収益の六十％が運転手に、四十％はタクシー会社だったが、MKは東京に、フランチャイズ制とリース・システムを導入した。ドライヴァーは車を借り、経費だけを払って、儲けはすべて自分のものにできる。ゼロ・サラリー・システムだ。MKが登場してから、東京のタクシー・ビジネスは、今までとはがらりと変わった。

政明はＰＣＳ（プライヴェート・ショーファー・サーヴィス）も始めた。携帯電話やパソコンを使ってＮＴＴ経由で、最寄りを走るタクシーを見つけて連絡を取り、ドライヴァーと直接話したり、ＰＣＳのアプリを使って連絡を取り合ったりできるシステムだ。これによって、配車の手間を省くことができるようになった。今までは、忙しくて電話に出るスタッフが足りないとき、客に待たせることが多かった。今度は、客が携帯やパソコンで配車係と連絡を取れば、近くを走るタクシーを、わずか数分で見つけられるようになった。コールセンターは一日平均、二千回ほど配車要請を受け、千二百台ほどタクシーを送った。

ＰＣＳシステムは、ＭＫに大きな利益をもたらした。

「まさに〈Ｕｂｅｒアプリ〉だよ。まだＵｂｅｒが発明されてもいないうちにね」

プライドを抑えきれずに、政明が言う。

PCS

ＰＣＳシステムは大成功だった。利益を元に、自社ビルを建てられるほど儲かった。〈ビジネスマン・オヴ・ザ・イヤー〉を、いくつも受賞した。競争相手は彼を、「完全なる天才」と呼んだ。銀行グループや、ビジネス関係者から、定期的に講演の依頼がくる。新聞、雑誌、テレビ局のインタビューも、ひっきりなしに舞い込んでくる。彼は今や、〝街の出世頭〟だ。

ハーヴァード大学のアンドリュー・マカフィー教授は、ＭＫ東京の営業について「ＭＫタクシー：お抱え運転手サーヴィス」と題する論文を書き、青木政明のビジネス・アプローチに関する講座を開いた。さらに二〇〇四年には青木を招き、〈ハーヴァード・ビジネス・スクール〉の生徒に向けて、ＭＫタクシーの哲学を講演させている。

友人たちから「ゆうちゃん」の愛称で呼ばれている政明は、落ち着いた態度で、ごくリラックスして、自信にあふれた講演をおこない、万雷の拍手を浴びた。とても好評だったので、再びパネルディスカッションに招かれたほどだ。彼がマリファナを吸って講演したことは、誰にもわからなかった。

「ニューポート・ビーチの友人がマリファナをくれたのさ」

政明は回想する。

「『大逆転』のエディ・マーフィーみたいに、トイレで一服した。おかげで講演するときは、すごくリラックスできたよ」

今や〈ＭＫグループ〉として知られるコングロマリットとなった、京都と大阪のファミリー・ビジネスは、倒産を免れた。政明がＰＣＳシステム導入によって、東京で成功していたおかげだ。ＭＫタクシー京都の資産価値は、二十億ドルから半減していたが、東京の利益によって救われた。

さらに父親は、ＭＫエンタープライズを救うために、思い切った手段を講じた。日本の当局から見れば、かなり問題のある手段だった。

七十三歳の青木定雄が、〈近畿産業信用組合〉として知られる組織の、四十%の利権を買い上げ、自らが会長に収まったのだ。かくして近畿産業信用組合は、公的資金約八千六百七十億円が投入される破産した三つの信用組合のビジネスを、手中にした。

続いて青木定雄と近畿産業信用組合は、二〇〇四年三月から八月のあいだに、資金繰りに苦しんでいる四つのMKグループ会社に、八十六億円のローンを提供した――〈MKタクシー京都〉に五十二億円、〈MKタクシー神戸〉に五億円、〈MKタクシー大阪〉に十億円、〈MK石油〉に十九億円。京都の船舶会社〈MK大陽〉にも、ローンを提供した。

合計すると、百十億円が、青木ファミリー企業に貸し出されたことになる。

市場の利息より低く、ローンを設定したので、〈近畿財務局〉に目をつけられた。財務局はこれを違法とみなし、対応を求めた。

青木一家は、深刻な苦境に立たされた。

家族の救済が、政明の使命となった。彼は東京の勝どきに建てたばかりの新しいビルを売却し、その利益を、MK京都、MK大阪、MK名古屋の救済にあてた。

政明は語る。

「お前のおかげで命拾いした、とおやじに言われたよ」

と政明。

「それが一番記憶に残っている」

元〈フォックス〉と〈ディズニー〉の重役、デイヴィッド・シンは、青木政明のキャリアにずっと注目し続けてきた。彼は政明を、現代日本の完璧なシンボル、とみなしている。

「先見の明のある本田《ほんだ》宗一郎《そういちろう》、松下幸之助《まつしたこうのすけ》などの戦後世代が、壮大な日本経済を築き上げてきた。しかしその息子たちは、既設の構造に甘んじて乗っかっているだけだ。現状を奮い立たせるには、政明のような反逆者が必要なのだ」

『日本テレビ』の菊池正史記者は、こう表現する。

「青木政明という男は、『ゴッドファーザー』のソニー（頭に血が上りやすい長男）とマイケル（冷静沈着で意志の強い三男）の中間だ」

ポール・マッカートニーが成田空港で、マリファナ所持で逮捕されたとき、その弁護を引き受け、窮地を救ったことで知られる、有名な松尾翼《まつおたすく》弁護士は、インタビューの中で、政明を名指しで褒めちぎる。

東京では、〈日本交通〉〈帝都〉〈大和〉〈国際〉という四つのタクシー会社が、全権を握っていました。われわれは彼らを「大日本帝国」と呼んでいます。ＭＫが東京でこのシステムに挑戦したことは、本当に素晴らしい。青木政明氏の力の証《あか》しですよ。マイノリティからの叩き上げだけに、なおさら感動的です。

怒りのコントロール

誰に似ているかはともかく、政明の成功は、長くは続かなかった。カッとなりやすく、自己破滅的な性格が、しばしば騒動を引き起こし、そのせいでへとへとに疲れてしまうからだ。両親の紹介で、〝オミアイ〟を二百回以上した。両親は彼に、結婚して子供をもうけてほしかった。しかし彼は、自分で〝出会い系サイト〟を選んだ。

「女と出会って寝るには、これが一番だよ」

と政明。

どの女も、すぐこちらの思い通りになる。俺が結婚に興味がない、とわかるまではね。ガールフレンドがもう一人できた。〈ＫＡＬ〉のスチュワーデスを好きになったんだ。かわいい子だった。だけど、日本語が話せない。だから、うちの家族に気に入られなかった。一巻の終わりさ。

ついに二〇〇四年、両親を喜ばせるために、一人の女性に落ち着いた。彼に言わせると、「見合いしたほかの女たちよりはまし」。

これで手を打った。

しかし、ほとんど家に帰らなかった。MK配車センターで、朝六時から午前二時まで働く。ときには、閉店前の銀座のナイトクラブへ行くために、午後十時ごろ会社を出る。結局、銀座のホステスとホテルで夜を明かすことが、ますます増えていった。

妻は二〇〇六年に、男の子を生んだが、二〇〇八年には、夫の不倫を理由に離婚を申請。高利貸しの韓国ヤクザの娘は、父親の宮殿のような家に戻り、二度と政明と口を利くことはなかった。

度重なる不倫よりも、もっと驚くべきは、一連の不快な〝出来事〟だった。これによって、彼はマイケルよりもソニー・コルレオーネに似ている、という声のほうが増えたほどだ。

たとえば二〇〇五年三月十三日の午前十一時、政明は目が覚めたら、東京郊外の鷺沼《さぎぬま》駅前の駐車場の地面に横たわっていた。一晩中飲んで、気を失ったらしい。二日酔いで気持ちが悪いが、大事な約束があったことを、急に思い出した。

駅員の胸ぐらをつかみ、気の毒にも顔にパンチを食らわした。

「畜生、なんで起こさなかったんだ！」

政明は叫んだ。

誰かが警察を呼んだ。パトロール中の警官がすぐに現場に駆けつけ、政明を逮捕した。駅員はすみやかに病院に運ばれたが、回復に数日を要している。

政明は、刑務所入りを避けられたものの、罰金と、記者会見など公の場での謝罪を求められ、MK東京の社長職退任も迫られた。

二年後、MK東京の社長の座に返り咲いた。

ところが、二〇〇八年、刑務所入り。今回は、四月九日朝八時半に、東京駅で駅員と喧嘩《けんか》したからだ。

「姉貴のために、車椅子が必要だったのさ」

政明が弁明する。

日本の鉄道は、車椅子をいつも用意すべきなんだ。ところがカウンターの奥の男は、『そんなものは用意がない』とぬかしやがった。だから頭にきて、カウンター越しにやつを引っ張った。警察が来て、逮捕されて、丸の内の留置所に放り込まれた。

また罰金と、執行猶予と、さらに一年間、社長職を退任。

政明の逮捕と共に、会社の存続が危ぶまれる別の問題が発生した。

国会の調査によって、衆議院議員の一人が、MK東京のやり方は違法だ、と言い出したからだ。MKは、ドライヴァーに車を貸し、「売上と収益」－「経費」＝「サラリー」という形で給料を支払うシステムになっている。ある国会議員は、このシステムが違法であり、道路運送法に違反する、と主張した。

「従業員だけがコストがかかり、会社はコストがかからない。このシステムでは、MKは車を借りるだけで、運転手は、車のメンテナンスや修理費などの出費を、すべて負担しなければならない。会社ばかり儲かって、社員は損をする」

この議員によれば、これは「経営側の無責任なやり方」だと言う。

青木政明が脳卒中で倒れたのは、この頃だ。

「俺はゴージャスなナイトクラブのホステスと、一夜を明かすことになったが、イチモツが言うことを聞いてくれなかった」

政明が説明した。

だから〈ヴァイアグラ〉を三錠か四錠飲んだ。それでもダメだった。七時半に目が覚めたとき、変な感覚があった。彼女から言われたよ。顔の片方がマヒしている、ってね。タバコに火をつけたとき、吸い込めない。立ち上がれない。彼女に病院に連れて行かれて、二週間、入院した。

まるで神道の神の祟《たた》りであるかのように、ＭＫ東京はこの時期、元運転手や現運転手たちから次々に訴えられ、民事訴訟の波に襲われた。

最初は二〇一一年十一月、ＭＫ東京のドライヴァーに、政明から暴力を受けたとして、数百万ドルの賠償金を請求された。

政明は、ＭＫ東京の社長ポストに復帰したばかりだった。政明の行動は、ドライヴァーのトレーニングのために、後部座席に設置されているＭＫタクシーの、車内ヴィデオにすべて記録されていた。ドライヴァーが歩行者にぶつかりそうになったとき、政明の怒りが爆発。バックシートを蹴《け》り、何度も叫んだ。

「バカ野郎！」

そして車を飛び降り、運転席からドライヴァーを引きずり出して、その場で首にした。そして自ら運転席に乗り込み、走り去ったのだ。

醜い、吐き気を催すシーンだった。これがたちまちインターネットで広がり、ＭＫファミリーを非常に困惑させた。

ドライヴァーは裁判所に訴え、鞭《むち》打ち、腰椎《ようつい》損傷、精神的苦痛、その他で、二千三百万円の賠償金を要求。ほかの四人のＭＫドライヴァーも、ボスによる似たような暴行を訴え、訴訟に加わった。政明は、退任記録を更新した。

「俺は厳しいボスなんだ」

政明は弁解する。

ドライヴァーのヘアスタイルも規制する。匂いもね。お客に不快なことがあれば、変えさせている。ハンドル操作も。おやじよりその点、厳しい。俺は完璧を求めるからね。GPSを使うな、と指導している。運転中にそんなものを見たら、事故を起こしかねないさ。代わりに音声ガイドを使わせている。ずっと道路を見ていろ、とね。ところが問題は、ドライヴァーの九十%が、俺のルールに従わない。やつらの運転は乱暴なんだ。昔のカミカゼ・タクシーみたいにね。訓練しようと努力しているよ。最初はうまくいく。最初の二、三回はね。だけど、ダメ。すぐに俺を無視して、同じことを繰り返す。

だからやり方を変えて、もっと厳しくすることにした。怒鳴ったり、シートを蹴ったりするようになった。そうせざるを得ないのさ。スポーツなんかでよく見かける、日本の教育法だよ。よくある方法さ。

まずいことに、彼らはいつも忙しい。うちの料金のほうが安いし、サーヴィスがいいからね。だから残業が多い。十八時間から二十一時間のシフト。走りながら、眠くなったりする。事故率がものすごく増えているんだ。そのためになおさらプレッシャーがかかる。

俺はシステムを変えようとした。十時間シフトで、一か月に十二日。だけどドライヴァーたちに拒否された。今のシステムのほうが便利だからね。一回のシフトのあと、二日続けて休めるからさ。固定給制にしようとしたら、いやだと言う。何人かをBMWに乗せようとも考えたけど、これもダメ。ほかの運転手より上位になりたくないらしい。ほかの運転手と違うのは嫌なんだとさ。

鞭打ちの訴訟に刺激されて、ほかにも十人の運転手が、別々にパワハラで政明を訴え、残業についても文句を言った。訴訟はさらに増え、原告は二十人に、やがては六十人に増えた。

政明が彼らに、毎日二時間かけて車の洗車をさせる、など、ドライヴァーたちの話は膨らむばかり。一部のドライヴァーは、ただこう叫ぶために、彼に電話をかけた。

「朝鮮人野郎！」

新橋駅の広場に展示してある、十九世紀風の機関車前で、ドライヴァーたちが彼に喧嘩を挑んだこともある。政明は彼らに向き合った。二十人相手に、対決姿勢をとった。帰宅途中の通勤客が、困惑の表情で横目に眺めている。政明は彼ら全員を相手にするつもりだった。

「あいつらをぶん殴ってやろうと思ったよ」

政明がいつもの虚勢たっぷりに言う。

「だけどラッシュアワーだからな。警察がきて、収拾された」

彼の巻き込まれたトラブルすべてを解決したのは、自殺事件だった。

自殺

二〇一五年、ＭＫ東京にもう一つの問題が発生した。

組合費の横領事件だ。今回は青木政明とはまったく関係がない。ＭＫ東京の組合幹部による、組合費の横領が発覚したのだ。彼は五十万ドル相当の金を、せっせとナイトクラブのホステスに貢いで、楽しいときを過ごしていた。

政明は組合員たちに、「社長の俺を攻撃するより、自分たちの問題、組合費横領に集中しろ」と告げた。

「訴えないなら、お前たちも共犯ということになるぞ」

組合員らが躊躇《ちゅうちょ》すると、政明は彼らを横領の一味とみなして告発し、クビ切りを開始。合計五百五十人の運転手のうち三百人近くを、わずか一年半でクビにし、新しい運転手を採用した。

二〇一五年五月十五日、事態は終幕を迎えた。横領していた幹部組合員が、自宅マンションの四階から飛び降り自殺したからだ。あとには妻と二人の子供が残された。

その後、闘争を続けるほど勇気のあるＭＫ社員は、ほとんどいなくなっていた。

カオス

〝青木政明物語〟のとどめの一発は、両親との決別だった。

二〇一四年一月三日の『朝日新聞』に、MK東京の「賃金未払い」に関する記事が掲載された。続いて『YouTube』に、訓練ドライヴァーに対する政明の暴行シーンが投稿されると、再生回数は百万回を超えた。人気週刊誌『フライデー』がそれを取り上げた。

時期まさに、『プレジデント』誌がおこなった「『接客好感度』企業ランキング」という調査で、MKタクシーが全国三位に選ばれたばかり（その他サービス部門）。二位は〈全日空〉、一位は〈東京ディズニーランド〉だった。

母親は激昂して、次男に怒鳴った。

「お前のせいで、MKタクシー全体がつぶれてしまうじゃないの！」

政明にしてみれば、これが我慢の限界だった。

「確かに俺は、まぬけな振舞いをした。それは認めよう。しかし俺は、一度ならず何度も、会社の窮地を救ってきたではないか。お袋はもっと感謝すべきだ。しかし、まったく感謝していない」

政明は母親に、二度と口を利かなくなった。二〇一七年に彼女が脳梗塞《のうこうそく》を発症し、体が不自由になってからも。

弟が日本人女性との結婚を許されてからは、父親とも話すのをやめた。

この知らせに政明は、信じられないほどショックを受けた。日産の受付嬢と結婚する夢を、父親はずたずたに破り捨てた。本気で愛した女性だったのに、日本人という理由だけで拒否された。なのに、三男には許すのか。不公平にもほどがある、と彼は思った。

あまりにも腹が立ったので、父親の葬儀にも出席しなかった。父親は二〇一七年、誤嚥《ごえん》性肺炎のため、八十八歳でこの世を去った。

裁判沙汰はさらに続いた。二〇一七年五月、裁判所はMKタクシーに、二千万円の未払い給与を支払うよう命じている。同月、彼の会社の運転手二十名が結束し、パワハラで政明を告訴。さらに四十名近くの社員が、告訴に加わった。

同年十二月、彼はまたもや逮捕されている。二〇一七年十二月二十一日、真夜中ごろ新橋付近で、乗車拒否したドライヴァーに暴行した罪だ。目撃者によれば、運転手の顔に靴を投げつけ、打撲傷を負わせたと言う。パトロール中の警官が逮捕した。

政明によれば、酔っぱらっていて、何をしたか記憶にないと言う。MK東京は、またもや公の席で謝罪を強いられ、政明の退任を発表。政明はそろそろ、自分の非行などの引責辞任が、何度だったかわからなくなってきた。

『週刊新潮』は、彼の態度について、手厳しい記事を掲載した。

「反省なき暴力人生」

政明と面会

ぼくが青木政明に最初に会ったのは、二〇一九年の夏だった。日本の〈フォックス・メディア〉の社長、デイヴィッド・シンという共通の知人から、会ってくれないか、と誘われたのだ。デイヴィッドによれば、青木は、犯罪と腐敗を描いたぼくの本『東京アンダーワールド』を読んで、会いたがったという。

〈コンラッド東京〉でランチタイムに会うことになった。〈浜離宮〉と、遠くに東京湾を見下ろす、五つ星のデラックスなホテルだ。ここに青木はスイートをキープしている。

二十八階にあるフレンチ・レストラン〈コラージュ〉で、彼はドラフトビールの大ジョッキを傾けながら座っていた。一晩中起きていたらしい。ナイトクラブのホステス・グループと、高級シャンペン〈ドンペリ〉を、何ケースも平らげた、と言う。

「あんたの本が気に入ったんだ」

青木は立ち上がり、ぼくの手を力強く握って言った。

「驚いたな、まだ生きていたんだね。右翼がさぞかし君に腹を立てたことだろうな。だけど、あんなやつら、クソ食らえだ！」

かくして「青木さん」または、「ゆうちゃん」（彼はこう呼ばれるのが好きだ）の、数時間に及ぶ止めどないモノローグが始まった。

取りつかれたように話す。これほど止めどなく話す人物には、会ったことがない。無限のエネルギーを持つこともわかった。相手をわくわくさせる、人好きのする人物だが、疲れ果てる。相手の話を聞くことができない。話題は、ジャッキー・ロビンソン（初の黒人メジャーリーガー）と、アメリカの人種差別に始まり、映画『クレイマー・クレイマー』の、セントラルパークでの再会シーンにいたるまで、うんちくを傾けだしたら止まらない。

「観るたびに泣けるよ」

と彼は言う。

午後のおしゃべりが長引いて夕方になると、ホステスバーにわれわれを招いた。そこで彼は、一ダースほどのグラスビールを飲み干し、間にウィスキーを何倍もおかわりしながら、ひっきりなしにしゃべった。

デイヴィッド・シンが提案したプロジェクトについて、青木は話したがった。京都にMKタクシーを創設した父親と、その会社をじつにドラマチックに東京で発展させた政明を題材とする、映画と本についてだ。

その後、いにしえの都で週末を迎えることになり、彼は妻とぼくを、京都のおもな寺院と食事処に案内してくれた。その間、ノンストップのコメントつきで。

永観堂《えいかんどう》で、彼は電話を受けるために消えた。二十分後、嬉《うれ》しそうな顔で戻ってくると、

「京都の寺の真ん中に立って、携帯電話で二十分話しただけで、三十万ドル儲けたよ」

大喜びでそう言った。

「こんなことできる人間が、ほかにいるか？」

夜は何度か、芸者の街、祇園《ぎおん》を訪れた。接待係の一人は、さつきという名の、はっとするほ

ど美しい二十五歳の芸妓《げいこ》だった。青木は彼女を十六歳のときに見つけ、舞妓の修業費用すべてを負担してやったと言う。今や彼女は、もっとも有名な芸妓の一人。華やかな京都の旅行雑誌の表紙や、電車の駅のポスターに、彼女のあでやかな写真が使われている。青木は彼女にぞっこんだ。一緒に住みたいのだが、彼女は自分のキャリアに夢中で、彼はずっと待たされていると言う。

京都最終日の夜、われわれは〈WBSC世界野球プレミア12〉の決勝戦で、日本が韓国を破るのを観た。青木はすでにビールを十二杯、ウィスキー〈ジム・ビーム〉を五杯飲み干していたが、敗戦にひどくがっかりした。

続いて、モノローグが始まった。京都で育つあいだ、差別に耐え続けた在日韓国人が、どれだけ辛かったか。毎日毎日、「チョン公」などと朝鮮人に対する侮辱的な言葉を浴びせられ、しばしば校庭で喧嘩になった。

彼に言わせれば、先祖が戦争中におこなった残虐行為を、なぜ日本人はまるでなかったかのように無視できるのか、どうしても理解できない。

銀行に二億ドル貯金がある。その金を全部使って、日本の右翼と、彼らをサポートする連中をぶっ潰したい、と彼は言う。

その後、東京で会ったとき、混雑しているホステスバーの中で、彼はすっくと立ち上がり、ホステスたちに向かって叫んだ。

「お前ら、日本人の男なんかと、どうしてヤレるんだ？　日本のビジネスマン野郎と、なんで寝るんだ？　恥を知れ！」

ママさんがなだめるしかなかった。

皮肉なことに、日本に住みながら日本人を好きになれない、たくさんの外国人と、ぼくは会ったことがある。何十年も住んでいる外国人もいる。考えてみれば、青木政明は生まれてからずっと日本で、民族的マイノリティとして暮らしてきたのだ。そう思えば、彼がもうれつな日本人嫌いになるのも、無理はない。

臨床精神科医なら、彼をどう分析するだろうか。

青木政明に最後に会ったのは、二〇二〇年の秋。東京にあるＦＣＣＪのディナーの席だった。彼の半生の映画化と書籍化の企画は流れ、その残骸《ざんがい》をこの本に記しているわけだが、彼はご機嫌がよかった。飲酒をやめ、健康のために運動を始めたらしい。アメリカへの移住を考えていると言う。

クラブの外国人記者仲間がわれわれに加わったところで、ぼくは一時間ほど、青木家の偉業や、政明と父親定雄の素晴らしい業績について語った。話したいことは山ほどあった。

東京という街だけでなく、日本社会全体に大きな影響を与えた人物を、本書にたくさん取り上げたが、考えてみればその中で、政明の父親ほど、既存のやり方を大きく変えた人物は数少ない。日本政府を訴えて勝訴した個人は、日本史上稀有《けう》だ。ＰＣＳを発明した政明自身もまた、そうした特別な人物に数えられるだろう。

この話は語る価値がある。ようやく話すことができて、ぼくはとても嬉しい。

第十章

統一教会と安倍晋三背後の暗黒政治

東京——二〇二二年七月八日。

日本の元総理大臣、安倍晋三の射殺は、日本列島を震撼《しんかん》させた。安倍は金曜日の朝、奈良において参議院選挙の応援演説をしていたときに、群衆のあいだから突然現れた男に、二連銃によく似た手製の銃で撃たれた。

男は、警察官チームが警護していたにもかかわらず、安倍から数メートルの位置まで接近し、肩と首を撃ち貫《ぬ》いた。安倍は地面に崩れ落ちた。護衛警官はすぐに加害者を確保。居合わせた医療関係者は、安倍が心肺停止状態であることを確認し、蘇生《そせい》措置をおこなった。

数時間後、近くの病院で、元総理の死亡が確認された。

その後数か月、マスコミはこの事件の報道であふれかえった。


厳格な銃刀法のおかげで、日本では銃による暴力沙汰《ざた》は滅多にない。とはいえ、日本の政治史は、暗殺や暗殺未遂事件であふれている。

安倍の祖父である岸信介は、かつて日本の総理大臣をつとめた人物だが、一九六〇年に暴漢に襲われた。ライバルの政治グループに雇われたと信じられているその暴漢は、確保されるまで、岸の太もものあたりを六回突き刺した。岸はかなり出血したが、六十針縫う手術の結果、一命をとりとめている。

まさに同じ年、〈日本社会党〉の浅沼稲次郎《あさぬまいねじろう》は、演説の最中に、急進的右翼の暴漢によって刺され、死亡。その後、三木武夫《みきたけお》首相、金丸信《かねまるしん》自民党副総裁、細川護熙《ほそかわもりひろ》首相が、暴漢に襲われ、命拾いしている。長崎市長、本島等《もとしまひとし》は、一九九〇年に右翼に撃たれたが、一命をとりとめた。しかし二〇〇七年には、別の市長、伊藤一長《いとういっちょう》が、市長選挙の遊説中、暴力団によって射殺されている。

安倍晋三事件は、最新の例に過ぎない。

安倍を暗殺したのは、山上徹也《やまがみてつや》という四十一歳の男だ。日本の海上自衛隊の元隊員で、韓国の宗教団体、〈統一教会《UC》〉への憎しみから犯行に至った、と警察に語っている。この団体を、安倍ファミリーは長く支援していた。

山上によれば、統一教会は信者である母親を洗脳し、一家を破産に追いやって、彼の人生をめちゃくちゃにした。山上の父親は自殺し、母親は一家の全財産を統一教会に献金したことが、のちに判明している。そのため、山上は大学に行けなかった。

最初は、統一教会の現リーダー、韓鶴子《ハンハクチャ》を殺そうとした、と山上は言う。韓は、統一教会の教祖である文鮮明《ムンソンミョン》の未亡人。文鮮明は、自らを救世主と名乗る起業家、政治活動家である。

山上は、暗殺計画を実行するために、韓に近づこうとしたが、うまくいかなかった。

そこで標的を変えることにした。二〇二一年九月、統一教会関連団体のイベントに、安倍元首相が祝福のヴィデオ・メッセージを送ったこと、そればかりか、その団体を支援していることを知り、ターゲットを安倍に切り替えた。

一九五四年に〈世界基督《キリスト》教統一神霊協会〉として創設されたこの団体は、家族の価値、資本主義、そして朝鮮半島南北統一をスローガンに掲げてきた。朝鮮半島は一九四八年に、一党独裁の共産主義国、〈朝鮮民主主義人民共和国（北朝鮮）〉と、南の民主主義国家、〈大韓民国（韓国）〉に分断されていた。

統一教会《UC》は劇的に成長を遂げ、アメリカを含む百九十四か国に拠点を置くようになる。日本支部は一九五九年に設立された。皮肉なことに、その大いなる支援者となったのは、安倍晋三の母方の祖父で、当時の首相だった前述の岸だった。

非常に強い右翼思想を持つ岸は、統一教会を熱心に応援した。この団体が強い反共思想をかかげ、世界平和を唱道していたからだ。

「母が（一九九〇年代に）教会に入信して以来、私の青春時代は、一億円と共に消えてしまった」

彼は暗殺事件の前日に、ブロガーにそんなメールを送っている。

「あの頃の経験が、私の全人生を台無しにした、と言っても過言ではありません」

統一教会《UC》は一九六四年に、キリスト教組織として登録され、のちに現行の〈世界平和統一家庭連合〉へと改名したが、「統一教会」という通称のほうが知られている。

「Ｍｏｏｎｉｅｓ（ムーニーズ）」と呼ばれる信者同士で、大規模な合同結婚式がおこなわれることで有名だ。結婚相手は、開祖「Ｍｏｏｎ（文鮮明）」によって定められるばかりではない。彼の指令に従って、カップルは奇妙な洗礼儀式をおこなう。たとえば、バットでお互いを叩《たた》き合ったり、文鮮明の肖像画の前で、指示通りの格好で、三日間に及ぶセックス・セレモニーをおこなったり。

信者の中には、桜田淳子《さくらだじゅんこ》という有名な歌手もいる。彼女は合同結婚式に参加し、アイドルとしてのキャリアをドラマチックに終わらせた。

統一教会は、押しの強い、しばしば詐欺的な布教戦略でも有名だ。自家製の壺《つぼ》や本、印鑑などを、法外な値段で売りつけるだけではない。かなり強引な改宗方法によって、自分の人生に意味を見出《みいだ》せない若者を、マインドコントロールすることでも知られている。批評家によれば、日本人信者のあいだで、驚くほど多くの破産や離婚、自殺などが報告され、そのために数人の政府高官が、退任を迫られていると言う。

安倍の暗殺事件のあと、たくさんの元信者が、表に出て告白しはじめた。正気に戻って脱会するまで、いかに自分が、マインドコントロールやその他の形で、統一教会から虐待を受けていたかを。

安倍の事件をきっかけに、保守政権として長年日本を統治している〈自由民主党〉――岸もここに属していた――と、韓国の統一教会、そして広い意味で関連のあるアメリカの〈ＣＩＡ〉及び韓国の〈ＫＣＩＡ〉との怪しげな関係が、世間の注目を集めることになった。いずれも「反共産主義」という、共通の信条を掲げている団体だ。

海外の組織であるにもかかわらず、統一教会と二つの諜報機関《ちょうほう》CIA、KCIAは、戦後およびその後の日本に、歴史の流れを左右するほど、きわめて大きな影響を及ぼしたと言える。

日本人は、統一教会に改めて注目したのをきっかけに、この暗い過去を思い出すことになった。

文鮮明は、一九二〇年、日本統治下の朝鮮に誕生。クリスチャンとして育てられ、〈長老派教会〉の日曜学校に通った。一九四五年に第二次世界大戦が終了し、朝鮮半島が三十八度線を境に南北に分断された頃、文鮮明は〝神の言葉〟を伝道し始める。のちに語ったことによれば、キリストが彼の前に現れ、「地上に天国を作るために、汝《なんじ》を選んだ」と告げたと言う。

北朝鮮のピョンヤンに旅行したとき、嘘を広め、何も知らない人々をだまし、金を巻き上げた罪で、逮捕された。人妻を誘惑して夫から取り上げ、家族関係を壊し、社会の秩序を乱したという罪状で、三年間、刑務所へ。その後ソウルに戻って、統一教会を設立。これが国内の大都市へ急速に広がり、やがて日本、フィリピン、アメリカへと伝播《でんぱ》していく。

ソウルでも二度逮捕された。宗教的な乱交セックス儀式の開催と、韓国の徴兵拒否の容疑だが、どちらも結局は起訴を取り下げられている。

文鮮明は、天才的な雄弁家というわけでもなく、カリスマ的な人物でもない。しかし野心家で、反共を声高に喧伝《けんでん》する人物として、傑出していた。これが自由民主党の目を引くことになる。自民党は、中国における毛沢東と、北朝鮮における金日成《キムイルソン》の勃興《ぼっこう》を、日本の国益に対する脅威とみなしていた。

かくして文鮮明は、一九五七年に首相の座を射止めた自民党の岸の支持を獲得。岸は、政治的にも財政的にも、ＣＩＡの援助を受けている流れで、ＫＣＩＡ創設をサポートした。ＫＣＩＡはその後、統一教会と密接な関係を築くことになる。

自由民主党《ＬＤＰ》はその後何年も、権力の座に収まり続けた。五〇年代、六〇年代に、ＣＩＡから、月額百万ドルに及ぶ金銭的援助があったおかげである。アメリカのビジネスマンたちによれば、その金はアメリカ企業からのプレゼントだと、政治家たちがうっかり漏らしたらしい。

岸の顧問として、賀屋《かや》興宣《おきのり》がいた。東条内閣時代に大蔵大臣をつとめ、Ａ級戦犯になったが、一九五八年に国会議員に選ばれ、政界に復帰した人物である。ティモシー・ワイナー著『Legacy of Ashes』によれば、その賀屋がＣＩＡとのおもな中継役だった。こうした関係は、岸の弟、佐藤栄作の時代まで続いている。そのころ、ヴェトナム戦争のための重要な米軍基地だった沖縄が、大きな社会問題となっていた。

これらすべてが、統一教会の反共スタンスにぴったり適合し、ＫＣＩＡとの急接近を招いたのだ。

ＫＣＩＡは、一九六一年にＣＩＡの資金提供によって、ＣＩＡをモデルに設立された。その目的は、共産主義の北朝鮮を監視し、資本主義を支持する韓国を防衛すること。アメリカは韓国にも、かなりの堅陣を敷いた。

ＫＣＩＡは将官級准将、金鍾泌《キムジョンピル》によって創設された。彼はその後まもなく、一九六一年の韓国クーデターに参加。このクーデターによって、反米派の李承晩《イスンマン》が追放され、朴正熙《パクチョンヒ》が親米の大統領になった（一九六五年には、日本と〈日韓基本条約〉を締結している）。

金鍾泌は、ジョージア州フォート・ベニングで訓練を受けた、朝鮮戦争の退役軍人だ。彼は統一教会とその敵意に満ちた反共精神に、早くから興味を抱き、ＫＣＩＡの諜報部員を数人、教会に投入していた。

カルト（狂信的宗教集団）の専門家、〈ミドルベリー大学〉のジェフリー・Ｍ・ベイル教授によれば、その一人は、統一教会の文鮮明の右腕とされる朴普熙《パクボーヒ》だ。彼はＫＣＩＡの上級幹部エージェントでもあり、一九六一年から一九六四年まで、ワシントンＤＣの韓国大使館で、軍事関連大使補佐として、ＫＣＩＡとＣＩＡの連絡係をつとめていた。

めざましい活躍をしたＫＣＩＡ出身の統一教会メンバーは、ほかにも数人いる。たとえば、朴正熙大統領の通訳、ブド・ハンこと韓相国《ハンサンクック》。ＫＣＩＡとＣＩＡのあいだの連絡係、スティーブ・キムこと金相仁《キムサンイン》もその一人。のちに、文鮮明世界メディア・グループをまかされた人物だ。そして一九六〇年代後半に、ワシントンの韓国大使館で軍事担当をつとめていた韓相吉《ハンサンキル》もいた。彼は諜報活動もまかされ、のちに文鮮明の個人秘書をつとめ、彼の子供たちの家庭教師も引き受けている。

錚々《そうそう》たるメンバーである。その全員が、まずは統一教会のために、次に政府のために力を結集しようと構えていたのか、もしくはその逆なのかどうか、さまざまな解釈ができそうだ。

しかし、岸のサポート（および、ＣＩＡの支持）がなければ、統一教会が今の規模にまで成長しなかったのは明らかだ。統一教会は最初、メンバー集めに悪戦苦闘していた。日本に初めて上陸した一九五八年には、信者は百五十八人しかいなかった。それが今では、およそ六十万人に膨れ上がっている。

岸と統一教会との親密な関係は、日本では周知の事実だ（ＣＩＡとの関係はあまり知られていないが）。統一教会本部はある時期、東京の岸宅に隣接していた。しかもその土地は、以前、岸首相が所有していた。教会で撮った岸と文鮮明のツーショットも、団体の出版物に掲載されている。

実際、二人の関係があまりにも大っぴらであり、なごやかだったので、「安倍の射殺犯、山上は、統一教会を日本に最初に持ち込んだのは岸だ、と信じていた」とマスコミが報じたほどだ。

岸と朴正熙大統領は親友になった。一方、自由民主党と統一教会関連組織の関係も、年を経るにつれてますます親密になっていく。ＣＩＡの後援を得て、教会が拡大するにつれ、統一教会は、保守党候補者への資金調達と票集め、という形で政治的支援をおこなった。その返礼として、自民党はそれまで通り、彼らの合法性と政治的保護を約束した。

一九五〇年代に文鮮明らを受け入れて以来、岸は教団の地位を認め、自由民主党としても、同様の扱いをするよう要求。さらに、統一教会信者からの献金や無償労働を受け入れさせた。

「当時の日本の為政者は統一教会を、反共思想の増強手段、とみなしていました」

宗教ビジネスに詳しい弁護士、紀藤正樹《きとうまさき》は、二〇二二年、安倍射殺事件のあと、『NBC』発行のレポートの中で、そう語る。

「一方、統一教会側からすると、著名な政治家との親密な関係は、自分たちの活動にとって何よりのPRになるわけです」

彼らの反共活動は、前述の児玉誉士夫と、右翼仲間であるモーターボート財閥、笹川《ささかわ》一族から、引き続き経済援助を受けていた。

一九八〇年代までには、統一教会の全世界の収入のうち、およそ八十%を日本が提供していたという、驚くべき数字がある。

統一教会メンバーは、資金集めの一環として、路上で通行人に、身分を明かさず、無料で占いをしてあげましょう、と言って近づく。そのあと彼らに、祖先の悪行、とくに朝鮮半島で朝鮮人を虐待した日本人の〝悪霊を払う〟ために、印鑑などのバカ高い商品を売りつける。

やがて苦情が増えると、被害者を救済するために、〈全国霊感商法対策弁護士連絡会〉が設立された。

朴正煕は一九七九年に暗殺され、岸は一九八七年に自然死している。しかし統一教会の影響力は生き続けた。

自民党の岸信介の派閥は、婿の安倍晋太郎《しんたろう》へ、さらにその息子、安倍晋三へと引き継がれ、安倍晋三は二度、総理大臣を務めることになる。自民党の黒幕、金丸信は、統一教会の支援者であり、一九九二年には、文鮮明に対する制約を緩めて日本への入国を許すよう、法務省に圧力をかけたと言われている（『週刊朝日』）。

一九九九年、警察から入手した百二十八人の国会議員に関する調査を、『週刊現代』が公表した。それによると、統一教会の反共支部、〈国際勝共連合〉主催のイベントに、国会議員の大半が参加している。しかも二十名以上の議員が、少なくとも一名以上の統一教会信者を、事務所にボランティアとして置いているという。

二〇〇五年、当時、官房長官として活力があった自民党議員、安倍晋三は、統一教会の合同結婚式で、ポスト小泉のもっとも有力な候補者として紹介され、万雷の拍手で迎えられている（『週刊朝日』二〇〇六年六月三十日）。

二〇〇六年十月二十七日の『フライデー』は、こんな見出しの記事を掲載。

「安倍晋三『統一教会にカタ入れする』新首相の暗部」

二〇一一年の東日本大震災と津波のあと、被災者救済募金に、もっとも派手に貢献した宗教団体の一つが、統一教会だった。

『FLASH』は、翌年のゴールデンウィーク合併号（五月八—十五日）で、「三・一一災害と宗教との、これまでの知られざる関係」について明かしている。多額の献金をおこなった中に、宗教団体が六つ。〈創価学会〉と〈立正佼成会《りっしょうこうせいかい》〉は、どちらも五億円以上。続いて、〈生長の家〉（二億五千万円）、〈統一教会〉（一億六千万円）、〈幸福の科学〉（六千百万円）、〈辯天宗《べんてんしゅう》〉（四千万円）。

安倍晋三は、二〇〇六年に初めて総理大臣に就任したが、病気のため一年後に退任。二〇一二年に再び総理になり、二〇二〇年まで務めたが、再び病気を理由に退任した。

彼は朴正熙の娘と、家族付き合いをしていた。娘、朴槿恵は、二〇一三年に韓国大統領に就任したが、安倍は彼女の在任中、ランチを共にする仲だった。

その後、戦後の補償問題をめぐって、韓国と日本の関係が悪化。とりわけ、韓国人従軍慰安婦問題——大日本帝国軍への彼女たちの性的奉仕が、自発的だったか否か——が争点となった（朴槿恵大統領は、二〇一六年に不祥事が発覚し、翌年に弾劾が成立して罷免されている。二〇一八年四月六日、懲役二十四年が求刑され、二〇二一年に二十年の実刑が確定したが、同年赦免され、〈ソウル拘置所〉を出た）。

二〇一九年、反自民のタブロイド日刊紙『日刊ゲンダイ』は、安倍新内閣を「カルト」と呼んだ。そして、第四次安倍内閣の半分、つまり新大臣十三人のうち六人が、統一教会に属し、自民党政府内の十二人の高官が、反共の統一教会と関係している、と報じている。

二〇二二年八月、『共同通信』の報道によれば、岸田文雄内閣の副大臣に任命された国会議員のうち、少なくとも二十人が、渦中の集団、統一教会に関係があるという。さらに、末松信介《すえまつしんすけ》文部科学大臣が、統一教会のメンバーに、政治資金集め目的のパーティのチケットを買わせたことが発覚。また、安倍晋三の弟、岸信夫《きしのぶお》防衛大臣は、過去の選挙活動で、統一教会のメンバーに手伝ってもらったことを白状している。井上義行《いのうえよしゆき》参議院議員は、統一教会の「賛同会員」であることを認めた。

統一教会と自民党との癒着が発覚したあと、自民党の岸田文雄総理は、教会との関連を認めた七人の大臣を交代させている。その中には、岸信夫防衛大臣も含まれていた。

岸田は、新内閣のメンバーはすべて、統一教会との関連を慎重に調査したうえで選んだ、と強調している。しかし、新内閣のうち少なくとも三十人は、程度の差こそあれ、統一教会と関係があることが判明。日本の国会議員合計七百十二名のうち、百人以上が教会との結びつきがあること、そして、そのおよそ八十％は自民党に属していることがわかった。のちの報告によってその数字は、百四十六人の自民党議員、と修正されている。

元公安調査庁の高官、菅沼光弘《すがぬまみつひろ》（八十六歳）は、二〇二二年七月に『ザ・ディプロマット』

誌のインタビューの中で、次のように認めた。

「与党自由民主党と統一教会との関係は、深刻な問題です。同教会は、さまざまな形で日本社会に入り込んでいます」

さらに彼は、日本国憲法で宗教の自由を保障されているために、残念ながら当局が教会の反社会的行為を止めることができない、とも語っている。

文鮮明の財産

文鮮明は一九七一年に、韓国籍をそのままにしてアメリカへ渡り、一九七五年にソウルでおこなわれた〈世界基督教統一神霊協会〉主催の大集会のために、韓国へ帰国。サイゴン陥落の後、北朝鮮からの共産主義の脅威に立ち向かうべく、国民の団結を呼びかける決起集会だ。参加者は百二十万人だという。本当だとすれば、これほど大きな集会は、歴史上類を見ない。

文鮮明はアメリカにおいても、大群衆を集めてスピーチをおこなっている。ワシントン記念塔の前で三十万人を前におこなった、「アメリカへの神の望み」と題するスピーチもその一つ。

統一教会はアメリカの〈キリスト教原理主義〉と提携し、婚前セックス、離婚、ホモセクシュアルを罵倒《ばとう》する。文鮮明はゲイの人々を、「汚い糞食犬」にたとえ、〈AR15（自動小銃）〉などの武器の所有を奨励している。彼は、アメリカのヴェトナム戦争に反対するなど、不満を抱く教養ある若者たちを、巧みに取り込むことに成功。しかし、〈サイエントロジー〉など、ほかの新興宗教と同様、反カルト活動家からは、メンバーを洗脳する活動として、非難の標的にされている。

スティーヴン・ハッサンは洗脳の犠牲者の一人だ。十年ほど前、国中を自転車旅行しているときに、統一教会の勧誘員と友達になり、入信した。入会にあたっては、四十日間の集中的な入門儀式を受け、その間、家族や友人たちとの会話さえ許されなかった。二年以上、信者を続けたが、父親によって救い出された。

彼は二〇一二年に、自分の経験を『ガーディアン』紙に語っている。

（私が初めて参加したときは）二、三週間以内に学校を退学しろ、とか、銀行預金を献金しろ、文鮮明を本当の親だと思え、自分の親は悪魔だと思え、などと命じられるとは思いもよらなかった。グループに出会うまでは、悪魔の存在さえ信じていなかった。

統一教会の信者たちと、二年半、行動を共にした。一日二十一時間、週に七日間、働いた。祈りの時間は一時間から三時間ぐらい。それ以外は、PR活動や、グループのためのレクチャー、リクルート活動や資金集めに費やした。私のチームは皆、一日あたり最低百ドル集めろ、さもないと眠ってはいけない、と命じられた。彼らが眠れないということは、リーダーである私も眠れないということだ。ヴァンを運転しているとき、トラクターの後ろに突っ込んだことがある。あのときは三日間、睡眠をとっていなかった。

見かねた父親が、洗脳を解かせたために、ハッサンは脱会。その後、カウンセラーになり、カルトとそのテクニックについて本を執筆している。


アメリカの統一教会は、ボランティアとしてワシントンDCの国会議員会館で働き、リチャード・ニクソンなどの保守系政治家の支援活動をした。統一教会はさらに、韓国のために公共外交キャンペーンをおこなう非営利団体、〈韓国文化自由財団〉に資金提供もしている。

一九七七年、統一教会はアメリカ議会の調査対象になった。指揮を執ったのは、ミネソタの民主党議員、ドナルド・フレイザー。彼が率いる小委員会は、統一教会が賄賂《わいろ》、銀行詐欺、違法リベート、武器売買にかかわったとする、四百四十七ページに及ぶ議会レポートを提出した。そのレポートによれば、文鮮明による二万人の統一教会は、KCIAが創設したものにほかならない、という。

統一教会の指導部は、これを強く否定している。わが教会は、KCIA以前にすでに創設されていた、と。しかし、KCIAのサポートなしでは、統一教会はこれほど成長しなかったのは明らかだ。しかもアメリカのCIAは、KCIA創設に大きな役割を担った機関である（一部のあいだでは、文鮮明のアメリカにおけるビジネスのために、CIAが関係者を紹介し、資金援助した、と信じられている)。

議会委員会はさらに、統一教会によるニクソン支持に、KCIAが絡んでいた可能性を調べ上げ、同教会がアメリカの外交政策に影響力を持てるよう、KCIA情報部長、金鍾泌と共謀している、と告発した。統一教会の指導部は、これについても否定している。

フレイザーのレポートによれば、統一教会は「まるで軍事集団」であり、「厳格にコントロールされている」という。また、「同教会は、国連でデモンストレーションをして、韓国寄りの宣伝キャンペーンをおこなうために、KCIAから資金提供されている」とも報告している。

フレイザー委員会の調査員は、次のように結論付ける。

「統一教会のそもそもの目当ては、少なくとも、当時のアメリカにおいては、宗教どころではなく、政治だった。権力、影響力、権威を手に入れるための試みだったのだ」(『フリー・プレス』)

文鮮明は、一九七六年のいわゆる「コリアゲート・スキャンダル」で、悪評をさらに高めた。KCIAが、韓国の実業家・朴東宣《パクドンソン》を通じて贈賄をし、米国政界に影響を及ぼそうとした、とされる事件だ(ニクソンによる在韓米軍撤収計画を、覆すのがおもな目的だった)。統一教会は、ワシントンの〈ヒルトン・ホテル〉のスイートを予約し、女性信者たちに、アメリカの議員を〝接待〟させ、〝根回し〟した相手に関する秘密ファイルを確保させたという。米国上院は、統一教会について次のような公聴会を開いている。

「ＫＣＩＡがアメリカの外交政策に影響を及ぼす作戦の一環として、統一教会がアメリカの政府高官、ジャーナリストなどに、計画的に贈賄した件」

膨大な告発を無視して、文鮮明は、ラテンアメリカのヴェンチャーを含む、ホテル、漁船団、武器その他、さまざまな製品を商う、多国籍ビジネス帝国を築き上げた。大物共和党議員向けの口座を開設したほどだ。

一九八二年、統一教会は『ワシントン・タイムズ』という保守系日刊紙を立ち上げた。明らかに自由主義的『ワシントン・ポスト』を意識した、〝対抗馬〟だ。文鮮明の信用は、保守陣営の中でうなぎ上り。しかし同教会は『ワシントン・タイムズ』に、年間四千万ドルも資金援助する必要があった。販売部数が『ワシントン・ポスト』の七分の一に満たなかったからだ。『ワシントン・タイムズ』は、ロナルド・レーガン大統領ご指名の新聞になった。そして、レーガンの副大統領であり、次期大統領となったジョージ・Ｈ・Ｗ・ブッシュは、同紙を「無党派の声」として、熱心に推奨。

ブッシュはたちまち、政治的な力を持つ統一教会と、連携する価値を見出した。文鮮明はのちに、ブッシュを大統領にしてやったのは、統一教会だ、と主張している。元統一教会員はウエブサイトで、こんな告発をしている――一九八八年のブッシュとデュカキスの大統領戦のあいだ、文鮮明は部下たちに、「もしデュカキスが勝つようなことがあったら、お前たちをアメリカから追放する」と脅した（『フリー・プレス』）。

心に留めておくべきは、ブッシュが一九七六年から一九七七年にかけて、ＣＩＡ長官を務めており、日本における「統一教会―ＫＣＩＡ―ＣＩＡ―自民党」の同盟関係を、熟知していた事実だ。

驚くべき事態である。洗脳者であり、密偵として告発された男が、日本ばかりでなく、共和国アメリカの基幹部にも、まんまと入り込んだのだ。

文鮮明はアメリカにおいて、連邦法人所得税の虚偽申告の罪で告訴され、有罪判決を下されて、ダンバリーの連邦刑務所に一年一か月放り込まれている。しかし彼は、少しも懲りなかったらしい。刑期を終えると、文鮮明は一九九二年に、堂々と自らを「救世主」と名乗った。

一九九五年、ジョージ・ブッシュ元大統領が、日本に一週間滞在したときに、文鮮明はさらなる信頼を獲得している。統一教会の偽装組織〈世界平和女性連合〉は、文鮮明の妻が創設し、リーダーをつとめる集団だが、文鮮明はその代表として、東京ドームを埋め尽くす五万人と、外の折りたたみ椅子をすべて満席にする聴衆相手に、演説をおこなった。ブッシュの懐には、数百万ドル転がり込んだと推測される。

ブッシュと文鮮明のあいだの、あり得ない奇妙な関係は、二〇〇〇年初め、ジョージ・Ｗ・ブッシュがニューハンプシャー州大統領予備選挙で、序盤からつまずいたときに、大いなる力を発揮した。文鮮明のどことなくカルト的な右翼ネットワークが、応援に駆けつけたのだ。テレフォン・バンク、ラジオ・コマーシャル、メールなどを駆使して、ブッシュの選挙活動を応援し、息子ブッシュを勝利に導いた。サウスキャロライナ州の予備選でも、同様の応援に励み、当初は予備選敗退とみられていた状況を、二桁《けた》勝利へと導くのに貢献している。

『フリー・プレス』によれば、

「あれは、アメリカ国内政治にCIAが介入した、薄汚いちっぽけな秘密の一環である」

結局のところ、統一教会の最大の資金源は、今も昔も日本なのだ。

一九一〇年から四五年にかけて、朝鮮は大日本帝国の領土となり、現地市民は母国語を話すことを禁じられ、その他の迫害にあっていたとされる。その間の朝鮮人に対する扱いについて、罪悪感を持たせることにより、統一教会が日本人に献金を強要することは、昔からの常套《じょうとう》手段である。

前述の日本〈公安調査庁〉高官、菅沼によれば、

「統一教会は日本の信者にこう言っている。『先祖が非常に多くの罪を犯したから、あなたの子孫が苦しんでいる。だからこそ、あなたが罪を償わなければならない』」(『ザ・ディプロマット』)

このような信者獲得作戦は、北朝鮮政府が、慰安婦を含む占領時代の〝悪事〟について、日

本を激しく非難し、賠償金を要求するのと、時期を同じくして始まった。

二〇二二年、『毎日新聞』がインタビューした統一教会の元幹部によれば、彼が上層部にいた当時、同教会は日本での献金目標額を、約三百億円に設定していたという。

集められた資金は、日本の自民党政治家やその他の支援者に配られ、残りは韓国に送られた。統一教会はそこで、スキー、海やゴルフリゾート、建設事業グループ、警備会社、化学事業グループ、自動車部品会社、新聞などのビジネスによって利益をあげた（『フィナンシャル・タイムズ』）。

ＣＩＡ、自民党、統一教会、ＫＣＩＡの連携に基づく政治体系という、なんとも驚異的な利益集団。これが日本で、「コウゾウ・オショク（構造汚職）」という言葉が生まれるきっかけになったと言える。

二〇一二年に文鮮明が死亡したとき、日本の数十万人の信者を含む、世界中の統一教会信者数百万人が、彼の死を悼んだ。

児玉誉士夫と笹川良一

今まで挙げた非宗教団体の中で、もっとも注目に値する二人の人物は、前述の児玉誉士夫と笹川良一《りょういち》だろう。

児玉誉士夫は伝説的な右翼であり、ＣＩＡリクルーター、〈ラテン・クォーター〉のオーナー、さらには、日本のヤクザ界のゴッドファーザーとしても知られている。

笹川良一は、エキセントリックな右翼。自ら築き上げたモーターボート財団が大成功し、世界でトップクラスの金持ちだ。

児玉誉士夫についてはすでに述べた。付け加えるべきは、彼が東京の韓国系ヤクザのボス、町井久之、および金鍾泌KCIA長官と、密接な連携を保っていた事実だ。金鍾泌は、反日韓国リーダー、李承晩を失墜させ、親日の朴正熙政権にすげ替えた人物で、自身は文鮮明と連携していた。


笹川良一は、戦前に米相場で初めて財を成し、その後、一万五千人から成る保守団体を編成している。独自の空港に二十二の練習機を備え、党員には、イタリアの独裁者ベニート・ムッソリーニのブラウンシャツをモデルにした、黒っぽい制服をまとわせた。一部は、中国で児玉と共に働いた。笹川は、ムッソリーニに会うという、奇妙なミッションのために、自分の輸送機とパイロットの一団を率いて、イタリアに赴いたこともある。戦争中は軍資金を提供し、国会議員を務めた。そして上海では、部下の援助により、多少の財を成している。

終戦になると、GHQの命により、〈巣鴨刑務所〉に投獄された。その場所で、長年の盟友、児玉誉士夫と再会。笹川は、東京から巣鴨刑務所に向かう道中、ブラスバンドを伴い、大声で「ばんざーい!」と叫んだことで知られる。裕仁天皇に身を捧《ささ》げる、という意味だ。

児玉と同様、笹川は、裁判にもかけられずに釈放された。GHQに協力して、迫りくる共産主義の脅威と闘うことに同意したからだ（米国諜報部の一部は、児玉と同様、笹川は大いなる危険人物である、として、警戒するよう警告したのだが）。

一九四八年に釈放されるや否や、笹川は日本の国会議員たちを説得し――寄付金と称して賄賂も使ったうえで――、国営のモーターボート・レース設立と、賭博《とばく》を許可する法案を成立させている。その経営と金の配分は、笹川良一の〈日本船舶振興会〉に託された。日本の造船産業再建のために、彼が設立した組織だ。やがてこれは、笹川を会長とする〈日本財団〉として知られるようになる。

笹川は、日本全国に二十四の競技会場を設けた。小さな堀を観覧席から見下ろす形で設計され、レーサーがパワーボートで競い合う。モーターボート・レースは、年に数十億ドル稼ぎだし、そのうちほんの三・三％の手数料が、笹川の大好きなチャリティである〈笹川平和財団〉に送られる。財団はその後三十年間で、百三十億ドル以上を献金することになる。

「私は世界一リッチなファシストだ」

笹川は好んでそんな言い方をする。

児玉誉士夫と同様、笹川は日本の政界に力を持つ。一九六四年には児玉と協力して、岸の弟、佐藤栄作を首相にまつり上げるために尽力し、一九七二年の総裁選では、田中角栄が自民党のライバル、福田赳夫を打ち負かすのに、一役買った。

笹川は、韓国の独裁者、李承晩や、中華民国（台湾）の民族主義指導者、蔣介石らを友人に持ち、彼らと共に、一九五四年に〈アジア人民反共同盟《APACL》〉結成に手を貸し、その後、一九六六年には〈世界反共連盟〉の設立を応援している。

ジミー・カーター米国大統領とジョギングを共にし、エリザベス・テイラーと食事をする仲だ。私設の民間武装組織を結成してもいる。

笹川良一も児玉誉士夫も、最初から韓国の統一教会を強力にサポートしている。戦後日本の、もっとも強力で影響力のあるこの二人が、統一教会のように、あいまいで、バタバタしている韓国拠点の宗教集団に、なぜそれほどの興味を持ったのだろうか？

前述のベイルが一九九一年に、イギリスの知性派雑誌『ロブスター』に長い記事を書き、それに答えている。

> 私に言わせれば、重要なのは、一九六一年の朴正熙のクーデター以前に、すでにＫＣＩＡの創設者、金鍾泌が、文鮮明との関係を築き上げていた事実だ。しかも金鍾泌は、朴正熙のクーデターの後に――その前とは言わないまでも――、教会の拡大をひそかにサポートしようと決意した。見返りは、韓国とアメリカにおける、さらなるＫＣＩＡ諜報活動の〝隠れ蓑《みの》〟に、統一教会がなってくれることだ。したがって、彼が統一教会日本支部を、

同じように利用したいと願ったのは、きわめて理にかなっている。日本の統一教会は当時、信者のリクルートに行き詰まっていた。

戦後のアジア再生でもっとも厄介な問題の一つは、いわゆる日韓関係の〝正常化〟だ。一九一〇年から一九四五年にかけて、日本が朝鮮半島を支配していた際の、厳しい搾取的な行為のせいで、両国間に苦い敵対関係が生まれてしまった。そのため戦争終結後も、相互に利する政治的、経済的関係が構築できずにいる。

こうした対立は、日本の為政者と李承晩（大統領）のあいだで激化するばかり。日本の為政者は、朝鮮半島占領時の破壊行為を認めたがらず、李承晩は、日本に対する嫌悪感と不信感を、頑迷に抱え続けたからだ。そのせめぎ合いは、両国の国益をめぐる一連の確執――たとえば、韓国人被害に対する賠償問題、盗んだ韓国資産の返還問題、漁業境界線問題、および在日韓国人問題――として現れている。

こうしたトラブルを解決しようとする動きも、散発的にはなされたものの、李承晩在職中は、両国共に納得のいく合意には達していない。彼の譲らない態度のせいで、やがてアメリカは北東アジアに、反共同盟を築こうと思い立った。

公式には、NATO（North Atlantic Treaty Organization 北大西洋条約機構：「集団防衛」、「危機管理」及び「協調的安全保障」を中核的任務とする）を、非公式にはAPACLのような、〝民間団体〟を。

新たに政権の座についた韓国大統領、朴正熙は、非公式の日韓正常化交渉を始めるために、金鍾泌と数人の関係者を選び、日本に送り込んだ。すると金鍾泌は、自民党大物議員との会合のセッティングを、児玉誉士夫に依頼した。

金鍾泌は児玉に、KCIAの隠れ蓑として韓国統一教会を使い、KCIAが発動するさまざまな反共活動の資金援助をさせるつもりだ、と説明。そして、〝クロマク（黒幕）〟である児玉と笹川に、日本で布教に苦戦している統一教会を、助けてやってほしい、と示唆した。

児玉誉士夫と笹川良一はいずれも、自民党との政治的連携ばかりでなく、韓国への経済的興味も持ち合わせていた。

かくして町井久之、児玉、金鍾泌は、秘密結社を作り、プロレス界のスター（であり韓国人の）力道山のペントハウスで、自民党や韓国の役人と密会し、一九六五年の日韓基本条約を成功させるために、議論をかさねた。

日韓基本条約は、日本と韓国の関係正常化をもたらし、それによって韓国は、日本から三億ドルを手に入れている。秘密結社はその金を使った。町井は結果的に、韓国と日本をつなぐ〈関釜《かんぷ》フェリー〉の所有権を入手。これがやがて大きな麻薬経路となっていく。

左翼政治家、金大中《キムデジュン》が、公務に復帰するために、亡命先のアメリカから韓国に戻ることになったとき、KCIAは彼を〝処分する〟ことにした。そしてその仕事を、在日朝鮮人ヤクザに委託した。

一九七三年、ヤクザは東京のホテルから彼を拉致《らち》。金大中は、日本海を航行中の船から、海に投げ込まれそうになったが、アメリカの介入によってあやうく難を逃れた。海上自衛隊《ＪＭＳＤＦ》は、ヘリコプターを派遣し、船が朝鮮半島に到着して金大中が無事に釈放されるまで、上空を旋回した。金大中はのちに、韓国の大統領になっている。

その後、〈世界反共連盟《ＷＡＣＬ》〉の傘下で活動する韓国の反共組織、〈アジア反共連盟〉が結成された。これが文鮮明のさらなる〝聖戦〟を後押ししたばかりではない。児玉と笹川が親密にしている日本の暗黒街《アンダーワールド》に、新たな表看板を提供することになる。

一九七〇年、笹川は〈国際勝共連合〉の日本支部に、資金を提供。同支部は、岸や佐藤ら、日本の大物政治家数人の提案により、東京で大規模な通算十六回目の大会にあたる第四回ＷＡＣＬ世界大会を主催している。その後数年間、日本の勝共連合は、ＡＰＡＣＬとＷＡＣＬの中で、きわめて活発な活動を展開し続ける。

前述のベイルはこう指摘する。

> ＷＡＣＬとその下部組織のメンバーは、最初から、おもに統一教会関連組織の出身である。彼らは、組織の必要に応じて、戸別訪問による選挙活動や資金集めなど、単調な辛《つら》い仕事を引き受けた。

ＵＣ（統一教会）―ＫＣＩＡ（韓国中央情報局）―ＣＩＡ（米国中央情報局）―ＬＤＰ（自由民主党）の連携と同様、文鮮明とＷＡＣＬとのつながりは、強硬派の諜報部員、ギャング、トップクラスの保守政治家、極右翼などから成る国際グループとの連携を、さらに鮮明に浮き彫りにする。彼らの多くはそれぞれ、目まぐるしいほど多岐にわたる〝民間〟反共グループに属している。

インドの政治雑誌『フロントライン』の調査記事によれば、

「文鮮明による宗教とビジネスの世界的大帝国のおもな資金源は、笹川良一である」

一部のオブザーヴァーは、統一教会を「宗教」と位置付けることに、異議を唱える。宗教どころか、反共の政治手段を装った「犯罪シンジケート」であり、腐敗した政治家や官僚とつるんだ、ゆすり、たかりや脱税者の集団である、と。

たとえば、統一教会その他の集団による〝霊感商法〟は、信者から十億ドル近くを巻き上げ、三万五千件の賠償請求訴訟を生んでいる、と前述の弁護士グループは証言する（『ロイター』）。

しかしこうも言える。文鮮明の統一教会は、日本国民や東京という街に、非常に大きなインパクトを与える、まぎれもない〝アウトサイダー〟だ、と。

彼らは、この国の政治的背景を築く一要素となり、戦後の〈日本共産党〉とその支持者による蛮行の歴史を目の当たりにして、共産主義撲滅のための役割を担ってきた。〈日本赤軍〉、〈東アジア反日武装戦線〉など、過激な左翼グループはみな、献身的な共産主義者であり、ハイジャックや東京の大手企業爆破事件、浅間《あさま》山荘事件、一九七〇年代のテルアビブ空港乱射事件など、数多くの暴力沙汰を起こしてきた。そのような行動を、日本共産党は非難し、かかわりを否定しているが、犯人たちは実際、〝同じ畑〟の出身だ。

安倍晋三元総理大臣は、統一教会の支援により、八年八か月という最長在任期間のあいだ、自民党の力を維持してきた。そして、先達たちと同じく、ＣＩＡ、ＫＣＩＡ、統一教会という〝アウトサイダー〟たちとの連携の効果を、身をもって証明してみせた。

安倍の在任中、彼の政権はためらいもなく、国家主義的政策を推し進めている。

国民の抗議行動を制限する新しい対テロ法を制定し、日本が戦時中におこなった暴挙への批判を封じ、日本国憲法の「陸海空軍その他の戦力はこれを保持しない」という条項の改正に尽力した（日本の〈自衛隊〉は、すでに世界で八番目に大きな軍隊になっている）。安倍は、自衛隊の初の武力行使を視野に入れた海外派遣を認める法律も、推し進めた。

日本在住の憲法学者、ローレンス・レペタ（知る権利や情報公開を求めるアメリカ人憲法学者。一九八九年最高裁判決により法廷でメモをとる自由を勝ち取った「法廷メモ訴訟」の原告）が言うように、安倍政権は、自民党リーダーたちが長年追い求めた法律改正を成し遂げ、警察権力拡大に大成功している。彼らは、通信傍受権を拡大し、司法取引を正式に認め、国家秘密組織を拡大し、テロ対策を理由にした〝共謀罪〟法案を通過させた。

レペタは言う。

「安倍チームは、弁護士組合や、多くのニュースメディアや、一般のインテリ層、そして国会前で抗議デモを繰り返す、数万人の声高の反対にもかかわらず、これらすべてを成功させた」

このような改正には、岸、児玉、笹川、金鍾泌、CIAが、さぞかし拍手喝采《かっさい》したことだろう。一方、ローレンス・レペタのような左派は、断固として反対するに違いない。

結局、なんとも皮肉なことに、元首相は統一教会との関係によって、権力の座に居座ることができたものの、その関係が、彼の政党はいうまでもなく、彼自身にも、亡霊のようにつきまとい、取りついて離れなかったのだ。「自民党と統一教会」という仲良し関係に対する、怒りの亡霊が。

安倍の死後、統一教会と自民党との政治的つながりが、徐々に、着々と明るみに出ている。さらに、統一教会から要求された途方もない献金のせいで、老後の蓄えが底をついてしまった、数百人の元信者たちの怒りの証言によって、事態はついに沸点に達した。

二〇二三年十月、岸田文雄率いる日本政府は裁判所に、統一教会に対する宗教法人格取消、及び解散命令を、請求した。

しかし、日本の裁判システムを考えれば、判決には数年かかるに違いない。そして、いまだに大金持ちの日本の統一教会が、この先どうなるかは、まったく見当もつかない。

あとがき

本書『新東京アウトサイダーズ』を通じて、何度も見え隠れする共通の概念がある。

日本人は常に、外国人に猜疑《さいぎ》心を抱いているし（ときにはそれももっともなのだが）、自分たちは〝ユニーク〟だという〝偏見〟を持っている。しかし同時に、外国に対して好奇心満々であり、海外からの好評価を期待する。

政府であれ企業であれ、日本のリーダーたちは、自分たちのやり方に奇妙な満足感を見出《みいだ》す傾向がある。そのため、外国人ＣＥＯに対する扱い方が、どれだけその外国人の評判を傷つけるかに、気づかない。また、ガイジンの被告がかかわる日本の裁判が、日本の司法システムや国際関係の評判を、いかに失墜させているかに気づかない。

この封建的島国根性は、いまだにはっきりと見てとれる。黒船が最初に鎖国の扉をこじ開けた当時の〝隠遁《いんとん》王国〟に、日本はいまだに安住しているかのようだ。

占領時代が終わって七十年の今、本書を書いている時点で、平均的日本人は、たとえ高度な教育を受け、教養に満ちているとしても、英語力不足のために、リアルタイムのオンライン・

ニュースについていけない。さらに悲惨なのは、この国の政治的リーダーや、ビジネスその他の分野のリーダーは、大半が外国語の能力が非常におそまつなことだ。

一九五〇年代、六〇年代の〈ソニー〉や〈ホンダ〉のような、世界に冠たる〝巨人〟を生み、日本を技術界の最先端に押し上げた、あの起業家たちの〝種〟は、いったいどこへ行ってしまったのだろうか？

パイオニア的技術畑に、すい星のごとく現れ、一時期席巻《せっけん》した日本の優良企業は、今や〈クール・ジャパン〉を喧伝《けんでん》する企業に、取って代わられている。今の日本は、ツーリストの人気スポットであり、最大の成長分野は、アニメや、ゲームソフト、及びそれに関連した映画やゲーム音楽などだ。この現象は、マット・アルトの名著『Pure Invention』に詳細に述べられている。

ここで付記すべきは、こうした産業を世界のトップに押し上げるのに、もっとも大きな役割を果たしたのは、日本の一般大衆であって、政府と企業のリーダーシップはあまり必要なかったことだ。

日本は、一九六四年のオリンピックで立証されたような低犯罪率や、几帳面《きちようめん》さ、清潔さ、親切心など、いまだに、世界中の人々が惚《ほ》れ込むような美徳を持っている。悪名高き新型コロナウィルスの時期にも、大した事件は発生しなかった。その一方で、日本のリーダーたちは、皮肉なことに、世界との接点をますます失っているし、残念ながら、本書に記したように、往々にして腐った政策をおこなっている。

日本はさまざまな点で世界ナンバーワンかもしれない。電車や地下鉄のシステムは盤石だし、安全だし、ミシュラン級のレストランも多い。ファッションや〈Fortune Global 500〉の中心地だ。さまざまな調査で、地球上もっとも住みやすい国、と評される。しかし、同じくらい重要なほかのランキングで、日本の順位は下がっている。

十年近く首相の座に君臨した人形遣い、安倍晋三と、彼の自民党仲間にとって、居心地のよい場所とは、「情報が十分に公表されず、英語が話せない国」なのだ。まるで江戸時代末期ではないか！

来日外国人の性格や意欲を、まともに査定できない環境は、したたかな詐欺師にとって、格好の〝餌場〟となる。

結果は、本書で検証した通り、必ずしも気持ちのいいものではない。

謝辞

この本は、長い歳月をかけて書き上げたものである。

もとはといえば、日本の各ベストセラー・リストで一位に輝いた『東京アンダーワールド』の続編として、二〇〇二年に『東京アウトサイダーズ』を、日本語で出版したのがきっかけだ。前作『東京アウトサイダーズ』は、七章、七万ワードから成っていた。じつは、アメリカで『東京アンダーワールド』の映画化が計画されていたのだが、これが実現したあかつきには、『東京アウトサイダーズ』の内容をさらに拡大したうえで、英語版として出すつもりだった。

ところが映画化の話は、遅々として進まない。〈ドリームワークス〉、〈ワーナーブラザース〉、〈HBO〉、〈アマゾン・プライムビデオ〉、さらには〈レジェンダリー・エンターテインメント〉が次々に名乗りを上げたが、なかなか実現には至らなかった。

映画化を待つ二十年以上ものあいだ、ぼくは本を書き直し、さらなるリサーチとインタビューを続けた。すると、八十歳の誕生日を迎えるころには、膨大な量に達していた。

結果、書きあがったのが、新たな八章と書き直した二章の、合計十章から成る本書である。

英語版は、上記二冊の日本語版を合わせ、十五章、十五万ワードの本として、二〇二四年春に発行される。タイトルは『Gamblers, Fraudsters, Dreamers & Spies（ギャンブラー、詐欺師、夢想家、スパイ）』。

草稿を今の形にするにあたって、大勢の人たちが手を貸してくれた。いくら感謝しても、し足りないだろう。

デイヴィッド・シャピロは、何年も前に、初期の短い草稿を編集してくれた。ムレイ・ヤイル、グレッグ・デイヴィス、アル・スタンプ、ジョー・スズキ、リック・ロア、トム・ブレイクモア、フランシス・ブレイクモア、レイモンド・ラッセル、フランシス・ブシェル、ジム・アダチ、ジャック・ハワード、ハル・ドレイク、コーキー・アレクサンダー、ベアテ・シロタ・ゴードン、ダン・ソーヤー——みな本書すべてに目を通し、役に立つアドヴァイスをしてくれた。

メアリー・コーベットは、二〇二二年に書き終えた長い草稿を読み、多くの価値ある提案をしてくれた。本書のさまざまな段階で、有用なコメントをしてくれた人は——グウェン・ロビンソン、ミッチ・ムラタ、アレン浩樹、ピーター・ダニエル・ミラー、ジェフ・キングストン、ピーター・タスカー、アンドリュー・ホルバート、ジェイク・エーデルスタイン、グレッグ・ケリー、ジョー・シュメルツァイス、マーク・シュライバー、ダグラス・ヴィクトリア、ジェイソン・アーカロ、アル・シャタック、ニキ・ゲイダ、ケヴィン・ノヴァク、デイヴィッド・シン。

『アジア・タイムズ』のブラッド・マーティンは、〈キャノン機関〉と〈電子諜報《ちょうほう》エージェント〉を巡る章に記事の転載を許し、編集者としての専門知識を授けてくれた。『ジャパン・タイムズ』の連載をもとにした〈王貞治〉と〈ボビー・ヴァレンタイン〉の章では、ジャック・ガラガーが記事を引用させてくれた。ケーディスと鳥尾夫人のロマンスについては、ピーター・オコナーが、FCCJの月刊紙『ナンバーワン新聞』からの記事抜粋を許可してくれた。

情報収集については、レスター・ハーヴェイ、ロビン・モイヤー、及び、マニラの〈フェルナンド・ロペス・ライブラリー〉スタッフのハル・ドレイク、東京の〈パシフィック・スターズ・アンド・ストライプス・アーカイヴ〉のスタッフ、六本木の〈国際文化会館図書室〉のスタッフ、ヒロキ・モリワキと〈FCCJライブラリー〉、世田谷《せたがや》の〈大宅壮一《おおやそういち》文庫〉スタッフ、〈国立国会図書館〉、〈ニューヨーク公共図書館〉、〈米国議会図書館〉、〈国立公文書館〉のお世話になった。

そして、松井《まつい》みどり、KADOKAWAの郡司《ぐんじ》聡《さとし》、菅原哲也《すがはらてつや》には、常に感謝の気持ちを忘れずにいる。

最後に、エージェントにあたる〈日本ユニ・エージェンシー〉と〈ICM〉の山内美穂子《やまのうちみほこ》、アマンダ・アーバンに謝意を伝えたい。

訳者あとがき

前作『東京アンダーワールド』（二〇二四年三月復刊・角川新書）の主人公、ニック・ザペッティは、いわば〝不良ガイジン〟の目から見た戦後日本の政界と裏社会を、著者R・ホワイティング（通称ボブさん）に、驚くほど赤裸々に語った。

アメリカ大統領、日本の首相、暴力団、大物芸能人、さらには皇族まで、実名で登場する内容だ。膨大な資料をあさり、危険をものともせず、裏付けをとったうえで書き上げた同書は、一九九九年から二〇〇〇年にかけて日米両国で出版され、各方面で大きな波紋を呼んだ。

講演、書評、映画化、ドラマ化の話は、二十年以上たった今でも数知れない。内容があまりにも危ないので、アメリカで講演を頼まれたときには連邦警察に、警護しましょうか、と言われたという。

ボブさんが『東京アンダーワールド』をきっかけに、東京エムケイ元社長の青木政明に会いに行ったとき、青木氏は顔を見るなりこう言った。

「あんたの本が気に入ったんだ。驚いたな、まだ生きていたんだね。右翼がさぞかし君に腹を

立てたことだろうな。だけど、あんなやつら、クソ食らえだ！」（第九章より）
青木氏は、ハーヴァード・ビジネス・スクールから講演を頼まれるほどのビジネスの天才だ。とはいえエキセントリックな側面があり、拘置所に放り込まれた前歴もある。そんなまぎれもない〝アウトサイダー〟が、本書ではじつに魅力的に描かれている。
ボブさんは、こういう人物にも好かれる。心を許される。若いころには、東京赤坂の赤ちょうちんで、大好きなビールを飲んでいるうちに、隣の〝チンピラ〟からヤクザ稼業のつらさを吐露されたという。

『東京アンダーワールド』の続編ともいうべき『東京アウトサイダーズ』は、二〇〇二年に日本でのみ出版されたが、この春、日米両国で、『新東京アウトサイダーズ』として、同時出版されることになった。内容は一部を除き、ほぼすべてリニューアルされている。

二〇〇〇年代に入ると、驚くべき事件が次々に発生した。東日本大震災、安倍晋三元首相の射殺事件、旧統一教会問題、等々。経済界でも、バブル崩壊後の日本に、オリンパス騒動、日産ゴーン事件など、さまざまな出来事が起こっている。

完璧《かんぺき》を求めるボブさんが、書き換えや加筆をせずにいられるわけがない。

本書では、ＣＩＡの前身と言われる、敗戦直後に誕生した秘密作戦組織、「キャノン機関」について、日本では知られていなかったアメリカ側からの真相が、内部の人間の口から語られる（そのうちの一人は、本書が執筆された途中まで、まだアメリカで存命していた）。たとえば下山事件について、秘密組織の当事者に取材した貴重な情報が記されている。

GHQ時代から今も続く、日本外国特派員協会（FCCJ）の裏話（第五章）も、じつにおもしろい。ここでおこなわれる記者会見や講演には、各方面のスターはもちろんのこと、オウム真理教の幹部、田中角栄、森友学園の元理事長など、〝時の人〟が登場して、忌憚《きたん》なく心境を語ってきた。外国人相手だと、つい気を許すのだろう。世界中のマスコミの優秀な個性派記者たちは、日本の記者クラブのように制約されることなく、日本の内情を、昔も今も自由自在に世界に発信している。

メンバーの一人であるボブさんは、こう語る。

そんな環境にいると、じつに勉強になる。一日の仕事が終わったあと、クラブの〈ザ・メイン・バー〉に座り、グローバルな重要トピックスについて、知的で情報に富んだ討論に耳を傾ける。夜が更け、アルコールが回るにつれて、議論はしばしば、酔っ払い同士の言い争いになったが。

ある意味、毎日、〝心のジム〟に通うようなものだった。気持ちが引き締まった。決して退屈はしなかった。（第五章）

私はボブさんの『野茂英雄』（PHP研究所）を最後に、十三年ほど前から翻訳業を引退していた。茶道師範とドッグセラピーに専念し、すっかり出版界から遠ざかっていた昨年春、突然、KADOKAWAからメールが届いた。『東京アンダーワールド』の復刊を出すという。

心の中で、またなにかがむらむらと沸き上がった。

復刊だけではなかった。長編ノンフィクションである本書をまるまる一冊訳すことになるとは、正直思わなかった。しかしボブさんの「〝心のジム〟に通うようなもの」という言葉に、はっとした。十数年ぶりに読むボブさんの文章は、以前にも増して刺激的で、感動的だった。

再び訳者として起用してくれたボブさんに、感謝します。

錆《さ》びついていた翻訳魂を呼び起こしてくれた、久保奈々子《くぼななこ》さん、ありがとうございました。国立国会図書館に足しげく通い、難しい裁判内容、古い事件や人名の事実確認など、気の遠くなるような作業を、精力的にこなしてくれたKADOKAWAの黒川知樹《くろかわかずき》さん、校正の皆さん、ありがとうございました。

翻訳への復帰を勧め続けてくれた久保山二三子《くぼやまふみこ》さん、翻訳で苦戦しているとき、食事を差し入れて励ましてくれた諏訪隆三《すわりゅうぞう》、喜美子《きみこ》夫妻、田代千賀子《たしろちかこ》さんに感謝します。茶道教室「松井塾」の生徒たち、私のドッグセラピー・チーム「テイルズ・オブ・アローハ・ヨコハマ」のワンコたち、何よりの気分転換をありがとう。

最後になったけど、十七歳の老犬「テレビ」（パピヨン）、すこーしボケてきたけど、翻訳のあいだ元気でいてくれて、ありがとね。

二〇二四年一月三十一日

松井　みどり

【参考文献】

英語文献

Barron, John, *KGB Today: The Hidden Hand*. Berkley: Berkley, 1985.

Brines, Russell, *MacArthur's Japan*. New York: Lippincott, 1948.

Brook-Shepherd, Gordon, *The Storm Birds. Soviet Postwar Defectors: The Dramatic True Stories: 1945-1985*. New York: Henry Holt, 1989.

Davis, Glenn and Roberts, John G., *An Occupation Without Troops: Wall Street's Half-Century Domination of Japanese Politics*. Vermont: Tuttle Publishing, 2012.

Daws, Gavan, *Prisoners of the Japanese*. New York: William Morrow Paperbacks, 1996.

Gayn, Mark, *Japan Diary*. Vermont: Tuttle Publishing, 1989.

Ghosn, Carlos and Riès, Philippe, *Broken Alliances: Inside the Rise and Fall of a Global Automotive Empire*. Minneapolis: Tanooki Press, 2021.

Killen, Patrick J., *Asia Ernie: Memories of Ernie Hoberecht and Some UPI Foreign Correspondents*. Bloomington: Xlibris Us, 2022.

Kostov, Nick and McLain, Sean, *Boundless: The Rise, Fall, and Escape of Carlos Ghosn*. New York: Harper Business, 2022.

Laffin, John, *Brassey's Book of Espionage*. London: Brassey's, 1996.

Morris, John, *The Phoenix Cup: Some Notes on Japan in 1946*. London: Cresset Press, 1947.

Pomeroy, Charles (General Editor), *Foreign Correspondents In Japan*. Rutland and Tokyo: Charles E. Tuttle Company, 1998.

Samuels, Richard J., *Machiavelli's Children: Leaders and their Legacies in Italy and Japan*. Ithaca: Cornell University Press, 2005.

Smith, Joseph B., *Portrait of a Cold Warrior*. New York: G. P. Putnam's Sons, 1976.

Tarpley, Webster G. and Chaitkin, Anton, *George Bush: The Unauthorized Biography*. California: Progressive Press, 2004.

Tenney, Lester I., *My Hitch in Hell: The Bataan Death March*. Virginia: Potomac Books, 2000.

Valentine, Bobby and Golenbock, Peter, *Valentine's Way: My Adventurous Life and Times*. Brentwood: Permuted Press, 2021.

Whiting, Robert, *You Gotta Have Wa: When Two Cultures Collide on the*

Baseball Diamond. London: Macmillan, 1989.
Whiting, Robert, *Tokyo Junkie: 60 Years of Bright Lights and Back Alleys ... and Baseball*. Berkley: Stone Bridge Press, 2021.
Woodford, Michael, *Exposure: Inside the Olympus Scandal: How I Went from CEO to Whistleblower*. New York: Penguin, 2012.

日本語文献

板垣進助『この自由党！』理論社・1952年
猪俣浩三『占領軍の犯罪』図書出版社・1979年
牛島秀彦『もう一つの昭和史』（全五巻）毎日新聞社・1978, 79, 80年
内野二朗『夢のワルツ――音楽プロモーターが綴る“戦後秘史”50年』講談社・1997年
延禎『キャノン機関からの証言』番町書房・1973年
加藤勝美『MKの奇蹟――タクシー業界の革命児青木定雄・人間改革への挑戦』ジャテック出版・1985年
加藤勝美『MK青木定雄のタクシー革命――サービス経営・人間改革』東洋経済新報社・1994年
木村勝美『子爵夫人 鳥尾鶴代――GHQを動かした女』立風書房・1992年
崔季煥、崔廷伊、張敬根『人が動く――MKタクシー青木定雄の成功哲学』ふくろう出版・2004年
齋藤孝『王貞治に学ぶ日本人の生き方』NHK出版・2009年
柴田哲孝『下山事件 最後の証言』祥伝社・2005年
橘かがり『焦土の恋“GHQの女”と呼ばれた子爵夫人』祥伝社・2011年
霍見芳浩『アメリカ殺しの超発想』徳間書店・1994年
鳥尾多江『私の足音が聞える――マダム鳥尾の回想』文藝春秋・1985年
中村元一／野口幸一『ハイ、MKタクシーの青木定雄です――「京都発」しなやか・したたか経営』ダイヤモンド社・2004年
松本清張『日本の黒い霧』文藝春秋・1973年
矢田喜美雄『謀殺・下山事件』講談社・1973年

英語記事

Bale, Jeffrey M., “The Unification Church and the KCIA –‘Privatising’ covert action: the case of the Unification Church.” *Lobster*, May, 1991.
Ballard, Chris, “Bobby V's Super Terrific Happy Hour.” *Sports Illustrated*, November 6, 2007.

Bechtol, Bruce E. Jr., "North Korean Illicit Activities and Sanctions: A National Security Dilemna." *Cornell International Law Journal*, Vol. 51, No. 1, 2018.
Carlson, Margaret, "Washington's Man From Nowhere." *TIME magazine*, July 24, 1989.
Davies, Christian and Jung-a, Song, "Church or cult? Inside the Moonies' 'world of delusion.'" *Financial Times*, July 16, 2022.
Dedman, Bill, "White House Guard Says He Accepted Watch; Lobbyist Asked Him To Intervene In Drunken-Driving Arrest." *The Washington Post*, July 12, 1989.
Dedman, Bill, "Spence Faces Drug, Weapon Charges After Being Found in New York Hotel." *The Washington Post*, August 9, 1989.
Esselstrom, Erik, "From Wartime Friend to Cold War Fiend." *Journal of Cold War Studies*, Vol. 17, No. 3, 2015.
Fitrakis, Bob, "Reverend Moon: Cult leader, CIA asset and Bush family friend." *Scoop*, September 5, 2012.
French, Howard, "BASEBALL; Japanese Are Playing Favorites." *The New York Times*, September 15, 2001.
Fujita, Shig, "Recollection of Tokyo Night Life in the Days of Few but Elite Clubs." *Asahi Evening News*, November 30, 1976.
Givens, Stephen, "Greg Kelly is found seven-eighths innocent." *Nikkei Asia*, March 4, 2022.
Greimel, Hans, "Nissan's Saikawa praises ex-boss Ghosn during trial." *Automotive News*, March 1, 2021.
Hedges, Michael and Seper, Jerry, "Power Broker Served Drugs, Sex at Parties Primed For Black- mail." *The Washington Times*, June 29, 1989.
Hedges, Michael and Seper, Jerry, "Spence Arrested in New York; Bizarre Interview is No Night on Town." *The Washington Times*, August 8, 1989.
Hedges, Michael and Seper, Jerry, "Spence Arrested in New York; Once Host to Powerful reduced to Sleeping in Park." *The Washington Times*, August 9, 1989.
Hedges, Michael and Seper, Jerry, "In Death Spence Stayed True To Form." *The Washington Times*, November 13, 1989.
Isikoff, Michael, "Church Spends Millions On Its Image." *The Washington Post*, September 17, 1984.
Kepner, Tyler, "Bobby Valentine, the American Tsunami." *The New York*

Times, March 4, 2007.
Kingston, Jeff, "Shinzo Abe is gone, but his controversial vision for Japan lives on." *The Guardian*, July 12, 2022.
Kyodo, "At least 20 deputies of Japan Cabinet ministers found to have ties to Unification Church." *The Japan Times*, August 13, 2022.
Kyodo, "At least 146 LDP lawmakers have had dealings with Unification Church." *Japan Today*, September 4, 2022.
Lippert, John, "Prior To Carlos Ghosn's Daring Escape, His Wife Talked Of Japan's 'Fake Democracy.'" *Forbes*, January 3, 2020.
Martin, Douglas, "Earnest Hoberecht, Popular Novelist in Occupied Japan, Is Dead at 81." *The New York Times*, September 26, 1999.
McAfee, Andrew, "MK Taxi: Private Chauffeur Service." *Harvard Business Publishing*, August 25, 2004.
McGill, Peter, "The Dark Shadow Cast by Moon Sun Myung's Unification Church and Abe Shinzo." *The Asia-Pacific Journal*, October 15, 2022.
Mintz, John, Sherrill, Martha and Walsh, Elsa, "The Shadow World of Craig Spence." *The Washington Post*, July 18, 1989.
Muller, Joann, "The Impatient Mr. Ghosn." *Forbes*, May 12, 2006.
Muscatine, Alison and Murphy, Caryle, "KGB Defector Wages War Against Soviet System." *The Washington Post*, May 29, 1983.
Newsham, Grant, "Yakuza: A Tough Mess To Clean Up." *Asia Times*, December 5, 2020.
Penn, Michael, "Unification Church and Freedom of Religion." *Shingetsu News Agency*, September 15, 2022.
Randolph, Eleanor, "The Bombshell That Didn't Explode. Behind The Times's 'Scoop' And Press Coverage Of The Call Boy Ring." *The Washington Post*, August 1, 1989.
Samuels, Richard, "Kishi and Corruption: An Anatomy of the 1955 System." *Japan Policy Research Institute working paper*, 2001.
Saner, Emine, "I Was A Moonie Cult Leader." *The Guardian*, September 3, 2012.
Schreffler, Roger, "Ghosn case puts Japan's 'hostage justice' on trial." *Asia Times*, March 30, 2021.
Schreffler, Roger, "Documents blow Nissan's Kelly case to smithereens." *Asia Times*, January 3, 2022.
Schreffler, Roger, "Nissan coup: Pulling back more curtain on Kelly's trial."

Asia Times, May 23, 2022.
Schreffler, Roger, "Former Nissan executive Greg Kelly sums up ordeal." *Asia Times*, June 20, 2022.
Schreiber, Mark, "Weeklies take a look at faiths, (misplaced) hopes and charities." *The Japan Times*, May 6, 2012.
Sherman, Anne and Lunn, E.H., "Tale of Three Hucksters." *Tokyo Journal*, February 2, 1992.
Stevenson, Reed, "How a Powerful Nissan Insider Tore Apart Carlos Ghosn's Legacy." *Bloomberg*, August 28, 2020.
Sugiyama, Satoshi, "Takedown: The monumental fall of auto titan Carlos Ghosn." *The Japan Times*, November 18, 2019.
Takahashi, Kosuke, "The LDP's Tangled Ties to the Unification Church." *The Diplomat*, July 28, 2022.
Tasker, Peter, "Olympus epic is less Hollywood and more samurai." *Financial Times*, November 24, 2011.
Tominomori, Eiji, "The Endemic Roots of Corruption." *Asahi Evening News*, March 17, 1976.
Wallace, Bruce, "A Made Man in Japan." *Los Angeles Times*, November 1, 2005.
Weil, Martin, "Craig Spence, Figure In D.C. Sex Case, Found Dead in Boston." *The Washington Post*, November 12, 1989.
Weiner, Tim, "C.I.A. Spent Millions to Support Japanese Right in 50's and 60's." *The New York Times*, October 9, 1994.
Whiting, Robert, "The Emperor of Swat." *The New York Times*, August 9, 2007.
Whiting, Robert, "Devoted to the game: Looking back at Oh's career." *The Japan Times*, October 29, 2008.
Whiting, Robert, "Open Mind Key to Hillman's Success." *The Japan Times*, May 31, 2009.
Whiting, Robert, "Clandestine campaign led to Valentine's demise." *The Japan Times*, January 17, 2010.
Whiting, Robert, "Valentine's philosophy brought Marines glory, money." *The Japan Times*, January 24, 2010.
Whiting, Robert, "Resentment of Valentine's power factored in downfall." *The Japan Times,* January 31, 2010.
Whiting, Robert, "History, tradition helped to undermine Valentine." *The*

Japan Times, February 7, 2010.
Whiting, Robert, "Inside story of US black ops in post-war Japan." *Asia Times*, August 19, 2020.
Whiting, Robert, "Hank Aaron, US baseball legend, and great friend of Japanese rival Sadaharu Oh." *Nikkei Asia*, January 25, 2021.
Yamaguchi, Mari, "What Is the Unification Church and How Is It Related to Shinzo Abe's Assassination?" *NBC* 6, July 15, 2022.
Yamaguchi, Mari, "EXPLAINER: The Unification Church's ties to Japan's politics." *AP*, July 17, 2022.
Yamaguchi, Mari, "Abe murder suspect says life destroyed by mother's religion." *AP*, August 27, 2022.

"Does Everybody Hate Bobby Valentine?" *The Sporting News*, September 27, 1999.
"Foreign News: The Plug-Ugly American." *TIME magazine*, December 21, 1959.
"SEC Charges Nissan, Former CEO, and Former Director with Fraudulently Concealing from Investors More Than $140 Million of Compensation and Retirement Benefits." *Litigation Release,* No. 24606 / September 23, 2019. *Accounting and Auditing* Release, No. 4088 / September 23, 2019. *Securities and Exchange Commission v. Carlos Ghosn and Gregory L. Kelly*, No. 1:19-civ-08798 (S.D.N.Y. filed September 23, 2019).
"The 50 Greatest Sports Figures From Connecticut." *Sports Illustrated*, December 27, 1999.
"The Resurrection of Reverend Moon." *PBS Frontline*, January 21, 1992.
"Unification Church had $210 mil. annual donation target in Japan: ex-top official." *The Mainichi*, September 13, 2022.
"Cocaine spread in Roppongi." *Sankei News*, October 3, 2017.
"Tokyo cops nab British national in bitcoin sales of cocaine in Roppongi." *Tokyo Reporter*, September 26, 2017.
"Trashing Tradition: Some Maverick Firms in Japan Are Changing Its Business Climate." *The Wall Street Journal*, April 29, 1994.

日本語記事

立花隆「児玉誉士夫とは何か」『文藝春秋』1976年5月
「"外人部隊"の恐怖—警視庁・世界に訴う—」『週刊読売』1954年10月

10日
「日本の中の“見えざる政府”CIAにつながる日米人脈相関図——緊急調査」『週刊文春』1976年4月15日
「巨人列伝」『別冊宝島』1991年10月
「オリンパス—「無謀M & A」巨額損失の怪」『FACTA』2011年8月号
「MKタクシー 東京エムケイ社長（超）パワハラ&蹴り連発でまた敗訴 衝撃写真」『FRIDAY』2015年4月3日
「「接客好感度」企業ランキング2014」『プレジデント』2014年9月15日
「東京エムケイ社長「ユ・チャンワン／青木政明」容疑者の反省なき“暴力人生”」『デイリー新潮』2017年12月23日
「日産“ゴーン解任計画”極秘文書を入手」『テレビ東京』2021年1月14日
「旧統一教会と「関係アリ」国会議員リスト入手！ 歴代政権の重要ポスト経験者が34人も」『日刊ゲンダイ』2022年7月17日
「国際トバク場？を臨検　銀座のクラブ・マンダリン」『朝日新聞』1952年7月18日
「銀座で小切手詐欺　国際偽造グループの一人」『朝日新聞』1967年5月23日
「国際詐欺犯ズブリスキー逮捕　手配直後、大阪で銀座の犯行を自供」『朝日新聞』1967年5月24日
「新たなナゾ浮かぶ　証印のないパスポート」『朝日新聞』1967年5月25日
「小切手は偽造と断定　ズブリスキー余罪25件」『朝日新聞』1967年5月26日
「ヤケクソで25件　ズブリスキーが全面自供」『朝日新聞』1967年5月27日
「詐欺認め、偽造を否定　ズブリスキーの初公判」『朝日新聞』1967年7月6日
「在日基地から米軍機密スパイ　ロシア人に流す」『朝日新聞』1976年10月24日
「機密スパイ　ハワイ米軍からも？」『朝日新聞』1976年10月26日
「国立大教授も関係」『朝日新聞』1976年11月5日
「融資話を持ちかけ四千万円余を詐取　米国人金融ブローカー」『朝日新聞』1986年3月4日
「衆議院国土交通委員会ニュース　平成21.6.9　第171回国会第23号」

その他

"JOHN H. RICH JR. '39, H'74." *Bowdoin Magazine.*
https://obituaries.bowdoin.edu/john-h-rich-jr-39-h74/

"Book Break: Robert Whiting, author of "Tokyo Junkie", May 12, 2021." 日本外国特派員協会オフィシャル YouTube チャンネル .
https://www.youtube.com/watch?v=jQEnGmhf0rE

本書の第二章と第三章は、二〇〇二年に小社より刊行した『東京アウトサイダーズ　東京アンダーワールドⅡ』収録の論考を全面的に改稿・改訳したものです。他章はすべて訳し下ろしました。

ロバート・ホワイティング（Robert Whiting）
1942年、米国ニュージャージー州生まれ。カリフォルニア州立大学から上智大学に編入し、政治学を専攻。出版社勤務を経て、執筆活動を開始。77年『菊とバット』（サイマル出版会、文春文庫）、90年『和をもって日本となす』（角川書店、角川文庫）が話題を呼ぶ。『東京アンダーワールド』『東京アウトサイダーズ 東京アンダーワールドⅡ』（角川書店、角川文庫）では、金と暴力の戦後史を、膨大な調査をもとに描き出した。他の著書に『イチロー革命』（早川書房）、『ふたつのオリンピック　東京1964/2020』（KADOKAWA）など。
（訳）松井みどり（まつい・みどり）
翻訳家。東京教育大学文学部英文科卒。訳書に、ロバート・ホワイティング『ニッポン野球は永久に不滅です』（ちくま文庫）、『さらばサムライ野球』（共著、講談社文庫）、『菊とバット』（文春文庫）、『イチロー革命』（早川書房）、テリー・マクミラン『ため息つかせて』（上下巻、新潮文庫）などがある。

新東京《しんとうきょう》アウトサイダーズ

ロバート・ホワイティング　松井《まつい》みどり（訳）

2024年 5月 10日　初版発行

発行者　山下直久
発　行　株式会社KADOKAWA
〒102-8177　東京都千代田区富士見2-13-3
電話　0570-002-301（ナビダイヤル）
装 丁 者　緒方修一（ラーフイン・ワークショップ）
ロゴデザイン　good design company
オビデザイン　Zapp!　白金正之
印 刷 所　株式会社暁印刷
製 本 所　本間製本株式会社

角川新書

ISBN978-4-04-082485-7 C0298